管理学原理

汤石章　李寿德
简兆权　胡　巍　编著

上海交通大学出版社

内 容 提 要

本教材参照了目前比较流行的管理学理论教材,选取了适合课堂教学的内容,用通俗的语言编写而成。在教材的编写过程中,我们力求内容与课程的配合,而不求面面俱到。本教材在介绍了管理学原理的基本概念、发展历程和主要流派后,按照计划、组织、领导和控制等管理职能进行展开。共分 8 章,分别是:管理概述、管理学的形成和发展、现代管理理论丛林及其发展、计划与决策、组织、人力资源管理、领导、控制。本教材通俗易懂,非常适合作为本科生学习管理学原理的基础教材。

图书在版编目(CIP)数据

管理学原理/汤石章等编著. —上海:上海交通大学出版社,2012(2016 重印)
21 世纪创新管理系列教材
ISBN 978 -7 -313 -08157 -5

Ⅰ. 管... Ⅱ. 汤... Ⅲ. 管理学—高等学校—教材 Ⅳ. C93

中国版本图书馆 CIP 数据核字(2012)第 026073 号

管理学原理

汤石章 等 编著

上海交通大学出版社出版发行
(上海市番禺路 951 号 邮政编码 200030)
电话:64071208 出版人:韩建民
常熟市文化印刷有限公司 印刷 全国新华书店经销
开本:787mm×960mm 1/16 印张:12.75 字数:235 千字
2012 年 4 月第 1 版 2016 年 7 月第 3 次印刷
ISBN 978 -7 -313 -08157 -5/C 定价:32.00 元

前　言

　　管理是随着人类历史产生而产生,随着人类历史的发展而发展的。自从有了人类历史就有了管理实践,并在实践的基础上总结出管理理论。我国是一个具有五千年悠久历史的文明古国,在中华民族长期生存繁衍发展的历史长河中,创造了光辉灿烂的文化,同时也有许多伟大的管理实践。但我们在管理理论的总结方面并不十分重视。

　　自改革开放以来,西方的管理理论开始引入中国,全国各主要高校分别恢复、重建或新建了经济管理类专业,也培养了大批经济管理类人才。在这个过程中,除了引进西方学者的管理学著作作为教材外,国内的学者也编写了大量的相关教材。这些教材大多数都非常全面,也可以说是面面俱到,但对我们目前所设置的课程来说针对性不是太强。鉴于此,根据我们课程的要求,结合我们多年在管理学理论教学方面的实践,我们编写了本教材。

　　本教材参照了目前比较流行的管理学理论教材,选取了适合课堂教学的内容,用通俗的语言编写而成。在教材的编写过程中,我们力求内容与课程的配合,而不求面面俱到。

编　者

2012 年 2 月

目 录

第一章　管理概述

第一节　管　理

一、管理的基本内涵

管理作为一种人类社会最普遍的活动,广泛存在于现实社会生活的各个领域。人类历史的实践证明,有效的管理可以改变社会和经济结构,是任何国家及组织走向成功的基础,正如著名管理学家彼得·德鲁克所言,在人类历史上,几乎没有一种制度能像管理那样迅速兴起并产生巨大影响。管理既是一种活动,又是一门科学,还是一门艺术。

"管理",古已有之。管理是人类社会活动和生产活动中普遍存在的社会现象。凡是有人群的地方,就有管理问题,就会产生管理实践。在原始社会氏族内部,男女之间便有了明确的分工,如谁狩猎,谁钓鱼等,人们还推选出酋长或首领来处理氏族内部的事务。在这些具体的生产和生活问题中就已经体现出了管理的雏形。从古代埃及的金字塔、中国的万里长城,到微软视窗软件、神舟系列飞船、火星探测行动,都是管理实践的产物。由于人类社会是不断发展的,反映社会发展不同阶段管理水平的管理概念也必然随之变化,所以,管理是一个动态的、发展的概念。随着社会的进步发展,管理日益受到重视,逐渐形成了系统的科学知识体系。管理对象不同、内外部环境不同、分析问题角度不同,致使人们的管理实践具有明显的差异性,而这些管理实践的差异进一步致使人们对管理产生了不同的理解和认识,因此人们从不同的角度解释管理。

自19世纪末20世纪初管理学开始形成以来,学术界对管理的概念提出了多种解释,有的从管理的职能角度,有的从管理的目标角度,有的从管理的实践角度,虽然各种说法不尽相同,但总的来看,这些对管理概念的界定是对管理的不同解释,这是和管理实践和管理理论的发展密不可分的。

英文中的"管理"(Manage),是从意大利文Maneggiare和法文"Manage"演变而来的,原意是"训练和驾驭马匹"。"管",我国古代指锁钥。《左传·僖公三十二年》中说"郑人使我掌其此门之管。"引申为管辖、管制之意,体现着权力的归属。"理",本意治玉。《韩非子·和氏》中说:"王乃使玉人理其璞而得玉焉。"引申为整治或治理。"管"、"理"两字连用，表示在权力的范围内，对事物的管束和处理过程。长期以来，随着管理理论的产生并快速发展，许多中外学者从不同的研究角度出发，对管理做出了不同的解释。按照《世界百科全书》的解释，"管理就是对工商企业、政府机关、人民团体以及其他各种组织的一切活动的指导。它的目的是要使每一行为或决策有助于实现既定的目标。"这就是说，管理的概念，涉及广泛的领域，政府机关、企事业单位、科研机构、学校、军队等，凡是人群共同活动的单位，都需要管理，以指导或协调人们完成和达到共同的目的。

西方各个管理学派，按照其各自的管理理论，对管理的概念有不同的解释。哈罗德·孔茨(Harold Koontz)及其追随者们不断地修改着其关于管理的定义，他们认为，管理就是设计并保持一种良好环境，使人在群体里高效率地完成既定目标的过程。亨利·法约尔(Henri Fayol)认为，管理就是实行计划、组织、指挥、协调和控制。赫伯特·A·西蒙(Herbert A. Simon)认为，管理就是决策。泰勒认为，管理就是确切地知道你要别人去干什么，并使他用最好的方法去干。在泰勒看来管理就是指挥他人能用最好的方法去工作：①员工如何能寻找和掌握最好的工作方法以提高效率；②管理者如何激励员工努力地工作以获得最大的工作业绩。小詹姆斯·唐纳利(James H. Donnely)等人认为，管理是由一个或更多的人来协调他人活动，以便收到个人单独活动所不能收到的效果而进行的各种活动。彼得·F·德鲁克(Peter F. Drucker)认为，管理是一门学科。这首先就意味着，管理人员付诸实践的是管理学而不是经济学，不是计量方法，不是行为科学。无论是经济学、计量方法还是行为科学，都只是管理人员的工具。但是，管理人员付诸实践的并不是经济学，就好像一个医生付诸实践的并不是验血那样；管理人员付诸实践的并不是行为科学，就好像一位生物学家付诸实践的并不是显微镜那样；管理人员付诸实践的并不是计量方法，就好像一位律师付诸实践的并不是判例那样。管理人员付诸实践的是管理学。

今天，许多学者主张以系统的观点来理解"管理"。系统理论认为，从管理的组织环境中输入并利用资源是任何组织的共性，这些资源（有形资源和无形资源）包括人力、财力、物力和信息资源，而管理就是通过组织和协调这些资源以达成组织目标的过程。虽然不同的学者对"管理"的解释不尽相同，但对管理的众多解释之间并不矛盾，都有其合理和可取之处。他们从不同角度丰富和发展了管理思想，对管理实践产生了积极的指导作用。透过不同的解释，可以发现管理工作的诸多基本点，如管理的目的性、管理职能的重要性、管理工作与一般作业活动的区别等。

基于这样的基本点，本书强调管理的职能，把管理定义为：管理是在特定的环境下，对组织所拥有的资源进行有效的计划、组织、领导、控制和创新的活动，以实现组织目标的过程。如图 1-1 所示。

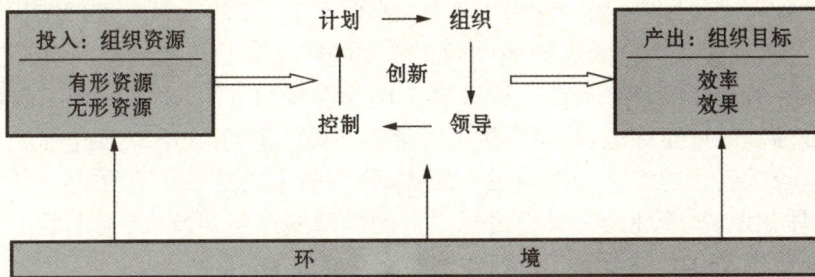

图 1-1 管理的含义

这一定义强调了如下几点：

（1）管理的对象是组织资源。组织资源是组织一切可以调用的资源，包括人员、资本、土地、信息、顾客等。在这些资源中，人处在一种特殊的地位。在任何组织中，存在人与人、人与物的关系，人与人的关系的协调是以人为中心，人与物关系的协调，最终要通过人来实现，最终表现为人与人的关系，因此，管理对象的实质是以人与人的关系为中心的。

（2）管理的载体是组织。管理是人类的基本行为，它存在于社会的各项事业活动中，每个人都要管理其时间和金钱，都要努力实现个人设定的目标，从广义上讲，这些都属于管理活动。但是，管理之所以重要，并不仅仅是为了完成个人目标，更主要的是实现组织的整体目标，是通过管理活动产生一种"1＋1＞2"的倍增效应。

（3）管理的约束条件是组织环境。任何组织都存在于一定的外部环境之中，并受到环境的约束。在一定意义上，企业就是一个转换器，通过生产过程将输入的资源转换为产品或服务，并通过市场分销活动将产品或服务提供给客户。有效的管理能够提高资源的配置效率，提高生产效率，提高企业在市场上的竞争力。

（4）管理的目的是为了实现目标。管理的目的是为了实现既定的目标，而该目标仅凭单个人的力量是无法完成的。为了达到目标，管理将人力和物质资源引导进入动态组织以达到其目标。一个组织要实现的目标各不相同，即使在同一时期往往也是多种多样的。企业的目标包括提高组织资源的利用效率和利用效果，主动承担社会责任，以便获得更好的发展空间，不断开拓市场，最大限度地获取经济效益，提高消费者的满意程度，创造条件促进职工发展，提高组织成员的士气和成就感等。但不管是什么样的组织，都要重视效率和效果问题，效率和效果是衡量管理工作的重要标志。效率反映输入与输出的关系，管理就是要使资源成本最小化。效率涉及的是活动的方式，效果涉及的是活动的结果。

（5）管理的职能是对管理工作的实质进行概括。所谓职能，是指人、事物或机构应有的作用,"职能"一词在这里指的是"活动"、"行为"的意思。管理工作是由一系列相互关联、连续进行的活动构成的。管理的职能就是管理者执行其职责时应该做什么。管理职能是管理者开展管理工作的手段和方法,也是管理工作区别于一般作业活动的重要标志,是每个管理者都必须做的事情,是管理理论研究和管理实践的重点。管理的实质性内容是一致的,管理的本质是一个有意识的活动或过程,更具体化地说,管理是为组织目标进行的活动或过程,管理的基本职能是由计划、决策、组织、控制、创新等一系列相关的活动构成的。

(6) 管理的主体是管理者。虽然管理者在行使管理职能时要受到各式各样因素的影响,但是管理者的素质与管理工作的绩效有密切的关系。好的管理者可以点石成金,差的管理者往往点金成石。德鲁克认为管理者有 3 个层次的责任:第一个责任是管理一个组织,第二个责任是管理管理者,第三个责任是管理工作及工人。

二、管理的基本特征

(一) 管理的二重性

管理具有二重性,是马克思首先提出的。管理的二重性是指管理的自然属性和社会属性。一方面,管理具有同社会化大生产和生产力相联系的自然属性,表现为管理过程就是对人、财、物等资源的配置、利用过程;另一方面,管理是人类的活动,而人类必然存在在一定的生产关系下和一定的社会文化中,要受生产关系的制约和社会文化的影响。

首先,管理的自然属性是一种不以人的意志为转移,也不因社会制度意识形态而有所改变的客观存在。管理理论揭示了自然客观规律,并创造了与这一规律相适应的管理手段、管理方法。管理活动只有遵循这些规律,利用这些方法和手段,才能有效保证组织的顺利运行。管理的自然属性体现在两个方面:一方面,管理是社会劳动过程的一般要求;另一方面,管理在社会劳动中具有的特殊作用,只有通过管理才能实现劳动过程所必需的各种要素的组合,这和生产关系、社会制度没有直接关系。

其次,管理的社会属性体现在管理作为一种社会活动,只能在一定的社会历史条件下和一定的社会关系中进行。管理具有维护和巩固生产关系、实现特定生产目的的功能。管理的社会属性与生产关系、社会制度紧密相连。

最后,管理的自然属性和社会属性之间是相互联系、相互制约的。一方面,管理的自然属性不可能独立存在,它总是存在于一定的社会制度、生产关系中。同时,管理的社会属性也不可能脱离管理的自然属性而存在,否则管理的社会属性就成为没有内容的形式了。另一方面,管理的二重性又是相互制约的,管理的自然属性要求具有一定社会属性的组织形式和生产关系与其相适应。同时,管理的社会属性也必然对管理的方法和技术产生影响。

（二）管理的科学性与艺术性

凡是科学都具有共同的特点:客观规律性、系统性和实践指导性等。管理是一门科学,是因为它具有科学的特点。科学是通过观察、实验和论证而获得的系统化知识。艺术是以个人的经验和熟练程度为基础的技艺和技巧。管理是一门科学,自从有管理活动出现以来,管理是人类不可或缺的社会实践活动,在此过程中存在着不以人的意志为转移的客观规律。人类经过漫长的社会生产实践活动,经过无数次的成功与失败,在管理实践中发现、归纳出一系列反映管理活动过程中客观规律的管理理论和管理方法,逐步建立了系统化的管理理论体系。人们又把这些理论应用到管理实践中去,指导自己的管理实践,再以管理活动的效果来衡量管理过程所用的理论和方法是否行之有效、是否正确,从而使管理理论和方法得到不断丰富与发展。

管理具有艺术性是管理的另外一个特性,它是一种人类的非理性活动。管理的一部分依赖于科学,而另一部分则永远不可能完全依赖于科学,还必须依赖于管理艺术。管理的艺术性指一切管理活动都应具有创造性,管理没有一成不变的模式,没有放之四海而皆准的经验。管理的艺术性是由作为最重要的管理要素——人具有主观能动性和感情所决定的。人的主观能动性的基础是人能够积极地思维,能够自主地作出行为决定。他们不同于无生命的物质。管理工作者只有充分利用这种主观能动性,才能把人们的积极性和创造性调动起来,使其自觉地为实现组织的目标去努力工作。此外,人还富有感情。感情是难以数量化、模式化的东西。它的变化有一定的规律,但又带有相当的戏剧性。感情的变化受多种因素的影响,如不同的个人对同一种管理方式会作出截然不同的反应,会有完全不同的行为,同样,在不同的环境中,管理者处理同一问题可能就要采取不同的方法。管理的基本原则必然灵活地运用,管理者只有根据具体的管理对象、管理环境,创造性去解决实际中所存在的问题,管理才可能成功。

管理的科学性与艺术性之间有着密切的关系:首先,管理科学性是管理作为一个活动过程,具有自身的客观规律,管理的科学性强调的管理活动必须以反映管理客观规律的管理理论和方法为指导,掌握科学的方法论。其次,管理的艺术性强调的是管理的实践性,管理者必须因地制宜地将管理知识与具体管理活动相结合,同时还要有灵活的技巧。第三,管理艺术是以对它所依据的管理理论的理解为基础的。第四,要保证管理实践的成功,管理者必须懂得如何在管理实践中运用科学的理论。

总之,管理是科学性与艺术性的有机统一体,是辩证统一的关系。这一点对于学习管理学的专业人士和从事管理工作的管理者来讲,具有十分重要的意义,它有助于促进我们既重视管理理论知识的学习,又不忽视在管理实践中随机制宜地灵活运用。

（三）管理的综合性

管理学的综合性特点可从 3 个方面来分析:一是从管理学自身的知识体系构成来看它具有综合性。管理学的整个知识体系可分成 3 个层次:即管理的基本理论知识;管理技术、管理方法等工具性知识;专门领域的专业性管理知识。二是从管理学的学科体系结构分析,管理学是一个包括有许多分支学科的综合性学科。因为在整个人类社会中,人们会按照专业化分工的原则从事各种各样的工作,社会也因此形成各种各样的部门或行业,这样也就有各个部门或行业的管理活动,也就形成了不同部门或行业的专业管理,包括经济、技术、教育、行政、军事等许多方面的专业管理,因而形成了众多分支学科,而每个分支学科又可以细分,如经济管理又可细分为宏观经济管理、中观经济管理和微观经济管理。三是从管理的知识来源和构成方面分析,它吸收了许多自然科学和社会科学的知识,如数学、政治经济学、哲学、生产技术学、社会学、心理学、行为科学、信息学、仿真学等。也就是说管理学与社会科学、自然科学两大领域的多种学科有着广泛而密切的联系,并且它需要综合利用社会科学和自然科学的成果,才能发挥自身的作用,它具有社会科学与自然科学相互渗透、相互交叉的特点。因此说管理学是一门综合性学科——或称为综合性的边缘学科。管理学的综合性特征,要求管理者要掌握广博的知识。

（四）管理的历史发展性

任何科学的发展,都是在人类思想遗产和前人研究成果的基础上坚持探索、坚持创新而实现的。同样,管理学的产生和发展,有其深刻的历史渊源。管理学发展到今天,已经历了许多不同的历史发展阶段,在每一个历史阶段,由于历史背景不同,产生了各种管理理论。这些理论,有些已显陈旧,有的尚能适用,但总的来说,管理学作为一门现代科学来研究还只不过几十年时间,它还是一门非常年轻的学科,其理论还处于新旧更迭的大发展之中。同时作为一门与社会经济发展紧密关联的学科,也必将随着经济的发展和科技的进步而发展。

三、管理的基本职能

管理职能是管理系统功能的体现,是管理系统运行过程的表现形式。管理者的管理行为,主要表现为管理职能。管理职能是管理者实施管理的功能或程序,即管理者在实施管理中所体现出的具体作用及实施程序或过程。管理者的管理职能具体包括管理者的基本职责和执行这些职责的程序或过程。

管理具有哪些具体职能,这个问题经过了 100 多年的研究,至今仍是众说纷绘。最早对管理职能进行研究的是法国管理学家法约尔,他提出管理具有 5 种职能,即计划、组织、指挥、协调和控制。此后,有人提出管理职能有 6 种、7 种,也有人提出有 4 种、3 种,甚至两种、一种,具体如表 1-1 所示。各种提法都是表 1-1 中所列 11 种职能中不同组合的而已。时至今日,最普及的管理学教科书都是按照管理职能来组织内容。许多新的管理理论和管理实践表明,决策、计划、组织、领导、控制和创新这几种职能是一切管理活动最基本的职能。

表 1-1　西方部分管理学者对管理职能的划分

管理学者	计划	组织	指挥	协调	控制	激励	人事	决策	资源配置	通讯联络	创新
法约尔	▲	▲	▲	▲	▲						
戴维斯	▲	▲			▲						
古立克	▲	▲	▲	▲	▲		▲			▲	
布朗	▲	▲	▲						▲		
布雷克				▲		▲					
厄威克											
纽曼		▲	▲		▲				▲		
孔茨和奥唐奈	▲	▲	▲		▲		▲				
艾伦	▲	▲			▲						
梅西	▲	▲			▲		▲	▲			
希克斯	▲	▲			▲	▲				▲	▲
海曼和斯科特	▲	▲			▲						
特里	▲	▲			▲						

（一）决策（Decision Making）

　　决策是决策者在占有大量信息和丰富经验的基础上,对未来的行为确定目标,并借助一定的手段、方法和技巧,对影响决策的诸因素进行分析研究,从两个以上可行方案中选取一个满意的方案。决策是为了解决问题而采取的对策;决策的基础在于对未来形势的基本判断,这就必然需要调查和预测;决策必然带有一定的风险;决策的抉择与决策者的价值取向和追求的目标有关;决策贯穿管理的整个过程,是管理的首要职能。

（二）计划（Planning）

计划是把既定的目标进行具体安排,化为全体职员在一定时期内的行动纲领,并规定实现目标的途径和方法的管理过程。计划的基础是决策;计划的核心内容是编制各种计划;计划在一定时间内具有相对稳定性;计划是企业全体职员行动的具体纲领。

（三）组织（Organizing）

组织是为了达成企业目标和完成企业计划,对人们的活动进行合理的分工和协作,合理配备和使用企业的资源,正确处理人们相互关系的管理活动。组织的目的是把企业生产经营的各个要素、各个部门,从劳动的分工和协作上、从上下左右的相互关系上、从时间和空间的联系上,都合理地组织起来,使劳动者之间以及劳动者和劳动工具、劳动对象之间,在一定的环境下,形成最佳的结合。从而使企业的生产经营活动协调地、有秩序地进行,不断提高生产经营活动的效益。组织职能的主要内容:确定合理的管理体制,建立合理的组织结构,正确划分管理层次,设置职能机构;按照业务性质,确定各部门的职责范围,并按所负责任给予各部门、各管理人员相应的权力;明确上下级之间的领导关系和相互之间的协作关系,建立信息沟通渠道;正确挑选和配备各类人员;加强考核培训,实行合理的奖罚制度等。组织包括对物(财力、物力)和对人(机构、职责、协作关系,人员的选择和配备、待遇、升级、考核、教育等)两方面的组织,管理中的核心是对人的管理。有些书中将此职能说为"用人"（Staffing）。

（四）领导（Leading）

领导是带领和指挥组织的所有人同心协力去执行组织的计划,完全组织目标的活动。领导职能包括调动职工的积极性,激励他们奋发努力;指导人们的行为,沟通人们之间的不足,增强相互的理解,统一人们的思想和行为;组织群体;联络;领导要具有权威性;领导是一门艺术。

（五）控制（Controlling）

控制是按照既定的目标和计划标准,对组织活动各方面的实际情况进行检查和考察,发现差距、分析原因、采取措施、予以纠正,以使工作能按原定计划进行,或根据客观情况的变化,对计划作适当的调整,使其更符合于实际。作为控制必须具备如下四要素:标准、信息、比较分析和纠正措施。控制的实质就是实践符合于计划、控制的标准是计划、控制的目的在于保证组织实际的活动及其成果同预定的目标相一致。

（六）创新（Innovating）

创新是新的生产函数的建立及其生产要素的组合。创新包括新产品的出现、新的生产活动和技术的应用、开拓新的市场、获得新的原材料供应来源、新的管理方法和组织形式的采用。创新带有突发性,创新是创新生产力而不考虑生产关系或社会制度。

　　要正确理解各管理职能之间的关系,区别各管理职能的普遍性与差异性。管理职能是一切管理者,即不论何种组织、所处何种层次、属于何种管理类型的管理者,都要履行的。但同时也必须认识到,不同组织、不同管理层次、不同管理类型的管理者,在具体履行管理职能时,又存在着很大差异性。例如,高层次管理者更关注决策、计划和组织职能,而基层管理者则更重视领导和控制职能。即使对同一管理职能,不同层次的管理者关注的重点也不同。例如,对计划职能,高层管理者更重视长远、战略性计划,而基层管理者则只安排短期作业计划。

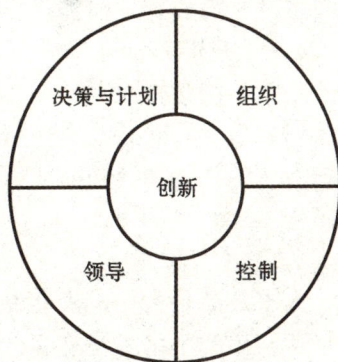

图1-2　管理职能的关系图

　　各项管理职能的相互关系,如图1-2所示。每一项管理工作一般都是从决策开始经过计划、组织、领导,到控制结束。各职能之间同时相互交叉渗透,控制的结果可能又导致新的决策,开始又一轮新的管理循环。如此循环不息,把工作不断推向前进。创新在管理循环之中处于轴心的地位,成为推动管理循环的原动力。

第二节　管理的主体

一、管理者

　　管理者是管理行为过程的主体。传统观点认为,管理者是运用职位、权力,对人进行统驭和指挥的人。这种概念强调的是组织中正式职位和职权,强调必须拥有下属。而现代观点则与此不同,美国学者德鲁克曾给管理者下的定义为:在一个现代的组织里,每一个知识工作者如果能够运用他们的职位和知识,对组织负有贡献的责任,因而具有能够实质性地影响该组织经营及达成成果的能力者,即为管理者。这一定义,强调作为管理者首要的标志是必须对组织的目标负有贡献的责任,而不是权力,只要共同承担职能责任,对组织的成果有贡献,他就是管理者,而不在于他是否有下属人员。

　　管理者一般由拥有相应的权力和责任,具有一定管理能力从事现实管理活动的人或人群组成。管理者及其管理技能在组织管理活动中起决定性作用。管理者通过协调和监视其他人的工作来完成组织活动中的目标。

二、管理者的技能

不管什么类型的组织中的管理者，也不管他处于哪一管理层次，所有的管理者都需要有一定的管理技能。罗伯特·李·卡茨(Robert·L·Katz)列举了管理者所需的3种素质或技能，海因茨·韦里克则对此进行了补充。综合来说，管理者需要具备的素质或管理技能主要有：

（一）技术技能

技术技能是指对某一特殊活动——特别是包含方法、过程、程序或技术的活动——的理解和熟练。它包括专门知识、在专业范围内的分析能力以及灵活地运用该专业的工具和技巧的能力。技术技能主要是涉及到"物"（过程或有形的物体）的工作。

（二）人事技能

人事技能是指一个人能够以小组成员的身份有效地工作的行政能力，并能够在他所领导的小组中建立起合作的努力，也即协作精神和团队精神，创造一种良好的氛围，以使员工能够自由地无所顾忌地表达个人观点的能力。管理者的人事技能是指管理者为完成组织目标应具备的领导、激励和沟通能力。

（三）思想技能

思想技能包含："把企业看成一个整体的能力，包括识别一个组织中的彼此互相依赖的各种职能，一部分的改变如何能影响所有其他各部分，并进而影响个别企业与工业、社团之间，以及与国家的政治、社会和经济力量这一总体之间的关系。"即能够总揽全局，判断出重要因素并了解这些因素之间关系的能力。

（四）设计技能

设计技能是指以有利于组织利益的种种方式解决问题的能力，特别是高层管理者不仅要发现问题，还必须像一名优秀的设计师那样具备找出某一问题切实可行的解决办法的能力。如果管理者只能看到问题的存在，并只是"看到问题的人"，他们就是不合格的管理者。管理者还必须具备这样一种能力，即能够根据所面临的现状找出行得通的解决方法的能力。

这些技能对于不同管理层次的管理者的相对重要性是不同的。技术技能、人事技能的重要性依据管理者所处的组织层次从低到高逐渐下降，而思想技能和设计技能则相反。对基层管理者来说，具备技术技能是最为重要的，具备人事技能在同下层的频繁交往中也非常有帮助。当管理者在组织中的组织层次从基层往中层、高层发展时，随着他同下级直接接触的次数和频率的减少，人事技能的重要性也逐渐降低。也就是说，对于中层管理者来说，对技术技能的要求下降，而对思想技能的要求上升，同时具备人事技能仍然很重要。但对于高层管理者而言，思想技能和设计技能特别重要,而对技术技能、人事技能的要求相对来说则很低。当然,这种管理技能和组织层次的联系并不是绝对的,组织规模大小等一些因素对此也会产生一定的影响。

三、管理者分类

一般来说,一个组织中从事管理工作的人可能有许多,可以将这些管理者按所处的组织层次和所从事的管理工作领域的不同划分为如下几种类型:

(一)管理人员的层次分类

组织的管理人员可以按其所处的管理层次区分为高层管理人员、中层管理人员和基层管理人员。高层管理人员是指对整个组织的管理负有全面责任的人。他们的主要职责是:制定组织的总目标和总战略,掌握组织的大政方针并评价整个组织的绩效。在与外界的交往中,他们往往以组织"代表"的身份出现。

中层管理人员通常是指处于高层管理人员和基层管理人员之间的一个或若干个中间层次的管理人员。他们的主要职责是:贯彻执行高层管理人员所制定的重大决策,监督和协调基层管理人员的工作。与高层管理人员相比,中层管理人员更注意日常的管理事务。

基层管理人员又称一线管理人员,也就是组织中处于最低层次的管理者,他们所管辖的仅仅是作业人员而不涉及其他管理者。他们的主要职责是:给下属作业人员分派具体工作任务,直接指挥和监督现场作业活动,保证各项任务的有效完成。

上述3个不同层次的管理人员虽然都是管理者,但其工作内容和性质存在着很大的差别。基层管理人员主要关心的是具体工作的完成,他们在处理问题时,往往凭借的是其丰富的生产、销售或研究工作经验和熟练的技术才能。而高层管理人员则对组织总体的长远目标和战略计划感兴趣,他们在处理问题时,往往依靠的是其丰富的人际技能与战略洞察力。因此,基层管理人员所考虑的问题,往往是工作现场人、财、物的状态等。而高层管理人员所关心的问题可能是如何制定战略计划,把竞争对手的市场夺过来,以扩大自己的市场占有率等。总的说来,基层管理人员所关心的主要是具体的战术性工作,高层管理人员所关心的主要是宏观的战略性工作,中层管理者则在两者之间起衔接作用。

(二)管理人员的领域分类

管理人员还可以按其所从事管理工作的领域宽度及专业性质的不同划分,分为综合管理人员和专业管理人员两大类。在这里,综合管理人员,是指负责管理整个组织或组织中某个事业部的全部活动的管理者。对于小型组织(如一个小工厂)来说,可能只有一个综合管理者,那就是总经理,他要统管该组织内的包括生产、营销、人事、财务等在内的全部活动。对于大型组织(如跨国公司)来说,可能会按产品类别设立几个产品分部,或按地区设立若干地区分部,此时该公司的综合管理人员就包括总经理和每个产品或地区分部的经理,每个分部的经理都要统管该分部包括生产、营销、人事、财务等在内的全部活动。

除了综合管理人员外,组织中还可能存在专业管理人员,即仅仅负责管理组织中某一类活动(或职能)的管理者。根据这些管理者所管理的专业领域性质的不同,可以具体划分为生产部门管理者、营销部门管理者、人事部门管理者、财务部门管理者以及研究开发部门管理者等。对于这些部门的管理者,可以泛称为生产经理、营销经理、人事经理、财务经理和研究开发经理等。对于现代组织来说,随着其规模的不断扩大和环境的日益复杂多变,将越来越多地需要专业管理人员,专业管理人员的地位也将变得越来越重要。

四、管理者角色

在孔茨所说的"管理理论丛林"中,明茨伯格是管理者角色学派的创始人。管理者角色学派是 20 世纪 70 年代在西方出现的一个管理学派,它是以对经理所担任的角色分析为中心来考察经理的职务和工作的。明茨伯格认为,对于管理者而言,从经理的角色出发,才能够找出管理学的基本原理并将其应用于经理的具体实践中去。

管理者角色学派的代表作,就是明茨伯格的《经理工作的性质》(*The Nature of Managerial Work*)。管理者真正做了什么? 他们是怎么做的? 为什么要这样做? 对这些古老的问题早就有着许多现成的答案,但明茨伯格并不轻易相信这些现成答案,而是深入研究现实。还是博士生的时候,明茨伯格就带着秒表去记录 5 位管理者真正在做什么,而不是听他们说自己做了什么,或者是由学者去想象他们在做什么。这五个人分别是大型咨询公司、教学医院、学校、高科技公司和日用消费品制造行业的 CEO。明茨伯格通过一周的观察和研究,发现在企业管理过程中,管理者很少花时间做长远的考虑,他们总是被这样或那样的事务和人物牵引,而无暇顾及长远的目标或计划。一个显而易见的事实是,他们用于考虑一个问题的平均时间仅仅 9 分钟。管理者若想固定做一件事,这样的努力注定要失败,因为他会不断被其他人打断,总会需要他去处理其他事务。所以,明茨伯格认为,那种从管理职能出发,认为管理是计划、组织、指挥、协调、控制的说法,未免太学究气了。随便找一个经理,问他所做的工作中哪些是协调,哪些不是协调,协调能占多大比例,恐怕谁也答不上来。所以,明茨伯格主张不应从管理的各种职能来分析管理,而应把管理者看成各种角色的结合体。

明茨伯格在《管理工作的本质》中这样解释说:"角色这一概念是行为科学从舞

台术语中借用过来的。角色就是属于一定职责或者地位的一套有条理的行为。"根据他自己和别人的研究成果,得出结论说,经理们并没有按照人们通常认为的那样按照职能来工作,而是进行别的很多的工作。明茨伯格将经理们的工作分为10种角色。这10种角色分为3类,即人际关系方面的角色、信息传递方面的角色和决策方面的角色。

（一）人际关系方面的角色

人际角色直接产生于管理者的正式权力基础,管理者在处理与组织成员和其他利益相关者的关系时,他们就在扮演人际角色。人际角色又包括代表人角色、领导者角色和联络者角色。

1. 代表人角色

作为所在单位的头头,管理者必须行使一些具有礼仪性质的职责。如管理者有时出现在社区的集会上,参加社会活动,或宴请重要客户等,在这样做的时候,管理者行使着代表人的角色。

2. 领导者角色

由于管理者对所在单位的成败负重要责任,他们必须在工作小组内扮演领导者角色。对这种角色而言,管理者和员工一起工作并通过员工的努力来确保组织目标的实现。

3. 联络者角色

管理者无论是在与组织内的个人和工作小组一起工作时,还是在与外部利益相关者建立良好关系时,都起着联络者的作用。管理者必须对重要的组织问题有敏锐的洞察力,从而能够在组织内外建立关系和网络。

（二）信息传递方面角色

在信息角色中,管理者负责确保和其一起工作的人员具有足够的信息,从而能够顺利完成工作。管理责任的性质决定了管理者既是所在单位的信息传递中心,也是组织内其他工作小组的信息传递渠道。整个组织的人依赖于管理结构和管理者以获取或传递必要的信息,以便完成工作。管理者必须扮演的信息角色,具体又包括监督者、传播者和发言人3种角色。

1. 监督者角色

管理者持续关注组织内外环境的变化以获取对组织有用的信息。管理者通过接触下属来收集信息,并且从个人关系网中获取对方主动提供的信息。根据这种信息,管理者可以识别组织的潜在机会和威胁。

2. 传播者角色

管理者把他们作为信息监督者所获取的大量信息分配出去。

3. 发言人角色

管理者必须把信息传递给单位或组织以外的个人。

(三) 决策方面的角色

在决策角色中,管理者处理信息并得出结论。如果信息不用于组织的决策,这种信息就失去其应有的价值。决策角色具体又包括企业家、干扰对付者、资源分配者和谈判者 4 种角色。

1. 企业家角色

管理者密切关注组织内外环境的变化和事态的发展,以便发现机会,并对所发现的机会进行投资。

2. 混乱驾驭者角色

这是指管理者必须善于处理冲突或解决问题,如平息客户的怒气、同不合作的供应商进行谈判,或者对员工之间的争端进行调解等。

3. 资源分配者角色

管理者决定组织资源用于哪些项目。

4. 谈判者角色

管理者把大量时间花费在谈判上,管理者的谈判对象包括员工、供应商、客户和其他工作小组。

第三节 管理的载体

一、组织的概念和特征

每一个人都存在于一个组织中,并在其中生活、学习和工作。什么是组织呢?在管理学中,组织有名词和动词两方面的含义。组织作为名词泛指人的集合体,它可以是自发形成的,也可能是事先有意识策划和安排的结果;而组织作为动词指的是管理的一大职能,是管理者建立一个工作关系的构架,从而使组织成员得以共同工作来实现组织目标的过程,也称为组织工作。

一切管理工作都是以组织作为载体。形成一个组织的 3 个基本要素是组织目标、共同的意志、畅通的信息渠道。组织是由结构、人与信息构成的相互联系的复杂的工作系统。一般来说,组织必须具备以下特征:

(1) 组织都是由人组成的。任何组织都是人的集合体,为了实现共同的目标,所有参加组织的人必须相互合作、共同努力,形成一个有机的整体。

(2) 组织都有一个共同的目标。组织是特定的社会群体为了实现特定的共同目标而组合起来的。共同的目标是组织的基础。

（3）组织必须具有相对固定的分工。组织内部有不同的成员,不同的成员带来了不同的资源、要素和力量。由于各人的情况不同,成员个体在组织内承担了不同的工作和任务。不同的分工,必然伴随不同的要求和责任。于是,组织内会出现领导、指挥等特殊的分工和岗位。

（4）组织必须具有相对稳定的规则。组织成员个体分别拥有各自不同的背景、利益和想法,因而要保持和维护组织稳定,就必须有组织成员共同遵守的规则。组织内部的规则,既限定组织成员的行为,又保证组织成员正当利益,同时是以确保组织与团体的整体利益为基本考虑的。

二、组织的形成与作用

组织的形成与发展过程中大致经历了 3 个阶段:古典组织理论阶段、行为组织理论阶段和现代组织理论阶段。

（1）古典组织理论产生于 20 世纪初到 20 世纪 30 年代。其代表人物很多,主要有法约尔、泰罗、韦伯等人。古典组织理论强调以工作需要为中心,以努力完成任务为唯一目标,主要依靠权力来维系组织成员之间的相互关系。这种组织在组织内部管理的原则与方法上仍然有用,但它限制了个人发展,压抑了人的主动性和创造性。

（2）行为组织理论阶段形成于 20 世纪 30～60 年代。其代表人物有梅奥、麦格雷戈等人。行为组织理论是以人为中心的一种组织理论,它强调人际关系和信息沟通。这种组织能充分调动组织中人的积极性,但由于忽视专业化、统一指挥及规章制度,因此会影响工作效率。

（3）现代组织理论是 20 世纪 60 年代以来形成和发展起来的。其代表人物主要有巴纳德、西蒙等人。其中巴纳德对现代组织理论做出了重大贡献,他于 1938 年写的《经理人员的职能》一书中所提出的社会系统观点,为现代组织理论的形成奠定了基础,被人们称为“现代组织管理理论之父”。

组织的作用绝不仅仅是为了简单地把个体力量集合在一起,在社会系统内部,对人的力量所进行的组织不同,完全可能造成不同的功效。组织的基本作用可以概括为以下几个方面:

（1）人力汇集作用。社会中单个的人对于自然界来说,力量太渺小了,单个的人不仅不能发展自己的事业,有时甚至不能维持自己的生存。于是人们联合起来,相互协作,共同从事某项活动。这种联合与协作是各种组织的形式完成的。它实际上是个人力量的一种汇集,集涓滴以成江河,把分散的个人汇集成为集体,进而在人类的社会活动和生产活动中实现个人存在的价值。

（2）人力放大作用。人力汇集起来的力量绝不等于个体力量的算术和,正如古希腊学者亚里士多德提出的命题："整体大于各个部分的总和。"正是从这个意义上说，组织具有一种放大人力的作用，即对汇集起来的个体力量的放大。人力放大是人力之间分工和协作的结果，而任何人力的分工和协作都必须发生于一定的组织体系之中。

（3）个人与机构之间的交换作用。从个人的角度来看，往往要求得自于所服务组织的报酬大于其对该机构所做出的投入，而从组织的角度来看，它要求取自于个人的贡献大于其为个人所投入的成本花费。这就必须借助组织工作的合成效应的发挥，使由个人及合成的整体在总体力量上大于所有组成人员的个体力量相加之和。因此，个人与组织之间的关系，可以说是建立在一种相辅相成、平等交换的基础之上，形成双方都感到满意的关系。正因为如此，人们将"组织"誉为与人、财、物三大基本生产要素并重的"第四大要素"。这一要素的成本费相对较低，但它对机构所作出的贡献可能远远超过其他三大要素。

第四节　管理学的研究对象与方法

一、管理学的研究对象

（一）管理理论的产生和发展

管理理论与方法是一个历史的发展和演化的过程。管理理论和管理思想的形成与发展，反映了管理科学从实践到理论的发展过程，研究其产生和发展是为了继往开来，继承发展和建设现代的管理理论。本书通过对管理理论的产生和发展的研究和介绍，可以使读者更好地理解管理学的发展历程，有助于掌握管理的基本原理。

（二）现代管理的一般原理与原则

任何一门科学都有其基本的原理，管理科学也不例外。管理的基本原理是指带有普遍性的、最基本的管理规律，是对管理的实质及其基本运动规律的表述。诸如决策的制订、计划的编制、组织的设计、过程的控制等，这些活动都有一个基本的原理和原则，是人们进行管理活动都必须遵循的基本原则。我们必须学习和掌握它，做到活学活用。

（三）管理过程以及相应的职能

这主要研究管理活动的过程和环节、管理工作的程序等问题。此外，还要研究管理活动的效益和效率与管理的职能之间的密切联系。管理职能主要是计划、组织、领导与控制。

（四）管理者及其行为

管理者是管理活动的主体。管理活动成功与否，与管理者有着密切关系。管理者的素质高低、领导方式、领导行为、领导艺术和领导能力,对管理活动的成功取着决定性的作用。

（五）管理方法

管理方法是实现管理目标所不可缺少的,因而它是管理学研究的重要内容。管理的方法很多,如行政方法、经济方法、法律方法等等。一般而言,凡是有助于管理目标实现的各种程序、手段、技术都可以归于管理方法的范畴。管理方法包括各种管理技术和手段。管理功能的发挥,管理目标的达到,都要运用各种有效地管理方法去实现的。

二、管理学的研究方法

同其他任何一门学科一样,管理学也有其自身的研究方法。从某种意义上讲,管理学领域产生的各种管理学派,实际上也可以说是因为采用了不同的研究方法的结果,管理学科的发展也就是研究方法的不断发展和进步。

（一）历史的研究方法

历史研究方法就是运用管理理论与实践的历史文献,全面考察管理的历史演变、重要的管理思想和流派,从中找出规律性的东西,寻求对现在仍有意义的管理原则、方式和方法。任何管理现象都不是孤立的,都有它产生的历史背景及其发生、发展的过程。因此,对管理学中的某一种管理理论某一种定义、某一个规律的研究,都应放在一定历史条件下,从其发生和发展的过程中去考察,才能掌握它的来龙去脉,了解它的实质所在,并给予恰当的评价。

用历史的方法研究管理学,要求我们全面地、发展地看待一切管理思想、管理理论既要挖掘出它的历史渊源,又要看到它的发展变化;一方面要注意其反映的普遍性问题;另一方面也要注意其所代表的是哪种生产关系主体的利益,即管理的个性方面。

（二）比较研究的方法

比较的方法是科学研究中较常用的一种研究方法。它把不同的或相似的事物放在一起作比较,用以鉴别事物之间的异同,分辨出一般性和特殊性的东西,可为我借鉴的东西和不可为我借鉴的东西。

20世纪50年代末,随着跨国公司的发展与经济国际化的趋势而产生了一门新管理学科分支——比较管理学。该学科是建立在比较分析的基础上对管理现象进行研究,其研究范围往往是跨国度的,它主要分析不同体制、不同国家之间在经济、文化、工业上的差异对管理的影响,探索管理发展的模式和普遍适用于先进国家和发展中国家的管理规律。比较管理学作为一种研究方法已广泛应用于管理的研究之中,从中也可以看出比较研究法的重要性及其应用的广泛性。从西方"古典管理理论"的形成到现在,出现了许多不同的管理理论和流派,观点各不相同,思想学说纷纭。这就需要应用比较法对这些纷繁的理论进行分析比较,从中找出各学派的特色,区别其实质,真正做到兼收并蓄,丰富我国管理学的内容。从管理的实践来看,各国又有不同的实际情况,外国企业是如何管理的,我国公司在国外开展业务应如何进行管理,目前的管理措施是否适用,管理学理论是否具有普遍性,如何建立一套适合本国实际情况的有特色的管理理论等问题,也都需要应用比较研究方法进行探讨。

（三）案例分析法

所谓案例分析法,是指在学习研究管理学的过程中,通过对典型案例的分析,从中总结出管理的经验、方法。实践证明,案例分析法对于管理学的研究是行之有效的。这种方法的最大优点是能够体现理论联系实际的原则,使一般管理原理的抽象建立在大量的实际案例分析基础上。

在管理教育方面,案例分析作为一种教学方法已十分普遍。美国的哈佛大学商学院因其成功的案例教学已培养出大批的优秀企业家、政治家,早已令世人瞩目,该学院的教学方式也成为管理教育的楷模。目前我国的大专院校的工商管理专业的教学及企业的管理人员培训也都越来越重视案例教学方法。可以说,案例分析法是管理理论研究及提高人的管理能力的一种最基本、最常用的方法。

（四）系统法

要进行有效的管理活动,必须对影响管理过程中的各种因素及其相互之间的关系,进行总体的、系统的分析研究,才能形成管理的可行的基本理论和合理的管理活动。总体的、系统的研究和学习方法,就是用系统的观点来分析、研究和学习管理的原理和管理活动。所谓系统,是指由相互作用、相互依赖的若干组成部分结合而成具有特定功能的有机整体。系统本身又是它所从属的一个更大系统的组成部分。从管理的角度看,系统有两个含义:一是指一个实体;二是指一种方法或手段。两者既有区别,又有联系。系统的方法是指用系统的观点来研究和分析管理活动的全过程。根据这个定义,管理过程是一个系统,管理的概念、理论和技术方法也是一个系统。实际上任何事物都是一个系统。

1. 系统的特性

把管理过程或活动看作实体的系统,具有如下的特性:

（1）整体性。有效的管理总能带来"整体大于部分"的效果。

（2）目的性。管理系统的整体目的就是要创造价值和提供服务,达到一定的经济效益与社会效果。

（3）开放性。管理过程必须不断地与外部社会环境交换能量与信息。

（4）交换性。管理过程中各种因素都不是固定不变的,组织本身也存在变革。

（5）相互依存性。管理的各要素之间是相互依存的,而且管理活动与社会相关活动之间也是相互依存的。

（6）控制性。有效管理系统必须有畅通的信息与反馈的机制,使各项工作能够及时有效地得到控制。

2. 系统的观点

系统作为一种方法,在研究、分析和解决问题时必须具备以下的观点:

（1）整体观点。整体的功效应大于各个个体的功效之和。

（2）开放性与封闭性。若系统与外部环境交换信息与能量,就可把它看成是开放的;反之,就可把它看成是一个封闭的系统。

（3）封闭则消亡的观点。凡封闭的系统,都具有消亡的倾向。

（4）模糊分界的观点。将系统与其所处的环境分开的"分界线"往往是模糊的。

（5）保持"体内动态平衡"的观点。开放的系统要生存下去,至少必须从环境中摄取足够的投入物来补偿它的产出物和其自身在运动中所消耗的能量。

（6）信息反馈观点。系统要达到体内动态平衡,就必须有信息反馈。

（7）分级观点。每个系统都有子系统,同时它又是一个更大系统的组成部分,它们之间是等级形态。

（8）不断分化和完善的观点。

（9）等效观点。在一个社会系统内,可以用不同的输入或不同的过程去实现同一个目标,不存在唯一的最好的方式。

系统作为一种方法、手段或理论,则要求在研究和解决管理问题时必须具有整体观点、"开放的"与相对"封闭的"观点等有关系统的基本观点。学习管理的概念、理论和方法也要用系统的观点来进行指导。

（五）试验法

试验研究的方法,是指有目的地在设定的环境下认真观察研究对象的行为特征,并有计划地变动试验条件,反复考察管理对象的行为特征,从而揭示出管理的规律、原则和艺术的方法。试验研究不同于案例分析,后者是将自己置于已发生过的管理情景中,一切都是模拟的,而前者则是在真实的管理环境中对管理的规律进行探讨。只要设计得合理,组织得好,通过试验方法是能够得到很好的结果的。如管理学发展史上,泰罗的科学管理原理,就以"时间—动作"的实验性研究为基础。著名的"霍桑试验"就是运用试验研究方法研究管理学的又一典范,通过试验所得到的重要成果是扬弃了传统管理学将人视为单纯的"经济人"的假说,建立起了"社会人"的观念,从而为行为科学这一管理学的新分支的形成和发展奠定了基础。因此,试验研究的方法是管理学研究的一种重要的方法。

第五节　学习和研究管理学的重要性

管理的重要性决定了学习、研究管理学的必要性。管理是有效地组织共同劳动所必需的。随着生产力和科学技术的发展，人们逐渐认识到管理的重要性。从历史上看，经过了两次转折，管理学才逐步形成并发展起来。第一次转折是泰罗科学管理理论的出现，意在加强生产现场管理，使人们开始认识到管理在生产活动中所发挥的作用；第二次转折是第二次世界大战后，人们看到不依照管理规律办事，就无法使企业兴旺发达，因此要重视管理人员的培养，这促进了管理学的发展。

管理也日益表现出它在社会中的地位与作用。管理是促进现代社会文明发展的三大支柱之一，它与科学和技术三足鼎立。管理是促成社会经济发展的最基本的、最关键的因素。发展中国家经济落后，关键是由于管理落后。先进的科学技术与先进的管理是推动现代社会发展的"两个轮子"，两者缺一不可。管理在现代社会中占有重要地位。

学习、研究管理学是培养管理人员的重要手段之一。判定管理是否有效的标准是管理者的管理成果。通过实践可验证管理是否有效，因此，实践是培养管理者的重要一环。而学习、研究管理学也是培养管理者的一个重要环节。只有掌握扎实的管理理论与方法，才能很好地指导实践，并可缩短或加速管理者的成长过程。目前我国的管理人才，尤其是合格的管理人才是缺乏的。因此，学习、研究管理学，培养高质量的管理者成为当务之急。

学习、研究管理学是未来的需要。随着社会的发展，专业化分工会更加精细，社会化大生产会日益复杂，科学技术飞速发展带动了经济的快速发展。经济的发展，需要丰富的资源与先进的技术，但更重要的还是需要组织经济活动的能力，即管理能力。从这个意义上说，管理本身就是一种经济资源，作为"第三生产力"在社会中发挥作用。先进的技术，要有先进的管理与之相适应，否则，落后的管理就不能使先进的技术得到充分发挥。因此，管理在未来的社会中将处于更加重要的地位。

思考题

1. 何谓管理？管理的基本特征是什么？
2. 管理活动具有哪些基本职能？它们之间的关系是什么？
3. 分析管理两重性的基本内容。
4. 管理者在组织中扮演什么样的角色？如何来激励和约束管理者？
5. 什么是系统？系统有哪些特征？管理者可从系统原理中得到哪些启示？
6. 分析管理学的研究对象及其方法。

第二章 管理学的形成和发展

第一节 管理学发展史概述

从历史上看,管理与人类社会几乎同时产生。自从有了人类社会,人们的社会生活就离不开管理,所以管理的实践早就出现了,而在有了人们的实践之后,才有人对这些管理的实践活动,包括政治的、军事的、经济的、文化的或宗教的活动加以研究和探索。经过长期的积累和总结,对管理实践有了初步的认识和见解,从而开始形成管理思想。随着社会的发展,科学技术的进步,人们又对管理思想加以进一步的总结,提出管理中带有规律性的东西,并将其作为一种假设,结合科学技术的发展,在管理实践中进行验证,继而对验证结果加以分析研究,从中提炼出了属于管理活动普遍原理的东西。对这些原理的抽象综合,就形成了管理的基本理论。这些理论又被人们运用到管理实践中,指导管理活动的进行,同时又进一步对这些理论进行实践验证,这就是管理学的整个形成过程,也就是从实践到思想再到理论,然后又将理论应用于实践。因此,将管理学的这样一个形成过程同人类社会发展的不同阶段加以比较和归纳,就可以比较全面地表示出管理学的形成过程。

一、早期管理活动或实践阶段

这是指从人类社会产生,人们结成了一定的社会关系,有了集体劳动的分工、协作开始,到 18 世纪这一历史阶段。这一阶段人类仅仅为了谋求生存而进行各种活动,自觉不自觉地进行着管理活动和管理的实践,其范围是极其广泛的。但是从未对管理活动本身的重要性和必要性加以认识,提出某些见解。仅有的管理知识是代代相传或从实践经验得来的,人们凭经验去管理,尚未对经验进行科学的抽象。

二、早期管理思想的萌芽阶段

这是从 18 世纪到 19 世纪末这一历史阶段。这一时期人们逐渐地观察各种管理的实践活动,对管理活动在社会中所起的作用产生了一定的认识。在军事、经济、政治、行政等的某些领域或某些环节,提出了某些见解。但这一切都停留在一个较低水平上,还没有能够进一步系统地、全面地加以研究,因而人们对它的认识和见解仅仅散见于一些历史学、哲学、社会学、经济学、军事学等著作之中,只是一些对管理的零碎的研究。这就说明 19 世纪以前还没有形成一个比较完整的管理理论体系。

三、管理理论形成阶段

这是从 19 世纪末 20 世纪初开始直到现在这一历史阶段。这一时期随着生产力的高度发展和科学技术的飞跃进步,经过管理学者们的不断研究、观察和实践,甚至亲自实践,使对管理的科学认识不断丰富和具体,从而对其进行概括和抽象,这才逐渐地形成管理理论,管理作为一门科学才真正蓬勃地兴起。

第二节　早期的管理活动和管理思想

管理的活动或实践自古以来就存在,它是随人类集体协作、共同劳动而产生的。人类进行有效的管理实践,已超过六千年的历史,早期的一些著名的管理实践和管理思想大都散见于埃及、中国、意大利等国的史籍和许多宗教文献之中。以历史记载的古今中外的管理实践来看,素以世界奇迹著称的埃及金字塔、巴比伦古城和中国的万里长城,其宏伟的建设规模足以生动证明人类的管理和组织能力。无论是埃及的金字塔,还是中国的万里长城,在当时的技术条件下,如此浩大的工程,不但是劳动人民勤劳智慧的结晶,同时也是历史上伟大的管理实践。古罗马帝国之所以兴盛,在很大的程度上应归功于卓越的组织才能,他们采取了较为分权的组织管理形式,从一个小城市发展成为一个世界帝国,在公元 2 世纪取得了统治欧洲和北非的成功,并延续了几个世纪的统治。罗马天主教会早在第一次工业革命之前,就成功地解决了大规模活动的组织问题。它采用了按地理区域划分基层组织,并在此基础上又采用有很高效率的职能分工,在各级组织中配备参谋人员,从而使专业人员和下级参与制定决策的过程,但又不破坏指挥的统一。罗马天主教会之所以能够有效地控制世界各地 5 亿以上教徒的宗教活动,在很大程度上同它所采用的这一套组织形式有密切关系。

有关管理思想的最早记载,是《圣经》中的一个例子。希伯来(今以色列)人的领袖摩西在率领希伯来人摆脱埃及人的奴役而出走的过程中,他的岳父叶忒罗对他处理政务事必躬亲、东奔西忙的做法提出了批评,并向他建议:一要制定法令,昭告民众;二要建立等级、授权委任管理;三要责成专人专责管理,问题尽量处理在下面,只有最重要的政务才提交摩西处理。这位叶忒罗可以说是人类最早的管理咨询人员了。他建议摩西采用的就是我们现在常用的授权原理和例外原理,同时也体现了现代管理当中的管理宽度原理。

古希腊哲学家苏格拉底则在其著作《对话录》中论述了管理的普遍性。我国古代典籍中也有不少有关管理思想的记载,如《周礼》记有对行政管理制度和责任的具体叙述。《孟子》、《孙子》等书对于管理的职能如计划、组织、指挥、用人等,都有不少直至当代仍然适用的精辟见解。秦始皇改订李悝《法经》,从规定到实践都体现了古代管理思想中一种改革和创新的精神。它确立的中央集权体制,建立的一整套行政管理机构,统一的文字、货币、车轨、道宽以及度、量、衡制度,不仅在当时有巨大的生命力,而且对中国延续两千年的封建制度也有着重大的影响。

第三节　工业革命以来的管理思想

从工业革命开始以来,人们对管理活动进行思考,探讨管理问题,这一时期虽然没有形成一整套管理理论,但为管理学的产生奠定了坚实的基础。主要管理思想和主要代表人物如下:

一、亚当·斯密的管理思想

亚当·斯密是英国古典政治经济学的主要代表人物之一,他的《国富论》不仅是经济学说史上的不朽巨著,而且是管理学宝贵的思想遗产。在这本书中,他不仅阐述了劳动分工的经济效益,详细分析了劳动分工带来的好处,提出了生产合理化的概念。

亚当·斯密认为,劳动是国民财富的源泉。一国财富的多寡,取决于两个因素:一是该国从事有用劳动的居民在总人口中所占的比重;二是这些人的劳动熟练程度、劳动技巧和判断力的高低。财富的增加可以提高人民的幸福程度,而提高劳动者的技巧和熟练程度,从而提高劳动生产率,则是增加一国物质财富的重要途径。劳动分工有助于这个目标的实现。

对亚当·斯密来说,劳动分工的概念是市场机制的柱石。他援引制针业的作业为例,在 18 个工人中,每人分工只从事一项有限的作业,一天就能生产出 48 000 枚针,而一个非专业化的工人一天生产不了 20 枚针。为什么"同样数量的劳动者因为有了分工就能完成更多量的工作呢"? 亚当·斯密认为,原因有 3 个:

(1) 分工可以增加每一个专业工人的灵巧程度,从而提高劳动效率。

(2) 分工节省了从一种工作转到另一种工作所损失的时间。

(3) 分工使劳动简化,使工具专门化,从而有利于创造新工具和改进设备。而新机械的发明和应用,又使得劳动进一步简化和减少,从而使得一个人能够完成许多人的工作。

同时,他也看到劳动分工不利的后果,那就是专业分工工人的技巧和熟练,是以牺牲他的心智、社会和尚武的德操而取得的。政府应该通过公共教育来克服劳动分工所造成的不利后果。

亚当·斯密关于劳动分工的分析,后来发展成为管理学的一条基本原则。

二、罗伯特·欧文的管理思想

罗伯特·欧文是空想社会主义者,他是 19 世纪初期最有成就的实业家之一,也是杰出的管理学先驱者,他最早播下了人事管理的种子。一些现代学者,把他称为现代人事管理的创始人。

罗伯特·欧文认为,人是环境的产物,只有处在适宜的物质和道德环境下,人才能培养出好的品德。为了证明自己的哲学观点是正确的,为了培养人的美德,罗伯特·欧文在他自己的工厂里进行了一系列劳动管理方面的改革:停止雇佣 10 岁以下的童工,将原来雇佣的童工送入学校学习;其余的人每天工作时间不超过 10 小时 3 刻钟;禁止对工人体罚;为工人提供厂内膳食;设立按成本向工人销售生活必需品的商店;以及通过建造工人住宅与修筑道路来改善工人生活的社区环境等。

为了吸引其他实业家也来关心工人工作条件和生活条件的改善,罗伯特·欧文正确地指出了人的因素在工业生产中的重要作用。他指责同行的制造商,说这些人不懂得人的因素的重要作用,他们宁肯花上几千元来买最好的机器,而只愿出最低的代价购买最便宜的劳动力。他们只乐意在改进机器、劳动分工和降低成本方面花费时间,而不肯对人力资源进行任何的投资。他宣称,如果把同样数目的钱和时间用来改善劳动的话,那么带来的收益将不是资本的 5%、10% 或 15%,而是 50%,在许多情况下甚至会是 100%。他宣称自己在新拉纳克的工厂获得了 50% 的利润,还说不久将会达到 100%,而这主要是关心人的结果。

三、查理·巴贝奇的管理思想

查理·巴贝奇是英国的一位数学家和机械学家,他于 1833 年设计了一种能自动执行指令,具有现代计算机的所有基本因素(包括储存设备,穿孔卡输入系统、运算器、机外储存系统)的"分析机器"。正因如此,有人把查理·巴贝奇称作"计算机之父"。

作为一个数学家,查理·巴贝奇一生中始终对经济问题和管理问题有浓厚的兴趣。1832 年,他发表了《论机器与制造业的经济》一书。在这本书中,查理·巴贝奇继续了亚当·斯密关于劳动分工的研究,并指出,劳动分工不仅可以提高工作效率,还可以为资本家带来减少工资支出的好处。他认为,一项复杂的工作,如果不进行分工,每个工人都要完成制造过程中的每项劳动,企业则必须根据全部工序中技术要求最高和体力要求最强的标准来雇佣工人,并支付每个人的工资。相反,在进行了合理的分工后,企业就可以根据工序的复杂程度和劳动强度来雇佣不同的工人,支付不同标准的工资。这种对工人按劳动分工不同付给不同报酬的理论,后来成为"科学管理理论的基础"。

此外,查理·巴贝奇还强调不能忽视人的因素。他认为企业与工人之间有一种共同的利益,主张实行一种分红制度,使提高了劳动效率的工人能够分享工厂的一份利润,并对那些提出收到效果的合理化建议的工人给予奖励等。

第四节　管理学的产生与形成

科学管理于 19 世纪末才开始出现,甚至第一次用了"科学管理"这一术语。随着企业的规模和数量不断增长,管理人员遇到以前所没有遇到过的多种问题。人们考虑问题的重点已经转移到厂商内部的各种问题中,如加工过程、设备排列、场地布置、生产技术、刺激制度等。管理已逐步转向注意"物"的管理。人们聚集在大集体中,又突出了组织与效率的问题。而对这些问题的关心表现在管理文献中。

由于认识到需要通过社会、出版物和会议来交流观点,所以也开始了管理思想的传播和交流。管理作为一种独立实体的"能量"一直在积聚着。这一时期对管理的认识具体表现在承认管理是第一流大学里可开设的一门课程。

在短短几年内,人们对管理的认识已经有了变化,把它看成是对人类经济活动有影响的一门完整知识。管理人员被公认为受尊敬的人。"管理原理"这一主题已经从工业界扩散到大学的课堂。管理终于形成为一个独立的研究领域。

一、美国出现"管理运动"的必然性及其意义

"管理运动"(其主要组成部分就是"科学管理")也是一种历史现象、一个过程,其时间从 19 世纪末至 20 世纪 30 年代,大体上有四五十年的时间。"管理运动"是人们对管理重要性的认识,以及由此而产生的对经济发展的重大影响的过程。它为提高效率和生产率提供了一种思路和解决问题的框架。

这一运动是 19 世纪中后期至 20 世纪中期的主流。但是,工业革命发生在欧洲,100 年以后的"管理运动"却出现在美国,这是有其历史必然性的。工业革命以后,社会、政治、经济、技术所发生的变化和发展,以及组织规模的扩大和人们的价值观念、思想。意识、文化当中出现的新概念,产生了一个巨大的推动力,促使人们重视管理。

19 世纪末,美国南北战争结束,废除黑奴制,开发西部,提供了大量劳动力和广阔的市场。于是 1862 年美国出现了一种新的筹资形式——有限责任联合股份公司(Limited Liability Joint Stock Company)。1890 年美国封闭边境,国内人口

趋于稳定,资本主义处于蓬勃发展时期。工业革命的种种结果由欧洲移民带到美洲大陆,使得美国的商品经济、劳动分配、工厂制度得到了发展,从而使人们认识到需要有专业的管理人员和行政人员;"社会达尔文主义"信条则承认存在无情竞争的制度,结果是"适者生存";工会运动的兴起,促使人们去研究新的管理课题——劳资关系;宗教改革,承认教徒可以拥有个人财产,鼓励个人从事工商活动;企业、公司产品的多样化和生产经营的分散化,小规模条件下独裁类型的管理,逐渐被专业类型的管理所代替;技术的进步则引起了管理思想与哲学的巨大变化——寻求借助技术之力增强人类活动力的适当方法,即管理。

可是,当时的企业管理非常落后,工厂工作时间长、效率低、工资也低,工人缺乏训练,雇主不懂得如何刺激工人提高劳动生产率。总之,当时经营管理仍是以传统的手工业方式为特点,使得美国经济的发展和企业中的劳动生产率远远落后于当时的科学技术成就和国内外经济条件所提供的可能性。据文献记载,许多工厂的产量都远远低于其额定生产能力,能达到60%的都很少。

当时美国规模最大的公司是铁路公司。由于开发西部的客观需要,铁路发展非常迅速,但是由于缺乏管理,问题很多,事故不断,效率极低。19世纪下半叶,《美国铁路杂志》的编辑亨利·普尔(Henry Pool),在分析了美国铁路系统从初创到成熟这一过程中,由于管理不善而造成许多误点和事故的原因后,指出铁路必须进行有效管理。他提出应该通过明确的组织机构系统来进行管理,即设置一套组织分工系统,汇报通讯系统,并制定严格的规章制度,以便使管理者能及时了解铁路运行情况,采取各种措施来避免事故发生。此外,他还提出在管理中要重视人的因素,要使组织协调,充满团结精神,要采取新的领导方式,以克服旧领导方式中墨守成规与单调刻板的毛病等。普尔作为一位先驱者为后来的"科学管理"、"行为科学"、"系统管理"等管理理论的形成打下了一定的基础,对早期管理思想作出了很大贡献。

工业中存在的问题类似于铁路,企业和公司规模扩大以后,也带来一系列问题:效率、刺激、行政管理、教育等。美国机械工程师学会(The American Society of Mechanical Engineer,缩写为ASME)则为解决这些问题发挥了一定的积极作用,其会员亨利·唐纳(Henry Downe)1886年发表论文《作为经济学家的工程师》,倡议发起运动把管理从工程学中独立出来发展为一门学科。刚入会不久的年轻人泰罗听了唐纳的发言,随后就和他的同代人提出了一套实际做法、观点和思想方法。这些被后人称为"科学管理"。

但是,仅有少数有见识的工业家和工程师认识到科学管理的概念及其对经济发展的意义,还不足以形成为一个管理运动,还必须通过一定的手段和方式向社会、向公众广泛宣传科学管理,这就是管理运动的"三次高潮"。

第一次是 1911 年东方铁路公司提高票价的意见听证会和 1912 年美国国会为泰罗举行的听证会(后文另有详述)。当时东方铁路公司要提高客货运价,遭到货主和公众反对。马萨诸塞州州际商业委员会为此举行一次听证会,公众方的律师布兰戴维斯(Brandeis)邀请泰罗等 11 位工程师作证;只要采用科学管理的技术和方法,铁路公司不必提高票价同样可以盈利。结果公众方胜诉,同时也将科学管理引入了社会。

第二次高潮是 1920 年美国通用汽车公司的改组。当时公司濒临倒闭,小斯隆(Alfred P. Sloan Jr.)就任总经理,对公司进行了大刀阔斧的改组——实行"集中政策控制下的分权制",建立多个利润中心。公司很快恢复元气,他们依靠的不是技术,而是管理与组织,因而也认识到管理的范围不仅仅是生产管理,而是要比这大得多。

第三次高潮是 1924~1932 年梅约在美国西屋电气公司霍桑工厂进行的试验(后文将另作详述),结论引起轰动——提出要注意人的因素,这可以看作是管理科学的里程碑之一,是一个重要的转折点。

到 20 世纪 30 年代,资本主义世界爆发了大危机,管理运动受到了影响。但是前后四五十年的运动,改变了人们的观念,引起了人们思想上、观念上的转变,对经济的发展起了重要作用。管理运动为管理学的形成和发展奠定了基础,它所提倡的并被普遍接受的观点"保存、调研、合作、渐进"已经在人们心中、在社会土壤中扎下了根。

二、科学管理——泰罗及其同代人

(一)泰罗与"科学管理"理论

弗雷德里克·温斯洛·泰罗是美国古典管理学家,科学管理的创始人,被管理界誉为"科学管理之父"。他出生于费城,18 岁进入费城一家小机械厂做工,4 年后进入米德维尔钢铁厂当技工,很快被提升为工长、总技师。在业余学习的基础上,他于 1883 年获得机械工程学位,并于 1884 年被提升为总工程师。他一生中做过大量的科学试验,例如他进行的切削试验前后持续 6 年,写出报告 300 多份,切削量达 80 万磅,费用超过 15 万美元。在试验的基础上,他提出了大量有关提高生产率的原则和方法。1891 年,他独立开业,免费从事管理咨询工作,推广他的科学管理理论和方法。泰勒一生致力于提高生产率的研究工作,是一个乐于观察思考的人。

泰罗从"车床前的工人"开始,重点研究是企业内部具体工作的效率。在他的管理生涯中,不断在工厂实地进行试验,系统地研究和分析工人的操作方法和动作所花费的时间,由此逐渐形成其管理体系——科学管理。泰罗在他的主要著作《科学管理原理》中所阐述了科学管理理论,使人们认识到了管理是一门建立在明确的法规、条文和原则之上的科学。泰罗的科学管理主要有两大贡献:一是管理要走向科学;二是劳资双方的精神革命。

泰罗认为科学管理的根本目的是谋求最高劳动生产率,最高的工作效率是雇主和雇员达到共同富裕的基础,要达到最高的工作效率的重要手段是用科学化的、标准化的管理方法代替经验管理。泰罗认为最佳的管理方法是任务管理法,他在书中这样写道:广义地讲,对通常所采用的最佳管理模式可以这样下定义:在这种管理体制下,工人们发挥最大程度的积极性;作为回报,则从他们的雇主那里取得某些特殊的刺激。这种管理模式将被称为"积极性加刺激性"的管理,或称任务管理,对之要作出比较。

泰罗提出新的管理任务:第一,对工人操作的每个动作进行科学研究,用以替代老的单凭经验的办法。第二,科学地挑选工人,并进行培训和教育,使之成长;而在过去,则是由工人任意挑选自己的工作,并根据各自的可能进行自我培训。第三,与工人的亲密协作,以保证一切工作都按已发展起来的科学原则去办。第四,资方和工人们之间在工作和职责上几乎是均分的,资方把自己比工人更胜任那部分工作承揽下来;而在过去,几乎所有的工作和大部分的职责都推到了工人们的身上。

科学管理不仅仅是将科学化、标准化引入管理,更重要的是提出了实施科学管理的核心问题——精神革命。精神革命是基于科学管理认为雇主和雇员双方的利益是一致的。因为对于雇主而言,追求的不仅是利润,更重要的是事业的发展。而事业的发展不仅会给雇员带来较丰厚的工资,而且更意味着充分发挥其个人潜质,满足自我实现的需要。正是这事业使雇主和雇员相联系在一起,当双方友好合作,互相帮助来代替对抗和斗争时,就能通过双方共同的努力提高工作效率,生产出比过去更大的利润来,从而使雇主的利润得到增加,企业规模得到扩大。相应地,也可使雇员工资提高,满意度增加。

科学管理的实质是一切企业或机构中的工人们的一次完全的精神和思想革命——也就是这些工人,在对待他们的工作责任、对待他们的同事、对待他们的雇主态度的一次完全的思想革命。同时,也是管理方面的工长、厂长、雇主、董事会,在对他们的同事、他们的工人和对所有的日常工作问题责任上的一次完全的思想革命。没有工人与管理人员双方在思想上的一次完全的革命,科学管理就不会存在。

泰罗的科学管理理论,使人们认识到了管理学是一门建立在明确的法规、条文和原则之上的科学,它适用于人类的各种活动,从最简单的个人行为到经过充分组织安排的大公司的业务活动。科学管理理论对管理学理论和管理实践的影响是深远的,直到今天,科学管理的许多思想和做法至今仍被许多国家参照采用。

泰罗提出了以下的管理制度:①对工人提出科学的操作方法,以便合理利用工时,提高工效;②在工资制度上实行差别计件制;③对工人进行科学的选择、培训和提高;④制订科学的工艺规程,并用文件形式固定下来以利推广;⑤使管理和劳动分离,把管理工作称为计划职能,工人的劳动称为执行职能。

科学管理论的产生对于管理学的形成与发展起到了以下的作用:①它冲破了百多年沿袭下来的传统的落后的经验管理方法,将科学引进了管理领域,并且创立了一套具体的科学管理方法来代替单凭个人经验进行作业和管理的就方法。这是管理理论上的创新;②由于采用了了科学的管理方法和科学的操作程序,使生产效率提高了两三倍,推动了生产的发展,适应了资本主义经济在这个时期的发展的需要;③由于管理职能与执行职能的分离,企业中开始有一些人专门从事管理工作。这就使管理理论的创立和发展有了实践基础。

泰罗的科学管理理论并不是脱离实际的,其几乎所有管理原理、原则和方法,都是经过自己亲自试验和认真研究所提出的。它的内容里所涉及的方面都是以前各种管理理论的总结,与所有管理理论一样,都是为了提高生产效率,但它是最成功的。它坚持了竞争原则和以人为本原则。竞争原则体现为给每一个生产过程中的动作建立一个评价标准,并以此作为对工人奖惩的标准,使每个工人都必须达到一个标准并不断超越这个标准,而且超过越多越好。于是,随着标准的不断提高,工人的进取心就永不会停止,生产效率必然也跟着提高;以人为本原则体现为这个理论是适用于每个人的,它不是空泛的教条,而是实实在在的,是以工人在实际工作中的较高水平为衡量标准的,因此既可使工人不断进取,又不会让他们认为标准太高或太低。以人为本是科学发展的一个趋势,呆板或愚昧最终会被淘汰。

科学管理理论很明显是一个综合概念。它不仅仅是一种思想,一种观念,也是一种具体的操作规程,是对具体操作的指导。首先,是以工作的每个元素的科学划分方法代替陈旧的经验管理工作法;其次,员工选拔、培训和开发的科学方法代替先前实行的那种自己选择工作和想怎样就怎样的训练做法;再次,与工人经常沟通以保证其所做的全部工作与科学管理原理相一致;最后,管理者与工人应有基本平等的工作和责任范围。管理者将担负起其恰当的责任,而过去,几乎所有的工作和大部分责任都压在了工人身上。

20世纪以来,科学管理在美国和欧洲大受欢迎。一百多年来,科学管理思想仍然发挥着巨大的作用。当然,泰罗的科学管理理论也有其一定的局限性,如研究的范围比较小,内容比较窄,侧重于生产作业管理。另外泰罗对于现代企业的经营管理、市场、营销、财务等都没有涉及。更为重要的是,他对人性假设的局限性,即认为人仅仅是一种经济人,这无疑限制了泰罗的视野和高度。但这些也正是需要泰罗之后的管理大师们创建新的管理理论来加以补充的地方。

泰罗在管理方面的主要著作有《计件工资制》(1895年)、《车间管理》(1903年)、《科学管理原理》(其中包括在国会上的证词,1912年)。

泰罗通过这一系列的著作,总结了几十年试验研究的成果,归纳了自己长期管理实践的经验,概括出一些管理原理和方法,经过系统化整理,形成了"科学管理"的理论。泰罗在管理理论方面做了许多重要的开拓性工作,为现代管理理论奠定了基础。

(二)"科学管理"理论的其他代表人物

泰罗的科学管理理论在20世纪初得到了广泛的传播和应用,影响很大。因此在他同时代和他以后的年代中,有许多人也积极从事于管理实践与理论的研究,丰富和发展了"科学管理理论"。其中比较著名的有:

1. 卡尔·乔治·巴思

卡尔·乔治·巴思(CarI George Barth),美籍数学家。他是泰罗最早、最亲密的合作者,为科学管理工作作出了很大贡献。他是个很有造诣的数学家,其研究的许多数学方法和公式,为泰罗的工时研究、动作研究、金属切削试验等研究工作提供了理论依据。

2. 亨利·甘特

亨利·甘特(Henry L. Gantt),美国管理学家、机械工程师。甘特是泰罗在创建和推广科学管理时的亲密合作者,他与泰罗密切配合,使"科学管理"理论得到了进一步的发展。特别是他的"甘特图"(Gantt Chart),是当时计划和控制生产的有效工具,并为当今现代化方法PERT(计划评审技术)奠定了基石。他还提出了"计件奖励工资制",即除了按日支付有保证的工资外,超额部分给予奖励;完不成定额的,可以得到原定日工资,这种制度补充了泰罗的差别计件工资制的不足。此外,甘特还很重视管理中人的因素,强调"工业民主"和更重视人的领导方式,这对后来的人际关系理论有很大的影响。

3. 吉尔布雷斯夫妇

吉尔布雷斯夫妇(Frank B. Gilbreth and Lillian M. Gilbreth),美国工程师弗兰克·吉尔布雷斯与夫人(心理学博士莉莲·吉尔布雷斯)在动作研究和工作简化方面作出了特殊贡献。他们采用两种手段进行时间与动作研究:

(1) 工人的操作动作分解为17种基本动作,吉尔布雷斯称之为"therbligs"(这个字即为吉尔布雷斯英文名字母的倒写)。

(2) 用拍影片的方法、记录和分析工人的操作动作,寻找合理的最佳动作,以提高工作效率。通过这些手段,他们纠正了工人操作时某些不必要的多余动作,形成了快速准确的工作方法。与泰罗不同的是,吉尔布雷斯夫妇在工作中开始注意到人的因素,在一定程度上试图把效率和人的关系结合起来。吉尔布雷斯毕生致力于提高效率,即通过减少劳动中的动作浪费来提高效率,被人们称之为"动作专家"。

4. 哈林顿·埃默森

哈林顿·埃默森(Harrington Emerson),美国早期的科学管理研究工作者,从1903 年起就同泰罗有紧密的联系,并独立地发展了科学管理的许多原理。如他对效率问题作了较多的研究和实践,提出了提高效率的 12 条原则,即①明确的目的;②注意局部和整体的关系;③虚心请教;④严守规章;⑤公平;⑥准确、及时、永久性的记录;⑦合理调配人、财、物;⑧定额和工作进度;⑨条件标准化;⑩工作方法标准化;⑪手续标准化;⑫奖励效率。在组织机构方面,提出了直线和参谋制组织形式等。另外,他还在职工的选择和培训、心理因素对生产的影响、工时测定等方面也作出了贡献。

尽管泰罗的追随者在许多方面不同程度地发展了"科学管理"理论和方法,但总的来说,他们和泰罗一样,研究的范围始终没有超出劳动作业的技术过程,没有超出车间管理的范围。

三、管理过程和管理组织理论

在泰罗等人以探讨工厂中提高效率为重点进行科学管理研究的同时,法国的法约尔则以管理过程和管理组织为研究重点,着重研究管理的组织和管理的活动过程。除法约尔之外,管理过程和管理理论的主要代表人物还有德国著名的社会学家韦伯,以及美国的管理学家巴纳德、古利克,英国的管理学家厄威克等人。以下着重介绍法约尔、韦伯和巴纳德及他们的理论。

(一) 法约尔及其管理理论

亨利·法约尔(H·Fayol,1841~1925),法国人,是直到本世纪上半叶为止,欧洲贡献给管理运动的最杰出的大师,被后人尊称为"管理理论之父"。

与泰罗的工人出生相反,法约尔长期担任企业高级领导职务。他的研究是以企业整体作为研究对象,从"办公桌前的总经理"出发的。他认为,管理理论是指有关管理的、得到普遍承认的理论,是经过普遍经验检验并得到论证的一套有关原则、标准、方法、程序等内容的完整体系,有关管理的理论和方法不仅适用于公私企业,也适用于军政机关和社会团体,这些正是其一般管理理论的基石。法约尔的著述很多,1916 年出版的《工业管理和一般管理》是其最主要的代表作,标志着一般管理理论的形成。他最主要的贡献在于 3 个方面:从经营职能中独立出管理活动;强调教育的必要性;提出管理活动所需的 5 大职能和 14 条管理原则。这 3 个方面也是其一般管理理论的核心。

1. 区别经营和管理

法约尔区别了经营和管理,他认为这是两个不同的概念,管理包括在经营之中。通过对企业全部活动的分析,法约尔将管理活动从经营职能中提炼处理,成为经营的 6 项职能,即企业的全部活动可以分为以下 6 种:

(1) 技术活动(生产、制造、加工)。

(2) 商业活动(购买、销售、交换)。

(3) 财务活动(筹集和最适当地利用资本)。

(4) 安全活动(保护财产和人员)。

(5) 会计活动(财产清点、资产负债表、成本、统计等)。

(6) 管理活动(计划、组织、指挥、协调和控制)。

不论企业大还是小、复杂还是简单、从事的是什么行业,这 6 种活动(或者说基本职能)总是存在的。然而这些职能并不是相互割裂的,法约尔指出,它们之间实际上相互联系、相互配合,共同组成一个有机系统来完成企业生存与发展的目的。技术活动指生产方面的系列活动,有生产、制造和加工 3 种具体活动;商业活动指流通方面的系列活动,比如购买、销售等;财务活动考虑的是如何积累资本和利用资本,实现最少投资最大产出;安全活动要求确保财产安全和企业员工的人身安全;会计活动包括清理财产、计算成本等方面的活动;管理活动包括计划、组织、协调等方面的活动。由于上述 6 种职能都需要具有相关方面的才能,而企业员工作为各个职能的具体执行者,则必须具备这些能力才能胜任上述职能。

法约尔先将企业的共性摆出来,然后指出前 5 种活动都不负责制定企业的总经营计划,不负责组织,不负责协调各方面的力量和行动,而这些至关重要的职能应属于管理。

因此,法约尔定义管理就是实行计划、组织、指挥、协调和控制(Plan、Organize、Command、Coordinate、Control)。

今天,将其简述为计划、组织、领导和控制(Plan、Organize、Lead、Control)。

2. 倡导管理教育

法约尔认为管理能力可以通过教育来获得,"缺少管理教育"是由于"没有管理理论",每一个管理者都按照他自己的方法、原则和个人的经验行事,但是谁也不曾设法使那些被人们接受的规则和经验变成普遍的管理理论。

3. 管理的职能

法约尔指出:"管理,就是实行计划、组织、指挥、协调和控制;计划,就是探索未来、制定行动计划;组织,就是建立企业的物质和社会的双重结构;指挥,就是使其人员发挥作用;协调,就是连接、联合、调和所有的活动及力量;控制,就是注意是否一切都按已制定的规章和下达的命令进行。"

1) 计划

法约尔强调"管理应当预见未来"。他认为,如果说预见性不是管理的全部的话,至少也是其中一个基本的部分。

计划工作表现的场合有许多,并且有不同的方法。它的主要表现、明显标志和最有效的工具就是行动计划。行动计划既反映出了所要达到的结果,又指出了所遵循的行动路线、通过的阶段和所使用的手段。拟订行动计划的依据是:

(1) 企业的资源,如厂房、工具、原料、资本、人员、生产能力、销售渠道、公众关系等。

(2) 目前正在进行的工作的性质和重要性。

(3) 企业的未来发展趋势,它部分地取决于技术的、商业的、财政的及其他的条件。

这些条件都在变化,所以计划是每个企业最重要、也是最困难的工作之一。它涉及所有的部门和所有的活动——特别是管理活动。在制定计划时,要考虑到下级管理人员以至一般工人的意见,这样才能使所有的资源不致被遗漏,从而有利于企业的发展。法约尔的这种想法事实上是以后盛行的"参与管理"思想的萌芽。

法约尔还认为一个好计划应具有以下特点:

(1) 统一性,每项计划不仅有总体计划,还有具体的计划。

(2) 连续性,不仅有长期的计划,还有短期的计划。

(3) 灵活性,能应付意外事件的发生。

(4) 精确性,应尽量使计划具有客观性,不带主观的臆测。

制定长期计划是非常重要的,这是法约尔对当时管理思想的一个比较大的贡献。

2) 组织

法约尔指出好的计划需要有好的组织。组织是对企业计划执行的分工。组织一个企业就是为企业的经营提供所有必要的原料、设备、资本、人员。

组织大体可以分为物质组织和社会组织两大部分。在配备了必要的物质资源以后,人员或社会组织就应该能够完成它的 6 项基本职能,即进行企业所有的经营活动。

法约尔认为,社会组织应完成以下管理任务:

(1) 注意行动计划是否深思熟虑地准备并坚决地执行了。

(2) 注意社会组织和物质组织是否与企业的目标、资源和需要相适合。

(3) 建立一元化的、有能力的坚强领导。

(4) 协调力量,配合行动。

(5) 做出清楚、明确、准确的决策。

（6）有效地配备和安排人员；每一个部门都应该由一个有能力的、积极的人来领导，每一个人都应该在他能够最好的发挥作用的职位上。

（7）明确地规定职责。

（8）鼓励首创精神与责任感。

（9）对员工所做的工作给以公平而合适的报酬。

（10）对过失与错误施加惩罚。

（11）使大家遵守纪律。

（12）注意使个人利益服从集体利益。

（13）特别注意指挥的统一。

（14）注意物品秩序与社会秩序。

（15）进行全面控制。

（16）与规章过多、官僚主义、形式主义、文牍主义等弊端做斗争。

3）指挥

指挥是一种以某些工人品质和对管理一般原则的了解为基础的艺术。

法约尔要求指挥人员要做到：

（1）透彻了解自己的手下人员。领导者至少要做到了解他的直接部下，明白对每个人可寄予什么期望，给予多大信任。

（2）淘汰没有工作能力的人。领导是整体利益的裁决者与负责者，只有整体利益迫使他及时地执行这项措施。

（3）十分通晓约束企业和雇员的协议。在各项工作中，领导者起双重作用：在职工面前，他起到维持企业利益的作用；在厂主面前，他起到维护职工利益的作用。

（4）做好榜样。领导做出榜样，是使职工对领导者的管理心悦诚服的最有效的方法之一。

（5）对组织的账目定期进行检查，并使用概括的图表来促进这项工作。

（6）召开会议。把主要的助手召集起来，参加酝酿统一领导和集中力量搞好工作的会议。

（7）不要在工作的细节上花费精力，在工作细节上耗费大量时间是一个大企业领导的严重缺点。领导者不应因关心小事情而忽视了重大的事情。工作组织得好，就能使领导者做到这一点。

4）协调

协调就是使企业的一切工作都要和谐地配合，以便于企业经营的顺利进行，并且有利于企业取得成功。

法约尔说："协调就是指企业的一切都要和谐地配合，这样做的目的就是使企业的工作能够顺利地进行，并有利于企业获取成功。协调的另一种功能就是，使职能的社会组织机构和物质设备机构之间保存一定的比例。这个比例是每个机构高效、保质保量完成任务的保证……总之,协调的目的是为了事情和行为都有一个合适的比例。"

法约尔还提出了关于判断企业需要进行协调工作的依据:

(1) 各部门不了解而且也不想了解其他部门,各部门在进行工作时好像它本身就是工作的目的和理由,不革新整个企业,也不关心毗邻的部门。

(2) 在一个部门内部,各部门、各科室之间,与各不同部门之间一样存在着一堵墙,互不通气,各自最关心的就是使自己的职责置于公文、命令和通告的保护之下。

(3) 谁也不考虑企业整体利益,企业里没有勇于创新的精神和忘我的工作精神。

法约尔认为,解决这一问题的最好方法就是部门领导每周的例会。召开例会的目的是根据企业工作进展情况讲明企业发展方向,明确各部门之间应有的协作,利用领导们出席会议的机会来解决共同关心的各种问题。通常,例会不涉及制定企业的行动计划,会议要有利于领导们根据事态发展情况来完成这个计划,每次会议只涉及一个短期内的活动,一般是一段时间,在这一周内,要保证各部门之间行动协调一致。

部门领导会议是协调工作不可或缺的方法。如果没有它,那么任务完成得不好的可能性就大;有了它,并不是正常工作的绝对保证,还需要领导懂得很好使用这一方法。能够使用各种工作方法是一种艺术,是管理人员应该具有的才能之一。

5) 控制

控制就是要证实各项工作是否都与已定计划相符合,是否与下达的指标及已定规则相符合。法约尔认为,控制的目的在于指出工作中的缺点和错误,以便纠正并避免重犯。

对物、对人、对计划都可以进行控制。从管理的角度来看,应确保企业有计划并且确实执行,而且更要及时地加以修正。

当某些控制工作显得太多、太复杂、涉及面太大,不易由部门的一般人员来承担时,就应该让一些专业人员来做,即设专门的检查员、监督员或专门的监督机构。

最好做到不管对什么工作都能够回答以下问题:"怎样进行控制呢?"由于控制作用于各种性质的工作和各级工作人员,所以控制有许多不同的方法,像管理的预测、组织指挥和协调一样,控制这一要素在执行时总是需要有持久的专心工作精神和较高的艺术。

4. 管理的一般原则

为了使管理者能很好地履行各种管理职能,法约尔提出了管理的 14 项一般原则。

1) 劳动分工原则

法约尔认为,劳动分工属于自然规律。劳动分工不只适用于技术工作,而且也适用于管理工作,应该通过分工来提高管理工作的效率。但是,法约尔又认为:"劳动分工有一定的限度,经验与尺度感告诉我们不应超越这些限度。"

2) 权利与责任原则

有权利的地方,就有责任。责任是权利的孪生物,是权利的当然结果和必要补充。这就是著名的权利与责任相符的原则。法约尔认为,要贯彻权利与责任相符的原则,就应该有有效地奖励和惩罚制度,即"应该鼓励有益的行动而制止与其相反行动"。实际上,这就是现在我们讲的权、责、利相结合的原则。

3) 纪律原则

法约尔认为纪律应包括两个方面,即企业与下属人员之间的协定和人们对这个协定的态度及其对协定遵守的情况。法约尔认为纪律是一个企业兴旺发达的关键,没有纪律,任何一个企业都不能兴旺繁荣。他认为制定和维持纪律最有效的办法是:①各级好的领导;②尽可能明确而又公平地协定;③合理执行惩罚。因为"纪律是领导人造就的。……无论哪个社会组织,其纪律状况都主要取决于其领导人的道德状况"。

4) 统一指挥原则

统一指挥是一个重要的管理原则。按照这个原则的要求,一个下级人员只能接受一个上级的命令。如果两个领导人同时对同一个人或同一件事行使他们的权力,就会出现混乱。在任何情况下,都不会有适应双重指挥的社会组织。与统一指挥原则有关的还有下一个原则,即统一领导原则。

5) 统一领导原则

统一领导原则是指:"对于力求达到同一目的的全部活动,只能有一个领导人和一项计划……人类社会和动物界一样,一个身体有两个脑袋,就是个怪物,就难以生存。"统一领导原则讲的是,一个下级只能有一个直接上级。它与统一指挥原则不同,统一指挥原则讲的是,一个下级只能接受一个上级的指令。这两个原则之间既有区别又有联系。统一领导原则讲的是组织机构设置的问题,即在设置组织机构的时候,一个下级不能有两个直接上级。而统一指挥原则讲的是组织机构设置以后运转的问题,即当组织机构建立起来以后,在运转的过程中,一个下级不能同时接受两个上级的指令。

6) 个人利益服从整体利益的原则

对于这个原则,法约尔认为这是一些人们都十分明白清楚的原则,但是,往往"无知、贪婪、自私、懒惰以及人类的一切冲动总是使人为了个人利益而忘掉整体利益"。为了能坚持这个原则,法约尔认为,成功的办法是:"①领导人的坚定性和好的榜样;②尽可能签订公平的协定;③认真地监督。"

7）人员的报酬原则

法约尔认为,人员报酬首先"取决于不受雇主的意愿和所属人员的才能影响的一些情况,如生活费用的高低、可雇人员的多少、业务的一般状况、企业的经济地位等,然后再看人员的才能,最后看采用的报酬方式"。人员的报酬首先要考虑的是维持职工的最低生活消费和企业的基本经营状况,这是确定人员报酬的一个基本出发点。在此基础上,再考虑根据职工的劳动贡献来决定采用适当的报酬方式。对于各种报酬方式,法约尔认为不管采用什么报酬方式,都应该能做到以下几点:①它能保证报酬公平;②它能奖励有益的努力和激发热情;③它不应导致超过合理限度的过多的报酬。

8）集中的原则

法约尔指的是组织的权力的集中与分散的问题。法约尔认为,集中或分散的问题是一个简单的尺度问题,问题在于找到适合于该企业的最适度。在小型企业,可以由上级领导者直接把命令传到下层人员,所以权力就相对比较集中;而在大型企业里,在高层领导者与基层人员之间,还有许多中间环节,因此,权力就比较分散。按照法约尔的观点,影响一个企业是集中还是分散的因素有两个:一个是领导者的权力;另一个是领导者对发挥下级人员的积极性态度。"如果领导人的才能、精力、智慧、经验、理解速度……允许他扩大活动范围,他则可以大大加强集中,把其助手作用降低为普通执行人的作用。相反,如果他愿意一方面保留全面领导的特权,另一方面更多地采用协作者的经验、意见和建议,那么可以实行广泛的权力分散……所有提高部下作用的重要性的做法就是分散,降低这种作用的重要性的做法则是集中"。

9）等级制度原则

等级制度就是从最高权力机构直到低层管理人员的领导系列。而贯彻等级制度原则就是要在组织中建立这样一个不中断的等级链,这个等级链说明了两个方面的问题:一是它表明了组织中各个环节之间的权力关系,通过这个等级链,组织中的成员就可以明确谁可以对谁下指令,谁应该对谁负责。二是这个等级链表明了组织中信息传递的路线,即在一个正式组织中,信息是按照组织的等级系列来传递的。贯彻等级制度原则,有利于组织加强统一指挥原则,保证组织内信息联系的畅通。但是,一个组织如果严格地按照等级系列进行信息的沟通,则可能由于信息沟通的路线太长而使得信息联系的时间长,同时容易造成信息在传递的过程中失真。

10）秩序原则

法约尔所指的秩序原则包括物品的秩序原则和人的社会秩序原则。对于物品的秩序原则，他认为，每一件物品都有一个最适合它存放的地方，坚持物品的秩序原则，就是要使每一件物品都在它应该放的地方。贯彻物品的秩序原则就是要使每件物品都在它应该放的位置上。

对于人的社会秩序原则，他认为，每个人都有他的长处和短处，贯彻社会秩序原则就是要确定最适合每个人的能力发挥的工作岗位，然后使每个人都在最能使自己的能力得到发挥的岗位上工作。为了能贯彻社会的秩序原则，法约尔认为首先要对企业的社会需要与资源有确切的了解，并保持两者之间经常的平衡；同时，要注意消除任人唯亲、偏爱徇私、野心奢望和无知等弊病。

11）公平原则

法约尔把公平与公道区分开来。他说："公道是实现已订立的协定。但这些协定不能什么都预测到，要经常地说明它，补充其不足之处。为了鼓励其所属人员能全心全意和无限忠诚地执行他的职责，应该以善意来对待他。公平就是由善意与公道产生的。"也就是说，贯彻公道原则就是要按已定的协定办。但是在未来的执行过程中可能会因为各种因素的变化使得原来制定的"公道"的协定变成"不公道"的协定，这样一来，即使严格地贯彻"公道"原则，也会使职工的努力得不到公平的体现，从而不能充分地调动职工的劳动积极性。因此，在管理中要贯彻"公平"原则。所谓"公平"原则就是"公道"原则加上善意地对待职工。也就是说在贯彻"公道"原则的基础上，还要根据实际情况对职工的劳动表现进行"善意"的评价。当然，在贯彻"公平"原则时，还要求管理者不能"忽视任何原则，不忘掉总体利益"。

12）人员的稳定原则

法约尔认为，一个人要适应他的新职位，并做到能很好地完成他的工作，这需要时间。这就是"人员的稳定原则"。按照"人员的稳定原则"，要使一个人的能力得到充分的发挥，就要使他在一个工作岗位上相对稳定地工作一段时间，使他能有一段时间来熟悉自己的工作，了解自己的工作环境，并取得别人对自己的信任。但是人员的稳定是相对的而不是绝对的，年老、疾病、退休、死亡等都会造成企业中人员的流动。因此，人员的稳定是相对的，而人员的流动是绝对的。对于企业来说，就要掌握人员的稳定和流动的合适的度，以利于企业中成员能力得到充分的发挥。"像其他所有的原则一样，稳定的原则也是一个尺度问题"。

13）首创精神

法约尔认为："想出一个计划并保证其成功是一个聪明人最大的快乐之一，这也是人类活动最有力的刺激物之一。这种发明与执行的可能性就是人们所说的首创精神。建议与执行的自主性也都属于首创精神。"法约尔认为人的自我实现需求的满足是激励人们的工作热情和工作积极性的最有力的刺激因素。对于领导者来说，"需要极有分寸地，并要有某种勇气来激发和支持大家的首创精神"。当然，纪律原则、统一指挥原则和统一领导原则等的贯彻，会使得组织中人们的首创精神的发挥受到限制。

14）人员的团结原则

人们往往由于管理能力的不足，或者由于自私自利，或者由于追求个人的利益等而忘记了组织的团结。为了加强组织的团结，法约尔特别提出在组织中要禁止滥用书面联系。他认为在处理一个业务问题时，用当面口述要比书面快，并且简单得多。另外，一些冲突、误会可以在交谈中得到解决。"由此得出，每当可能时，应直接联系，这样更迅速、更清楚，并且更融洽"。

法约尔提出的一般管理原则与职能实际上奠定了以后在20世纪50年代兴起的管理过程研究的基本理论基础，许多管理论著在某种程度上可直接追溯到一般管理理论的研究。法约尔提出一般管理理论迄今已近百年，但经久不衰，至今仍有相当大的影响力，对现代管理仍然具有现实的指导意义。这主要是因为：首先，法约尔对现代管理学研究提出了总框架，对管理内涵的概括体现了全局性和战略性的特点。直到现在，管理学教材内容安排在很大程度上都基本遵循他的理论构架。其次，法约尔把管理同其他容易混淆的术语区分开来，更加体现了管理的独立性和专业性，这对管理者正确理解自己的特殊职业含义很重要。第三，法约尔提出的14项原则至今仍然是规范现代管理活动的重要准则。第四，法约尔澄清了高层管理中的混乱思想，给高层管理者提出了应注意的方面。

法约尔的理论起着承上启下的作用。他的管理理论处于泰罗和韦伯之间，是出自企业管理或"工业管理"，但落脚于普遍性的"一般管理"。法约尔是从企业管理出发，抽象出管理的一般性原则和要素，比泰罗与韦伯的管理理论更加清楚。泰罗于1911年发表了《科学管理原理》的中心思想是提高劳动生产率。他认为当时工人提高劳动生产率的潜力很大，用科学的方法对工人进行训练，并据以制定较高的定额，这就是所谓的工作定额原理。为了使工人完成较高的定额，除了使工人掌握标准的操作方法之外，还必须把工人使用的工具、机器、材料以及作业环境加以标准化，这就是所谓的标准化原理。为了鼓励工人完成工作定额，他提倡实现一种有差别的、刺激性的计件工资制度。他认为，要提高劳动生产率，就必须取得雇主和工人两方面的合作。雇主关心的是低成本，工人关心的是高工资，要使雇主与工人两方面认识到，通过科学管理提高了劳动生产率，两者都可以达到自己的目的，这就是雇主与工人双方"协调与合作"的基础。用泰罗的话来说，就是"管理的主要目的应该是实现最大限度的富裕，也联系着使每个雇员实现最大的富裕"。此外，泰罗还对计划职能和执行职能的划分、职能管理制的采用和组织结构上的管理控制原理进行了分析。可见,泰罗的理论主要是企业管理理论。韦伯管理理论的贡献在于,他提出了所谓理想的行政组织体系理论,这集中表现在他的代表作《社会组织与经济组织理论》一书中。韦伯主张,为了实现一个组织的目标,要把组织的全部活动划分为各种基本的作业,作为公务分配给组织的各个成员。各种公职与职位是按照职权的等级原则组织起来的,每一职位有明文规定的权利与义务,形成一个指挥体系或阶层体系。组织中人员的任用完全根据职务上的要求,通过正式考试或教育训练来实行。管理人员有固定的薪金和明文规定的升迁制度,是一种"职业的"管理人员。管理人员必须严格遵守组织规定的规则和纪律。韦伯认为,这种理想的行政组织体系能提高工作效率,在精确性、稳定性、纪律性和可靠性方面优于其他组织体系。由此看来,法约尔介于泰罗与韦伯之间,如果说泰罗侧重于企业管理理论,韦伯侧重于行政管理理论,那么法约尔的"一般管理理论"既可以说是企业管理理论,也可以说是行政管理理论。

然而,泰罗的科学管理理论并非没有对行政管理产生影响,其实科学管理作为一种运动在美国对行政管理方面的研究产生了巨大的影响。虽然泰罗集中于对工业车间和工人的工作过程进行深入细致地分析,"但是,他的见解加速了一场趋向于合理化的工厂生产方法的运动,促进了把'效率'作为管理理论和实践的指导标准。泰罗强调专业管理的需要,工作过程的研究和设计,以及创立一种促进工人和组织之间相关利益的社会精神气质"。因此,科学管理在强调"效率"及其价值观和方法这两个方面对公共行政有极大的影响。"科学管理强调的是合理性、可预测性、专业化和技术能力,但是它的焦点比韦伯窄得多。"韦伯认为,在某种程度上说,官僚制的组织形式比其他行政管理系统效率高,它使其规定与程序非人格化,因此能在决策中取得高度的可预测性,因而最终在集约效率和业务范围方面占有优势,并且可能运用于所有各种行政任务。由此可见,中性合理——合法的行政规定是韦伯理想形式的核心所在。显然,韦伯的理论与法约尔的理论相比,较少涉及企业管理,而与泰罗的理论相比则要更加宽泛,侧重于行政组织形式。

法约尔很早就倡导对经营管理活动进行理论分析,这一主张在经历了差不多达半个世纪的激烈争论以后,才为绝大多数组织理论家所接受。

(二)韦伯理想的行政组织体系理论

马科斯·韦伯是同泰罗和法约尔同一历史时期,并且对西方古典管理理论的确立做出杰出贡献的德国著名社会学家和哲学家。1864年韦伯出生在德国爱尔福特的一个中产阶级家庭,1882年进入海德堡大学攻读经济学和法律,之后又就读于柏林大学。在此期间,他还曾入军队服役,1888年参与波森的军事演习,因而对德国的军事生活和组织制度有相当的了解,这对他今后建立组织理论有相当的影响。1891年,他以《中世纪贸易公司史论》的论文获得博士学位,1894年获得海德堡大学的教授资格。1897 年韦伯患上神经官能症,一连 9 年都未能做任何工作。1904 年他再次露面,并出版了他的名著《新教徒论与资本主义精神》。他的主要著作大多是在后来的年代及死后发表的。1920 年 6 月 4 日韦伯逝世,当时他的主要著作《社会和经济组织理论》尚未写完。

韦伯是一位现代社会学的奠基人,他在组织管理方面有关行政组织的观点对社会学家和政治学家都有着深远的影响。他不仅考察了组织的行政管理,而且广泛地分析了社会、经济和政治结构,深入地研究了工业化对组织结构的影响。他提出了所谓理想的行政组织体系理论,其核心是组织活动要通过职务或职位而不是通过个人或世袭地位来管理。他的理论是对泰勒和法约尔理论的一种补充,对后世的管理学家,尤其是组织理论学家有重大影响,因而在管理思想发展史上被人们称之为"组织理论之父"。

韦伯的理想行政组织结构可分为 3 层,其中最高领导层相当于组织的高级管理阶层,行政官员相当于中级管理阶层,一般工作人员相当于基层管理阶层。企业无论采用何种组织结构,都具有这 3 层基本的原始框架。

韦伯指出,现代的行政组织存在着一种正式的管辖范围的原则,这种管辖范围一般是由规则(即法律或行政规定)来确定的。这意味着:按行政方式控制的机构目标所要求的日常活动,是作为正式职责来分配的;执行这些职责所需要的权力是按一种稳定的方式来授予的,并且由官员通过肉体的、宗教的或其他的强制手段来严格地加以限制;对于正常而持续地履行职责和行使相应权利的方法应有所规定,只有按一般规定符合条件的人才会被雇佣。这 3 项要素在国家范围构成为一个行政组织体系的机关,在经济领域则构成为一个行政组织体系的企业。

至于"理想的行政组织体系"中所谓"理想的",并不是指最合乎需要的,而是指组织"纯粹的"形态。在实际生活中,可能出现各种组织形态的结合或混合,但韦伯为了进行理论分析,需要描绘出一种理想的形态。作为一种规范典型的理想的行政组织体系,有助于说明从小规模的创业性管理向大规模的职业性管理的过渡。其之所以是理想的,是因为它具有如下特性:

(1)任何机构组织都应有确定的目标。机构是根据明文规定的规章制度组成的,并具有确定的组织目标。人员的一切活动,都必须遵守一定的程序,其目的是为了实现组织的目标。

(2)组织目标的实现,必须实行劳动分工。组织为了达到目标,把实现目标的全部活动进行划分,然后落实到组织中的每一个成员。在组织中的每一个职位都有明文规定的权利和义务,这种权利和义务是合法化的,在组织工作的每个环节上,都是由专家来负责的。

(3)按等级制度形成的一个指挥链。这种组织是一个井然有序且具有完整的权责相互对应的组织,各种职务和职位按等级制度的体系来进行划分,每一级的人员都必须接受其上级的控制和监督,下级服从上级。但是他也必须为自己的行动负责,这样作为上级来说必须对自己的下级拥有权力,发出下级必须服从的命令。

（4）在人员关系上,他们之间是一种指挥和服从的关系。这种关系不是由个人决定,而是由职位所赋予的权力所决定的,个人之间的关系不能影响到工作关系。

（5）承担每一个职位的人都是经过挑选的,也就是说必须经过考试和培训,接受一定的教育获得一定的资格,由需要的职位来确定需要什么样的人来承担。人员必须是称职的,同时也是不能随便免职的。

（6）人员实行委任制,所有的管理人员都是委任的,而不是选举的(有一些特殊的职位必须通过选举的除外)。

（7）管理人员管理企业或其他组织,但他不是这些企业或组织的所有者。

（8）管理人员有固定的薪金,并且有明文规定的升迁制度,有严格的考核制度。管理人员的升迁是完全由他的上级来决定的,下级不得表示任何意见,以防止破坏上下级的指挥系统,通过这种制度来培养组织成员的团队精神,要求他们忠于组织。

（9）管理人员必须严格地遵守组织中的法规和纪律,这些规则不受个人感情的影响,而适用于一切情况。组织对每个成员的职权和协作范围都有明文规定,使其能正确地行使职权,从而减少内部的冲突和矛盾。

韦伯认为,合法型统治是官僚组织结构理论的基础,因为它为管理的连续性提供了基础,担任管理职务的人员是按照他对工作的胜任能力来挑选的,具有其合理性;领导人具有行使权力的法律手段;所有的权力都有明确的规定,任职者不能滥用其正式权力。合法型统治是以一种对正规形式的"法律性"以及对那些升上掌权地位者根据这些条例发布命令的权力的信任作为基础的。这种组织的管理制度不仅具有合法的公认权威性,并且具有"理性",即能够实现最佳管理目标。

韦伯指出,任何一种组织都必须以某种形式的权力为基础,才能实现其目标,只有权力才能变混乱为有序。如果没有这种形式的权力,其组织的生存都是非常危险的,就更谈不上实现组织的目标了。权力可以消除组织的混乱,使得组织的运行有秩序地进行。

韦伯把这种权力划分为3种类型:第一种是理性的、法定的权力。指的是依法任命,并赋予行政命令的权力,对这种权力的服从是依法建立的一套等级制度,这是对确认职务或职位的权力的服从。第二种是传统的权力。它是以古老的、传统的、不可侵犯的和执行这种权力的人的地位的正统性为依据的。第三种是超凡的权力。它是指这种权力是建立在对个人的崇拜和迷信的基础上的。韦伯在《社会和经济组织的理论》一书中指出：3 种纯粹形态的合法权力，它们各自的合法性依据如下：

(1) 法定的依据。其依据是对标准规则模式的"合法性"的信念，或对那些按照标准规则被提升到有权指挥的人所具权力的信念（法定权力）。

(2) 传统的依据。其依据是对古老传统的不可侵犯性和对传统执行权力的人的地位的正统性信念（传统权力）。

(3) 超凡的依据。其依据是对个别人特殊和超凡的神圣、英雄主义或模范品质的崇拜（超凡权力）。

韦伯认为，这三种纯粹形态的权力中，传统权力的效率较差，因为其领导人不是按能力来挑选的，仅是单纯为了保存过去的传统而行事。超凡权力过于带感情色彩并且是非理性的，不是依据规章制度而是依据神秘或神圣的启示，所以这两种权力都不宜作为行政组织体系的基础，只有理性和法律的权力（合法权力）才能作为行政组织的基础。因为理性的合法权力具有较多的优点。如有明确的职权领域；执行等级系列；可避免职权的滥用；权力行使的多样性等。这样就能保证经营管理的连续性和合理性，能按照人的才干来选拔人才，并按照法定的程序来行使权力，因而是保证组织健康发展的最好的权力形式。

（三）巴纳德的自觉协作活动系统

切斯特·巴纳德（Chester Barnard，1886～1961）出生于美国一个贫穷的家庭。1906～1909 年期间在哈佛大学攻读经济学。由于拿不到一项实验学科的学分，1909 年未拿到学位的巴纳德离开哈佛大学，进入美国电话电报公司开始了他的职业生涯。巴纳德不仅是一位优秀的企业管理者，他还是一位出色的钢琴演奏家和社会活动家。他曾经担任过巴赫音乐学会的主席；还帮助美国原子能委员会制定过政策；在 20 世纪 30 年代大萧条时期曾担任新泽西州减灾委员会总监；1942 年，巴纳德创立了联合服务组织公司并出任总裁；1948～1952 年，担任美国洛克菲勒基金会董事长。巴纳德在漫长的工作实践中，不仅积累了丰富的经营管理经验，而且还广泛地学习了社会科学的各个分支。1938 年，巴纳德出版了著名的《经理人员的职能》一书，此书被誉为"美国现代管理科学的经典之作"。1948 年，巴纳德又出版了另一重要的管理学著作《组织与管理》。巴纳德的这些著作为建立和发展现代管理学做出了重要贡献，也使巴纳德成为社会系统学派的创始人。除了以上两本经典著作外，巴纳德还写过许多论文和报告，如《经理人员能力的培养》、《人事关系中的某些原则和基本考察》、《工业关系中高层经理人员的责任》、《集体协作》、《领导和法律》等。由于巴纳德在组织理论方面的杰出贡献，他被授予了 7 个荣誉博士学位。

巴纳德将社会学概念应用于分析经理人员的职能和工作过程，并把研究重点放在组织结构的逻辑分析上,提出了一套协作和组织的理论。

他认为,社会的各级组织包括军事的、宗教的、学术的、企业的等多种类型的组织都是一个协作的系统,这些协作组织是正式组织,都包含 3 个要素:协作的意愿、共同的目标和信息联系。所有的正式组织中都存在非正式组织,两者是协作中相互作用、相互依存的两个方面。一个协作系统是由相互协作的许多人组成的。对于个人目标和组织目标的不一致,巴纳德提出了"有效性"和"能率"两条原则。当一个组织系统协作得很成功,能够实现组织目标时,这个系统就是"有效性"的,它是系统存在的必要条件。系统的"能率"是指系统成员个人目标的满足程度,协作能率是个人能率综合作用的结果。这样就把正式组织的要求同个人的需要结合起来了,这在管理思想上是一个重大突破。

巴纳德认为:经理人员的作用就是在一个正式组织中充当系统运转的中心,并对组织成员的活动进行协调,指导组织的运转,实现组织的目标。经理人员的主要职能有 3 个方面:提供信息交流的体系;促成个人付出必要的努力;规定组织的目标。经理人员作为企业组织的领导核心,必须具有权威。要建立和维护一种既能树立上级权威,又能争取广大群众的客观权威,关键在于能否在组织内部建立起上情下达、下情上达的有效的信息交流沟通系统。组织的有效性取决于个人接受命令的程度。巴纳德分析个人承认指令的权威性并乐于接受指令的 4 个条件:他能够并真正理解指令;他相信指令与组织的宗旨是一致的;他认为指令与他的个人利益是不矛盾的;他在体力和精神上是能胜任的。

巴纳德在《组织与管理》一书中再次突出强调了经理人员在企业组织与管理中的重要领导作用,他从五个方面精辟地论述了"领导的性质"这一关系到企业生存和发展的带有根本性的问题:

(1) 构成领导行为的四要素:确定目标、运用手段、控制组织、进行协调。

(2) 领导人的条件:平时要冷静、审慎、深思熟虑、瞻前顾后、讲究工作的方式方法;紧急关头则要当机立断,刚柔相济,富有独创精神。

(3) 领导人的品质:活力和忍耐力、当机立断、循循善诱、责任心以及智力。

(4) 领导人的培养和训练:通过培训增强领导人一般性和专业性的知识,在工作实践中锻炼平衡感和洞察力,积累经验。

(5) 领导人的选拔:领导人的选择取决于两种授权机制——代表上级的官方授权(任命或免职),代表下级的非官方授权(接受或拒绝),后者即被领导者的拥护程度是领导人能否取得成功的关键。领导人选拔中最重要的条件是其过去的工作表现。

巴纳德在组织管理理论方面的开创性研究,奠定了现代组织理论的基础,因为要将传统的组织改造为现代组织,就必须明确组织的目标、权力结构和决策机制,明确组织的动力结构即激励机制,明确组织内部的信息沟通机制,这 3 个方面是现代组织的柱石。

（四）行为科学理论

以"科学管理"理论和管理过程与管理组织理论为代表的古典管理理论的广泛流传和实际运用,大大提高了效率。但古典管理理论多着重于生产过程、组织控制方面的研究,较多地强调科学性、精密性、纪律性,而对人的因素注意较少,把工人当作是机器的附属品,不是人在使用机器,而是机器在使用人,这就激起了工人的强烈不满。本世纪 20 年代前后,一方面是工人日益觉醒,工人阶级反对资产阶级剥削压迫的斗争日益高涨;另一方面是经济的发展和周期性危机的加剧,使得西方资产阶级感到再依靠传统的管理理论和方法已不可能有效地控制工人来达到提高生产率和利润的目的。一些管理学家和心理学家也意识到社会化大生产的发展需要有与之相适应的新的管理理论。于是,一些学者开始从生理学、心理学、社会学等方面出发研究企业中有关人的一些问题。如人的工作动机、情绪、行为与工作之间的关系等,以及研究如何按照人的心理发展规律去激发其积极性和创造性。于是行为科学就应运而生。这是继古典管理理论之后管理学发展的一个重要阶段,也是现代管理学的一个重要组成部分。行为科学研究基本上可分为两大时期,前期叫做人际关系学说(或人群关系学),它以 20 世纪二三十年代美国学者梅约的霍桑试验开始;后期是 1949 年在美国芝加哥讨论会上第一次提出"行为科学",以后在 1953 年美国福特基金会召开的各大学科学家参加的会议上,正式定名为行为科学。

1. 梅奥及霍桑实验

乔治·埃尔顿·梅奥(1880～1949),美国管理学家,原籍澳大利亚,早期的行为科学—人际关系学说的创始人,美国艺术与科学院院士。他出生在澳大利亚的阿得雷德,20 岁时在澳大利亚阿福雷德大学取得逻辑学和哲学硕士学位,应聘至昆士兰大学讲授逻辑学、伦理学和哲学。后赴苏格兰爱丁堡研究精神病理学,对精神上的不正常现象进行分析,从而成为澳大利亚心理疗法的创始人。

1922 年在洛克菲勒基金会的资助下,埃尔顿·梅奥移居美国,在宾夕法尼亚大学沃顿管理学院任教。其间,埃尔顿·梅奥曾从心理学角度解释产业工人的行为,认为影响因素是多重的,没有一个单独的要素能够起决定性作用,这成为他后来将组织归纳为社会系统的理论基础。1923 年,埃尔顿·梅奥在费城附近一家纺织厂就车间工作条件对工人的流动率、生产率的影响进行实验研究。1926 年,他进入哈佛大学工商管理学院专事工业研究,以后一直在哈佛大学工作直到退休。

梅奥进行了著名的霍桑试验,主要代表著作有《组织中的人》和《管理和士气》。梅奥的人际关系理论的重要贡献主要有两个方面:一是发现了霍桑效应,即一切由

"受注意了"引起的效应;二是创立了人际关系学说。

从 1924 年到 1932 年,以梅奥为首的美国国家研究委员会与西方电气公司合作,在美国西方电器公司霍桑工厂进行的长达 9 年的实验研究——霍桑试验,真正揭开了作为"组织中的人"的行为研究的序幕。霍桑试验的初衷是试图通过改善工作条件与环境等外在因素,找到提高劳动生产率的途径,先后进行了 4 个阶段的实验:照明试验、继电器装配工人小组试验、大规模访谈和对接线板接线工作室的研究。但试验结果却出乎意料:无论工作条件(照明度强弱、休息时间长短、工厂温度等)是改善还是未改善,试验组和非试验组的产量都在不断上升;在试验计件工资对生产效率的影响时,发现生产小组内有一种默契,大部分工人有意限制自己的产量,否则就会受到小组的冷遇和排斥,奖励性工资并未像传统的管理理论认为的那样使工人最大限度地提高生产效率;而在历时两年的大规模的访谈试验中,职工由于可以不受拘束地谈自己的想法,发泄心中的闷气,从而态度有所改变,生产效率相应地得到了提高。

"霍桑实验"的结果由梅奥于 1933 年正式发表,书名是《工业文明中的人的问题》,提出了以下见解:

(1) 以前的管理把人假设为"经济人",认为金钱是刺激积极性的唯一动力;"霍桑实验"证明人是"社会人",是复杂的社会关系的成员,因此,要调动工人的生产积极性,还必须从社会、心理方面去努力。

(2) 以前的管理认为生产效率主要受工作方法和工作条件的制约,"霍桑实验"证实了工作效率主要取决于职工的积极性,取决于职工的家庭和社会生活及组织中人与人的关系。

(3) 以前的管理只注意组织机构、职权划分、规章制度等,"霍桑实验"发现除了正式组织外还存在着非正式团体,这种无形组织有它的特殊情感和倾向,左右着成员的行为,对生产效率的提高有举足轻重的作用。

(4) 以前的管理把物质刺激作为唯一的激励手段,而"霍桑实验"发现工人所要满足的需要中,金钱只是其中的一部分,大部分的需要是感情上的慰藉、安全感、和谐、归属感。因此,新型的领导者应能提高职工的满足感,善于倾听职工的意见,使正式团体的经济需要与非正式团体的社会需要取得平衡。

(5) 以前的管理对工人的思想感情漠不关心,管理人员单凭自己个人的复杂性和嗜好进行工作,而"霍桑实验"证明,管理人员,尤其是基层管理人员应像霍桑实验人员那样重视人际关系,设身处地地关心下属,通过积极的意见交流,达到感情的上下沟通。

(6) "霍桑实验"及梅奥的见解提出了领导活动中一个值得重视的问题,即非正式组织对领导效能的影响。企业中存在着非正式组织。企业中除了存在着为了实现企业目标而明确规定各成员相互关系和职责范围的正式组织之外,还存在着非正式组织。这种非正式组织的作用在于维护其成员的共同利益,使之免受其内部个别成员的疏忽或外部人员的干涉所造成的损失。为此非正式组织中有自己的核心人物和领袖,有大家共同遵循的观念、价值标准、行为准则和道德规范等。

2. 马斯洛的需求层次论

行为心理学家亚博拉汉·马斯洛(Abraham Harold Maslow,1908~1970)是20世纪50年代后期人际关系学派的成员。他出生在纽约的布鲁克林区,就读于维斯康辛大学。1934年获得博士学位后,他在哥伦比亚大学教师学院担任研究工作。1937~1951年间,马斯洛任布鲁克林学院的副教授,同时负责管理马斯洛桶业公司。1943年发表"需求层次"理论,也因此闻名于世。

马斯洛认为人们普遍具有5种基本需求,而且是有层次的,由低到高。它们是:第一层生理需求,包括维持生活所必需的各种物质的需要,如衣食住行等;第二层安全需求,如生活有保障、不会失业,没有威胁人身安全的因素等;第三层感情和归属上的需求,社交需求,爱、交往和友谊等;第四层尊严需求,需要被尊敬、也需要自尊以及地位和名誉的需求等;第五层自我实现需求,即要尽量地发挥自己的能力,使自己生活有意义、有抱负。

生理上的需求是人们最原始、最基本的需求,如吃饭、穿衣、住宅、医疗等。若不满足,则有生命危险。这就是说,它是最强烈的不可避免的最底层需求,也是推动人们行动的强大动力。显然,这种生理需求具有自我和种族保护的意义,以饥渴为主,是人类个体为了生存而必不可少的需求。当一个人存在多种需求时,例如同时缺乏食物、安全和爱情,总是缺乏食物的饥饿需求占有最大的优势,这说明当一个人为生理需求所控制时,那么其他一切需求都被推到幕后。

安全的需求要求劳动安全、职业安全、生活稳定、希望免于灾难、希望未来有保障等,具体表现在:①物质上的,如操作安全、劳动保护和保健待遇等;②经济上的,如失业、意外事故、养老等;③心理上的,希望解除严酷监督的威胁、希望免受不公正待遇,工作有应付能力和信心。安全需求比生理需求较高一级,当生理需求得到满足以后就要保障这种需求。每一个在现实中生活的人,都会产生安全感的欲望、自由的欲望、防御的实力的欲望。

社交的需求也可以看作是归属与爱的需求,是指个人渴望得到家庭、团体、朋友、同事的关怀爱护理解,是对友情、信任、温暖、爱情的需求。社交的需求比生理和安全需求更细微、更难捉摸。它包括:①社交欲。希望和同事保持友谊与忠诚的伙伴关系,希望得到互相关照等;②归属感。希望有所归属,成为某个团体的一员,在个人有困难时能互相帮助,希望有熟识的友人能倾吐心里话、说说意见,甚至发发牢骚。而爱不单是指两性间的爱,而是广义的,体现在互相信任、深深理解和相互给予上,包括给予和接受爱。社交的需求与个人性格、经历、生活区域、民族、生活习惯、宗教信仰等都有关系,这种需求是难以察觉,无法度量的。

尊重的需求可分为自尊、他尊和权力欲3类,包括自我尊重、自我评价以及尊重别人。与自尊有关的,如自尊心、自信心,对独立、知识、成就、能力的需求等。满足自我尊重的需求导致自信、价值与能力体验、力量及适应性增强等多方面的感觉,而阻挠这些需求将产生自卑感、虚弱感和无能感。基于这种需求,愿意把工作做得更好,希望受到别人重视,借以自我炫耀,指望有成长的机会、有出头的可能。显然,尊重的需求很少能够得到完全的满足,但基本上的满足就可产生推动力。这种需求一旦成为推动力,就将会令人具有持久的干劲。

自我实现的需求是最高等级的需求。满足这种需求就要求完成与自己能力相称的工作,最充分地发挥自己的潜在能力,成为所期望的人物。这是一种创造的需求。有自我实现需求的人,似乎在竭尽所能,使自己趋于完美。自我实现意味着充分地、活跃地、忘我地、集中全力全神贯注地体验生活。成就感与成长欲不同,成就感追求一定的理想,往往废寝忘食地工作,把工作当是一种创作活动,希望为人们解决重大课题,从而完全实现自己的抱负。

在马斯洛看来,人类价值体系存在两类不同的需求:一类称为低级需求和生理需求;另一类称为高级需求。人在不同的时期表现出来的各种需求的迫切程度是不同的。人的最迫切的需求才是激励人行动的主要原因和动力。人的需求是从外部得来的满足逐渐向内在得到的满足转化。在高层次的需求充分出现之前,低层次的需求必须得到适当的满足。低层次的需求基本得到满足以后,它的激励作用就会降低,其优势地位将不再保持下去,高层次的需求会取代它,成为推动行为的主要原因。有的需求一经满足,便不能成为激发人们行为的起因,于是被其他需求取而代之。

马斯洛认为,人们一般是按照这样的层次来追求需求的,即至少前一层次得到部分满足后,下一层的需求才变为迫切的主导需求,并且越到上层,满足的百分比越少。他指出要有顺序地按着层次进行激励才会获得好的效果。

马斯洛的理论很流行,也比较符合实际,符合人们的价值观。很明显,每个人首先要衣、食、住、行解决了,安全有保障后,才想到社交和得到人的尊重以及发挥自己的才能等。需求层次论指出了对人的激励要包括物质和精神两方面。但是,仍然未能突破刺激——反应这一被动式的大范畴。而且人的需求,有时可能是几个需求同时出现的,先后的次序也可以因人而异。然而需求层次论作为归纳分析和抽象化条理化来说是非常成功的。

3. 赫茨伯格的双因素论

弗雷德里克·赫茨伯格(Fredrick Herzberg)生于1923年,与马斯洛同被视为

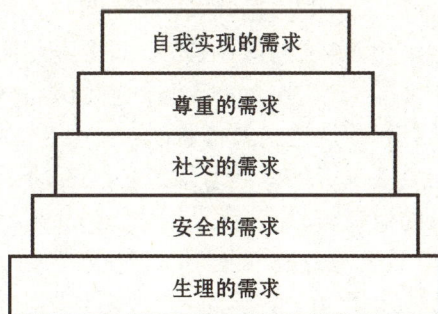

图 2-1　需求层次理论

20 世纪 50 年代人际关系学派的代表人物。赫茨伯格参加了第二次世界大战,被派往解放了的达豪集中营。赫茨伯格曾获得纽约市立学院的学士学位和匹兹堡大学的博士学位,以后在美国和其他 30 多个国家从事管理教育和管理咨询工作,是犹他大学的特级管理教授。他的主要著作有:《工作的激励因素》(1959,与伯纳德·莫斯纳、巴巴拉·斯奈德曼合著)、《工作与人性》(1966)、《管理的选择:是更有效还是更有人性》(1976)。双因素理论是他最主要的成就,在工作丰富化方面,他也进行了开创性的研究。双因素理论,又称激励因素—保健因素理论或双因素激励理论。

　　20 世纪 50 年代末期,赫茨伯格和他的助手们在美国匹兹堡地区对两百名工程师、会计师进行了调查访问。访问主要围绕两个问题:在工作中,哪些事项是让他们感到满意的,并估计这种积极情绪持续多长时间;又有哪些事项是让他们感到不满意的,并估计这种消极情绪持续多长时间。赫茨伯格以对这些问题的回答为材料,着手去研究哪些事情使人们在工作中快乐和满足,哪些事情造成不愉快和不满足。结果他发现,使职工感到满意的都是属于工作本身或工作内容方面的;使职工感到不满的,都是属于工作环境或工作关系方面的。他把前者叫做激励因素,后者叫做保健因素。保健因素的满足对职工产生的效果类似于卫生保健对身体健康所起的作用。保健从人的环境中消除有害于健康的事物,它不能直接提高健康水平,但有预防疾病的效果;它不是治疗性的,而是预防性的。保健因素包括公司政策、管理措施、监督、人际关系、物质工作条件、工资、福利等。当这些因素恶化到人们认为可以接受的水平以下时,就会产生对工作的不满意。但是,当人们认为这些因素很好时,它只是消除了不满意,并不会导致积极的态度,这就形成了某种既不是满意、又不是不满意的中性状态。

　　那些能带来积极态度、满意和激励作用的因素就叫做"激励因素",这是那些能满足个人自我实现需要的因素,包括成就、赏识、挑战性的工作、增加的工作责任,以及成长和发展的机会。如果这些因素具备了,就能对人们产生更大的激励。从这个意义出发,赫茨伯格认为,传统的激励假设,如工资刺激、人际关系的改善、提供良好的工作条件等,都不会产生更大的激励。它们能消除不满意,防止产生问题,但这些传统的"激励因素"即使达到最佳程度,也不会产生积极的激励。按照赫茨伯格的意见,管理当局应该认识到保健因素是必需的,不过它一旦使不满意中和以后,就不能产生更积极的效果。只有"激励因素"才能使人们有更好的工作成绩。

赫茨伯格及其同事以后又对各种专业性和非专业性的工业组织进行了多次调查,他们发现,由于调查对象和条件的不同,各种因素的归属有些差别,但总的来看,激励因素基本上都是属于工作本身或工作内容的,保健因素基本都是属于工作环境和工作关系的。但是,赫茨伯格注意到,激励因素和保健因素都有若干重叠现象,如赏识属于激励因素,基本上起积极作用;但当没有受到赏识时,又可能起消极作用,这时又表现为保健因素。工资是保健因素,但有时也能产生使职工满意的结果。

另外,赫茨伯格分析了保健因素追求者的特点。他认为,追求保健因素的人与追求激励因素的人正是相反的,他们受到的激励来自工作环境而不是工作本身,所以,追求保健因素的人很少能从工作成就中体会到满足,而且他们对自己工作的种类和性质漠不关心,因为他们只是为了求得保护和不受伤害。由此他认为追求保健因素的人是极端个人主义者或是极端保守主义者。让这样的人担任领导对管理人员的发展必定是有害的,因为发展的目的是使下级人员获得个性成长和自我实现的机会。

赫茨伯格的双因素理论同马斯洛的需要层次论有相似之处。他提出的保健因素相当于马斯洛提出的生理需要、安全需要、感情需要等较低级的需要;激励因素则相当于受人尊敬的需要、自我实现的需要等较高级的需要。当然,他们的具体分析和解释是不同的。但是,这两种理论都没有把"个人需要的满足"同"组织目标的达到"这两点联系起来。

行为科学的含义有广义和狭义两种。广义的行为科学是指包括类似运用自然科学的实验和观察方法,研究在自然和社会环境中人的行为的科学。已经公认的行为科学的学科有心理学、社会学、社会人类学等。狭义的行为科学,是指有关对工作环境中个人和群体的行为的一门综合性学科。进入 1960 年代,为了避免同广义的行为科学相混淆,出现了"组织行为学"这一名称,专指管理学中行为科学。目前组织行为学从它研究的对象和小涉及的范围来看,可分成 3 个层次,即个体行为、团体行为和组织行为。

(1) 个体行为理论。其主要包括两方面的内容:①有关人的需要、动机和激励方面的理论,可分为 3 类:内容型激励理论,包括需要层次论、双因素理论、成就激励理论等；过程型激励理论，包括期望理论、公平理论等；行为改造型激励理论，包括强化理论、归因理论等；②有关企业中的人性理论。主要包括 X—Y 理论、不成熟—成熟理论。

（2）团体行为理论。其主要有正式团体和非正式团体，松散团体、合作团体和集体团体等。主要是研究团体发展动向的各种的因素以及这些因素的相互作用和相互依存的关系。如团体的目标、团体的结构、团体的规模、团体的规范心脏信息沟通和团体意见冲突理论等。

（3）组织行为理论。主要包括领导理论和组织变革、组织发展理论。领导理论又包括 3 类，即领导性格理论、领导行为理论和领导权变理论等。

行为科学管理理论的产生和发展是现代化大生产发展的必然产物。它把社会学、心理学、人类学等学科的知识导入管理领域，开创了管理领域的一个独具特色的学派。主要特点为：提出了以人为中心来研究管理问题；肯定了人的社会性和复杂性。

行为科学管理理论产生之前，在西方盛行的是古典管理理论。古典管理理论产生形成于 19 世纪末 20 世纪初，主要是系统地研究企业生产过程和行政组织管理。前者以泰罗为代表，着重研究车间生产，如何提高劳动生产率问题；后者以法约尔、韦伯为代表，着重探讨大企业整体的经营管理，且突出的是行政级别组织体系理论。

第五节　管理科学理论

第二次世界大战时期，英国为解决国防需要而产生"运筹学"（Operational Research，缩写为 OR），发展了新的数学分析和计算技术，例如统计判断、线性规划、排队论、博弈论、统筹法、模拟法、系统分析等。这些成果应用于管理工作就产生了"管理科学理论"，其主要内容是一系列的现代管理方法和技术。提出这一理论的代表人物是美国研究管理学和现代生产管理方法的著名学者伯法（E. S. Buffa）等人。他们开拓了管理学的另一个广阔的研究领域，使管理从以往定性的描述走向了定量的预测阶段。"管理科学"理论是指以现代自然科学和技术科学的最新成果（如先进的数学方法、电子计算机技术以及系统论、信息论、控制论等）为手段，运用数学模型，对管理领域中的人力、物力、财力进行系统的定量的分析，并作出最优规划和决策的理论。这一理论是在第二次世界大战之后，与行为科学平行发展起来的。从历史渊源来看，"管理科学"是泰罗科学管理的继续和发展，因为它的主要目标也是探求最有效的工作方法或最优方案，以最短的时间、最少的支出，取得最大的效果。但它的研究范围已远远不是泰罗时代的"操作方法"和"作业研究",而是面向整个组织的所有活动,并且它所采用的现代科技手段也是泰罗时代所无法比拟的。"管理科学"理论的主要内容包括以下 3 个方面。

一、运筹学

运筹学作为一门现代科学,是在第二次世界大战期间首先在英美两国发展起来的,有的学者把运筹学描述为就组织系统的各种经营作出决策的科学手段。P. M. Morse 与 G. E. Kimball 在他们的奠基作中给运筹学下的定义是:"运筹学是在实行管理的领域,运用数学方法,对需要进行管理的问题统筹规划,作出决策的一门应用科学。"运筹学的另一位创始人定义运筹学是:"管理系统的人为了获得关于系统运行的最优解而必须使用的一种科学方法。"它使用许多数学工具(包括概率统计、数理分析、线性代数等)和逻辑判断方法,来研究系统中人、财、物的组织管理、筹划调度等问题,以期发挥最大效益。

现代运筹学的起源可以追溯到几十年前,在某些组织的管理中最先试用科学手段的时候。可是,现今人们普遍认为,运筹学的活动是从第二次世界大战初期的军事任务开始的。当时迫切需要把各项稀少的资源以有效的方式分配给各种不同的军事经营及在每一经营内的各项活动,所以美国及随后美国的军事管理当局都号召大批科学家运用科学手段来处理战略与战术问题,实际上这便是要求他们对种种(军事)经营进行研究,这些科学家小组正是最早的运筹小组。

第二次世界大战期间,"OR"成功地解决了许多重要作战问题,显示了科学的巨大物质威力,为"OR"后来的发展铺平了道路。

当战后的工业恢复繁荣时,由于组织内与日俱增的复杂性和专门化所产生的问题,使人们认识到这些问题基本上与战争中所曾面临的问题类似,只是具有不同的现实环境而已,运筹学就这样潜入工商企业和其他部门,在 1950 年代以后得到了广泛的应用。对于系统配置、聚散、竞争的运用机理深入的研究和应用,形成了比较完备的一套理论,如规划论、排队论、存贮论、决策论等。由于其理论上的成熟,加上电子计算机的问世,这又大大促进了运筹学的发展,世界上不少国家已成立了致力于该领域及相关活动的专门学会。美国于 1952 年成立了运筹学会,并出版期刊《运筹学》。世界其他国家也先后创办了运筹学会与期刊,1957 年成立了国际运筹学协会。

运筹学的具体内容包括规划论(包括线性规划、非线性规划、整数规划和动态规划)、库存论、图论、决策论、对策论、排队论、博弈论及可靠性理论等。

二、系统分析

系统分析(Systems Analysis)一词最早是在 20 世纪 30 年代提出的,当时是以管理问题为主要应用对象,是管理信息系统的一个关键阶段。负责这个阶段的关键人物是系统分析员,完成这个阶段任务的关键问题是开发人员与用户之间的沟通。到了 1940 年代,由于它的应用获得成功,得到了进一步发展。在以后的几十年中,无论是研究大系统的问题,还是建立复杂的系统,都广泛应用了系统分析的方法。

系统分析的主要任务是将在系统详细调查中所得到的文档资料集中到一起,对组织内部整体管理状况和信息处理过程进行分析。它侧重于从业务全过程的角度进行分析。分析的主要内容是:业务和数据的流程是否通畅,是否合理;数据、业务过程和实现管理功能之间的关系;老系统管理模式改革和新系统管理方法的实现是否具有可行性等。系统分析的目的是将用户的需求及其解决方法确定下来,这些需要确定的结果包括:开发者关于现有组织管理状况的了解;用户对信息系统功能的需求;数据和业务流程;管理功能和管理数据指标体系;新系统拟改动和新增的管理模型等。系统分析所确定的内容是今后系统设计、系统实现的基础。

系统分析从系统需求入手,从用户观点出发建立系统用户模型。用户模型从概念上全方位表达系统需求及系统与用户的相互关系。系统分析在用户模型的基础上,建立适应性强的独立于系统实现环境的逻辑结构。

分析阶段独立于系统实现环境,可以保证建立起来的系统结构具有相对的稳定性,便于系统维护、移植或扩充。

在系统分析阶段,系统的逻辑结构应从以下 3 方面全面反映系统的功能与性能:

(1) 信息。完整描述系统中所处理的全部信息。

(2) 行为。完全描述系统状态变化所需处理或功能。

(3) 表示。详细描述系统的对外接口与界面。

Systems Analysis 在软件开发中,前期由系统分析师作的一项任务。定义是: The processes of investigation and analysis into the feasiblity of potential computer appalications and the design, implementation and review of computer-based system.

在系统开发周期的初始阶段,由分析师定义,并且由经理签署同意。然后才开始开发软件。

系统分析方法是指把要解决的问题作为一个系统,对系统要素进行综合分析,找出解决问题的可行方案的咨询方法。兰德公司认为,系统分析是一种研究方略,它能在不确定的情况下,确定问题的本质和起因,明确咨询目标,找出各种可行方案,并通过一定标准对这些方案进行比较,帮助决策者在复杂的问题和环境中作出科学抉择。

系统分析方法来源于系统科学。系统科学是 20 世纪 40 年代以后迅速发展起来的一个横跨各个学科的新的科学部门,它从系统的着眼点或角度去考察和研究整个客观世界,为人类认识和改造世界提供了科学的理论和方法。它的产生和发展标标志着人类的科学思维由主要以"实物为中心"逐渐过渡到以"系统为中心",是科学思维的一个划时代突破。

系统分析是咨询研究的最基本的方法,我们可以把一个复杂的咨询项目看成为系统工程,通过系统目标分析、系统要素分析、系统环境分析、系统资源分析和系统管理分析,可以准确地诊断问题,深刻地揭示问题起因,有效地提出解决方案和满足客户的需求。

三、决策科学

科学决策是指决策者凭借科学思维,利用科学手段和科学技术所进行的决策。科学决策是指决策者为了实现某种特定的目标,运用科学的理论和方法,系统地分析主客观条件做出正确决策的过程。科学决策的根本是实事求是,决策的依据要实在,决策的方案要实际,决策的结果要实惠。

科学决策具有程序性、创造性、择优性、指导性等特点。

程序性是指科学决策不是简单拍板,随意决策,更不是头脑发热,信口开河,独断专行,而是在正确的理论指导下,按照一定的程序,充分依靠领导班子、广大群众的集体智慧,正确运用决策技术和方法来选择行为方案。

创造性是指决策总是针对需要解决的问题和需要完成的新任务而作出选择,不是"传声筒"、"录音带",也不是"售货员"、"二传手",而是开动脑筋,运用逻辑思维、形象思维、直觉思维等多种思维进行创造性的劳动。

择优性是指在多个方案的对比中寻求能获取较大效益的行动方案,择优是决策的核心。

指导性是指在管理活动中,决策一经作出,就必须付诸实施,对整个管理活动、系统内的每一个人都具有约束作用,指导每一个人的行为方向。不付诸实践,没有指导意义的决策就失去了决策的实际意义。

科学的决策过程是决策领导、专家与实际工作者互动的过程。在这个过程中,参与决策的主体相互配合,形成了一个决策过程。

参与科学决策的主体一般有以下 5 个:决策领导、决策助手、决策专家、学科专家、实际工作者和广大群众。

在科学决策过程中,上述 5 个决策主体缺一不可。他们在决策过程中相互配合、相互补充,环环相连,共同构成科学决策运行的动态系统。

决策是一个提出问题、分析问题、解决问题的完整的动态过程,遵循科学的决

策程序,才能作出正确的决策。决策程序包括 4 个基本步骤:

（一）提出问题,确定目标

一切决策都是从问题开始。所谓问题,就是应有现象和实际现象之间出现的差距。决策者要善于在全面收集、调查、了解情况的基础上发现差距,确认问题,并能阐明问题的发展趋势和解决问题的重要意义。

所谓目标,是指在一定环境和条件下,在预测的基础上所希望达到的结果。目标是决策的出发点和归宿,目标必须明确、合理,要在需要与可能的基础上,分清必须达到的目标和期望达到的目标。

（二）拟定可行方案

可行方案是指具备实施条件、能保证决策目标实现的方案。解决任何一个问题,都存在多种途径,要经过比较,制定各种可供选择的方案。所以,拟订可行方案的过程是一个发现、探索的过程,也是淘汰、补充、修订、选取的过程。要大胆设想、敢于创新,又要细致冷静、精心设计。

（三）选择方案

对拟定的多个可行方案（备选方案）进行分析评价,从中选出一个最满意的方案。这个最满意的方案也是相对的,是决策者认为最满意的。最满意的方案的选出必须依据一定的决策准则,不同的决策准则下选出的最满意方案很有可能是不一样的。

（四）执行方案

方案的执行是决策过程中很重要的一个环节。方案一经选定,就可制定实施方案的具体措施和步骤,以确保决策方案的顺利实施。在方案的实施过程中,环境可能会发生变化,原来假设的条件可能没有出现,因此需要根据情况及时作出调整,确保预期目标的实现。

经验决策与科学决策的本质区别在于方式方法的不同。经验决策的主体一般表现为个体,而科学决策是集体智慧的产物;经验决策主要凭借决策者的主体素质,科学决策则尽可能采用先进的技术和方法;经验决策带有直观性,而科学决策不排斥经验,但注重在理论的指导下处理决策问题。因此,应该把经验决策与科学决策结合起来,实现决策的科学化。

总而言之,"管理科学"理论的基本特征是:以系统的观点,运用数学、统计学的方法和电子计算机的技术,为现代管理的决策提供科学的依据,通过计划与控制以解决各项生产与经营问题。这一理论认为,管理就是应用各种数学模型和特征来表示计划、组织、控制、决策等合乎逻辑的程序,求出最优的解决方案,以达到企业的目标。

"管理科学"理论把现代科学方法运用到管理领域中,为现代管理决策提供了科学的方法。它使管理理论研究从定性到定量在科学的轨道上前进了一大步,同时它的应用对企业管理水平和效率的提高也起到了很大作用。但是,同其他理论一样,它也有自己的弱点:

　　(1) 把管理中与决策有关的各种复杂因素全部数量化,是不可能也不现实的。

　　(2) 这一理论忽略了人的因素,这不能不说是它的一大缺陷。

　　(3) 管理问题的研究与实践,不可能也不应该完全只依靠定量的分析而忽视定性的分析。尽管如此,它的科学性还是被人们所普遍承认。

思考题

1. 工业革命以来的管理思想有哪些代表人物?有哪些主要观点?

2. 什么是泰罗制?泰罗为何被称为"科学管理之父"?

3. 什么是管理的基本原则?这些原则在今天是否还有现实意义?

4. 法约尔认为管理包含哪些方面?

5. 什么是需求层次理论?有什么意义?

6. 什么是双因素理论?

7. 管理科学理论有哪些主要内容?

第三章　现代管理理论丛林及其发展

第二次世界大战之后,随着现代化科学技术日新月异的发展,生产和组织规模的急剧增大,生产力的迅速发展,生产社会化程度的日益提高,引起了人们对管理理论的普遍重视。在美国和其他许多国家,不仅从事实际管理工作的人和管理学家在研究管理理论,而且一些心理学家、社会学家、人类学家、经济学家、生物学家、哲学家、数学家等也都从各自不同的背景、不同的角度,用不同的方法对现代管理问题进行研究,这一现象带来了管理理论的空前繁荣,同时出现了各种各样的学派。已故美国著名管理学家哈罗德·孔茨(Harold Koontz)把这一现象形象地描述为管理理论的"丛林"。由于这些学派都是从各自的背景出发,以不同的理论为依据来研究同一对象——管理过程,因此随之带来了一些在管理的概念、原理和方法上的众说纷纭、莫衷一是的混乱。近年来,许多学者都在力求将各派的观点兼容并蓄,为走出"丛林"、建立统一的管理理论寻找新的出路。

第一节　现代管理理论丛林

20 世纪 50 年代以来,在已有的古典管理理论、行为科学理论和"管理科学"理论的基础上,又出现了许多新的理论和学说,形成了许多学派,这些学派大大小小总起来可能不下 100 多个,貌似"丛林"。有人将其中的主要学派概括为 6 个,也有人将其归纳为 8 个或 11 个。应该强调的是,所谓"学派",主要是指从什么角度或方面,运用什么样的理论去研究管理问题。

一、社会合作系统学派

社会系统学派从社会学的观点来研究管理,认为社会的各级组织都是一个协作的系统,进而把企业组织中人们的相互关系看成是一种协作系统。

这种思想可以追溯到意大利的社会学家维尔弗雷多·帕雷托(1848~1923)和20 世纪 20 年代的美国女学者福莱特。

社会系统学派的代表人物是美国著名的管理学家巴纳德。1938 年,他发表了《经理的职能》一书,在这本著作中,他对组织和管理理论的一系列基本问题都提出了与传统组织和管理理论完全不同的观点。他认为组织是一个复杂的社会系统,应从社会学的观点来分析和研究管理的问题。由于他把各类组织都作为协作的社会系统来研究,后人把由他开创的管理理论体系称作社会系统学派。

1938 年正处于行为科学学派的发展初期,人际关系学说的兴起,使管理学者已经开始注意使用社会学、心理学的方法来分析和处理管理问题,注意协调好组织中的人际关系。但在巴纳德看来,梅奥等人的人际关系学说研究的重点只是组织中人与人之间的关系,这种人际关系强调的是行为个体相互之间的关系,并没有研究行为个体与组织之间的关系协调问题。而如果将组织看作是一个复杂的社会系统,要使系统运转有效,则必然涉及到组织中个人与组织间的协调问题。例如个人目标与组织目标之间的协调,这也符合系统论的基本观点,即系统之间的协调。它不仅包括各个子系统之间的协调,也包括各个子系统与大系统之间的协调。而当时的管理实践中也暴露出了某些单纯以人际关系学说为理论指导而不能解释的管理问题。正是基于这样的历史背景,社会系统学派得以产生,并将协调组织中个人与组织之间的关系作为其研究的主导方向。以巴纳德组织理论为代表的社会系统学派的观点也奠定了现代组织理论的基础,对管理思想的发展,特别是组织理论的发展产生了深远的影响。

社会合作系统学派认为,人与人的相互关系就是一个社会系统,它是人们在意见、力量、愿望以及思想等方面的一种合作关系。管理人员的作用就是要围绕着物质的(材料与机器)、生物的(作为一个呼吸空气和需要空间的抽象存在的人)和社会的(群体的相互作用、态度和信息)因素去适应总的合作系统。

这个学派是从社会学的角度来分析各类组织,它的特点是将组织看作是一种社会系统,是一种人的相互关系的协作体系,它是社会大系统的一部分,受到社会环境各方面因素的影响。美国的巴纳德是这一学派的创始人,概括来说,该学派的理论有主要如下要点:

(1) 组织是一个社会协作系统,这个系统能否继续生存取决于:协作的效果、协作的效率、协作目标能否适应协作环境。

(2) 指出正式组织存在的 3 个条件:有一个统一的共同的目标;其中每一成员都能够自觉自愿德为组织目的的实现做出贡献;组织内部有一个能够彼此沟通的信息联系系统。此外,还指出非正式组织的存在。

(3) 对经理人员的职能提出 3 点要求:建立和维持一个信息联系的系统;善于使组织成员能够提供为实现组织目标所不可少的贡献;规定组织目标。

美国的怀特·贝克从社会学角度提出"组织结合力"的概念,他指出,企业中的组织结合力包括:职能规范系统,即由于协作而划分和安排工作岗位所产生的合作系统;职位系统,即直线的职权层次;沟通联络系统;奖惩制度;组织规程,即使企业具有特征和个性的构想与手段。

二、经验或案例学派

经验或案例学派主张通过分析经验(通常是一些案例)来研究管理问题。最早提出这一见解的是美国的德鲁克、戴尔(E. Dale)、纽曼(W. Newman)、斯隆(A. P. Sloan)等人。他们认为应该从企业管理的实际出发,以大企业的管理经验为主要研究对象,通过研究各种各样成功和失败的案例研究,就可以了解怎样管理。这一学派的主要观点如下:

(1) 作为企业主要领导的经理,其工作任务着重于两方面:一方面造成一个"生产的统一体",有效调动企业各种资源,尤其是人力资源作用的发挥;另一方面经理做出每一项决策或采取某一行动时,一定要把眼前利益与长远利益协调起来。

(2) 对建立合理组织结构问题普遍重视。德鲁克认为,当今的管理组织的新模式可以概括为 5 种:集权的职能性结构、分权的联邦制结构、矩阵结构、模拟性分散管理结构和系统结构。

他还强调,各类组织要根据自己的工作性质、特殊条件以及管理人员的特点来确定本组织的管理结构。

(3) 对科学管理和行为科学理论重新评价。这一学派的许多人认为,科学管理和行为科学理论都不能完全适应企业实际需要,只有经验学派将这两者结合起来才真正实用。

(4) 提倡实行目标管理。

三、社会技术系统学派

社会技术系统学派(The Sociotechnical Systems Approach)是在社会系统学派的基础上进一步发展而形成的。

社会技术系统学派的创始人是特里司特(E. L. Trist)及其在英国塔维斯托克研究所中的同事。他们通过对英国煤矿中长壁采煤法生产问题的研究,发现单只分析企业中的社会方面是不够的,还必须注意其技术方面。他们发现,企业中的技术系统(如机器设备和采掘方法)对社会系统有很大的影响。个人态度和群体行为都受到人们在其中工作的技术系统的重大影响。因此,他们认为,必须把企业中的社会系统同技术系统结合起来考虑,而管理者的一项主要任务就是要确保这两个系统相互协调。

社会技术系统学派的大部分著作都集中于研究科学技术对个人、对群体行为方式,以及对组织方式和管理方式等的影响,因此,特别注重于工业工程、人—机工程等方面问题的研究。

社会技术系统学派认为,组织既是一个社会系统,又是一个技术系统,并非常强调技术系统的重要性,认为技术系统是组织同环境进行联系的中介。

社会技术系统学派的大部分著作都集中于研究科学技术对个人、对群体行为方式以及对组织方式和管理方式的影响,因此,特别注重于工业工程、人机工程等方面的研究。其代表著作有《长壁采煤法的某些社会学的和心理学的意义》、《社会技术系统的特性》等。

四、人际关系行为学派

从 20 世纪 20 年代开始,是"人际关系"——"行为科学"学派的兴起时期。这个学派的依据是,既然管理就是让别人或同别人一起去把事情办好,因此,就必须以人与人之间的关系为中心来研究管理问题。这个学派把社会科学方面已有的和新近提出的有关理论、方法和技术用来研究人与人之间以及个人的各种现象,从个人的个性特点到文化关系,范围广泛,无所不包。

这个学派的学者大多数都受过心理学方面的训练,他们注重个人,注重人的行为的动因,把行为的动因看成为一种社会心理学现象。其中有些人强调处理人的关系是管理者应该而且能够理解和掌握的一种技巧;有些人把"管理者"笼统地看成是"领导者",甚至认为管理就是领导,结果把所有的领导工作都当成为管理工作;还有不少人则着重研究人的行为与动机之间的关系,以及有关激励和领导问题。所有这些,都提出了对管理人员大有助益的一些见解。

"人际关系"——"行为科学"学派早期理论的代表人物有原籍澳大利亚的美国人埃尔顿·梅奥,美国的罗特利斯伯格(F. J. Roethlisherger)。后来,则有美国的亚伯拉罕·马斯洛(Abraham Maslow)、弗雷德里克·赫兹伯格(Frederick Herzberg)和道格拉斯·麦格雷戈(Douglas Mcgregor)、原籍德国后来移居美国的库尔特·卢因(Kurt Lewin)、美国人布雷德福(Dr. Leland Bradford)、美国人坦南鲍姆(Robert Tannenbaum)等。

人际关系行为学派的主要理论有梅奥和罗特利斯伯格的有效管理理论、马斯洛的需求层次论、赫兹伯格的双因素理论、麦格雷戈的 y 理论和阿吉累斯的成熟与不成熟理论、卢因的"群体动力论"、"场论"与"守门人"理论。

(一)梅奥和罗特利斯伯格的有效管理理论

曾担任过新泽西州贝尔电话公司总经理的哈弗大学的梅奥和罗特利斯伯格等人,1927 年在伊利诺伊州西方电气公司的霍桑工厂进行了环境与生产效率研究实验,即有名的霍桑实验。通过长达 5 年时间的研究,他们发现,与生产率增长相关的因素是这样一些社会因素,如劳动群体的士气、小组成员间良好的相互关系和有效的管理。这种有效的管理,就是要了解人的行为,特别是劳动小组的行为。"为此,要采用激励、劝告、领导、交流等处理人与人之间关系的技能。"所谓有效的管理,实际上就是通过有效的传播活动达到管理的目的。

（二）马斯洛的需求层次论

马斯洛 1943 年发表了他的《人的激励理论》,提出了需求层次理论。他所说的需求层次共有 5 个,它们是彼此关联,并按优先等级排序的。这种排序说明什么? 说明最优先的需求目标将主导人的意识,并往往激起人的相应行为。从他的 5 个层次来看,生理和安全的需求是作为自然人生存的基础层次。尊重与自我实现则是作为社会人的较高层次和高层次的需求。而介于基础层次和高层次需求之间,则是"社交的"需求。为什么马斯洛要把社交的需求摆在中间,因为它是自然人社会化的必然需求。

他认为,高层次的需求在生理、安全与社交方面的需求没有得到合理满足之前,一般来说,并不十分重要。在他看来,人的需求是不可能完全满足的,对于普通人来说,优先等级越高,需求满足的百分比越低。他提出了一个百分比:普通人在生理需求方面满足 85％,安全需求方面满足 70％,社交需求方面满足 50％,自尊方面满足 40％,自我实现方面满足 10％。从马斯洛的需求层次说中,不难看出,传播问题,即他所谓的社交、交往已经被摆放到十分重要的位置。

（三）赫兹伯格的双因素理论

赫兹伯格在研究员工对工作的满意度时,提出了一种激励—保健理论。在管理学上称为双因素理论。他的理论是针对马斯洛需求层次论的一种修改。他认为,影响员工对工作的满意度的因素有两大类:一类是激励因素,即能够导致员工对工作满意的因素,如成就、赏识、具有挑战性的工作、晋升、工作中的成长等;还有一类是保健因素,如公司的政策和管理、工作条件、人际关系、薪金、地位、职业安定及个人生活之类。他所谓的保健因素,也叫"维持因素"。这类因素起不到激励员工的作用,但必须处理好;若处理不好,员工会产生不满。

双因素理论和需求层次论一样,尽管缺乏科学的证明,但因为它强调通过对工作的设计来满足员工心理和社会的需要,维持和改善管理者与员工之间、员工与员工之间的人际关系,因而在实践中对企业管理者产生了很大的吸引力。赫兹伯格的双因素理论,在迈尔斯手上得到了进一步的发展。迈尔期指出,一种激励方法的效果如何,取决于主管人员的能力。即:一是提供激励条件,主要是通过对工作的仔细计划和周密组织;二是满足维持性需要,特别重要的是通过公正、友好的行为和发出足够的信息之类来满足这种需要。从传播学的角度来看,赫兹伯格和迈尔斯事实上从行为科学向人际关系、公共关系深入了一步,迈尔斯明确指出了信息传播的重要。

（四）麦格雷戈的 y 理论和阿吉累斯的成熟与不成熟理论

麦格雷戈是麻省理工学院的教授,是人际关系运动最积极的倡导导者之一。

麦格雷戈最著名的理论是他的 x 理论和 y 理论。

　　x 理论是他总结以往管理者对人的基本理念而提出来的。这类理念认为：①一般的人是天生懒惰的；②大多数人缺乏上进心，不愿负责，宁可受人领导；③他们的私心很重，往往无视组织的需要；④这些人天生抵制变革；⑤这些人缺乏理智，不能克制自己，容易受人影响；⑥人群中的人可以分为两类，除了占大多数的上述者外，只有少数人能够克制自己，这部分人应该负起管理的责任。正因为如此，持这类观念者，在管理上主张：①管理者应该关注的是提高生产率，完成生产任务。其主要职能是计划、组织、经营、指引、监督；②对于员工，管理就是引导他们努力工作，让他们适应工作和组织的要求；③没有管理者的介入，员工会对组织采取消极，甚至拒绝的态度。因此，必须说服、奖励、处罚、控制他们。麦格雷戈认为，上述理念虽然广泛地被管理者接受，但并不正确。他在马斯洛的需要层次理论和阿吉累斯(chrisargris)的成熟与不成熟理论的基础上提出了他的 y 理论。

　　阿吉累斯认为，社会现实的管理制度压抑着人们在人格上成熟。健康的人从婴儿到成人，在心理上有一种从不成熟向成熟发展的自然过程。在这个过程中，人格要发生 7 种变化：人从不成熟到成熟的转变。

　　上述变化虽然是自然的过程，但是，由于现实和企业管理制度的约束，以及外界影响，如工作简单、管理上强调集权和服从、工人无力支配环境等，使工人的成熟受到阻碍。

　　麦克雷戈仔细研究了阿吉累斯的理论和马斯洛的理论之后，针对 x 理论发表了他的 y 理论。y 理论认为：

　　工作中的体力和脑力劳动像游戏和休息一样自然，厌恶工作不是普通人的本性。工作可以达成某种满足，人会自愿去执行；也可以是一种处罚，受处罚者只要有可能就想逃避。是哪一种情况，要看环境而定。

　　控制和处罚，不是使人们努力达到组织目标的唯一手段。它甚至是对人的一种威胁和阻碍，使人放慢了成熟的脚步。员工对要达到的目标会表现出自我引导与控制。

　　人的自我实现的要求和组织要求是没有矛盾的。如果给人以适当机会，个人目标和组织目标就能统一。

　　在适当条件下，普通人不仅能学会接受职责，而且还能学会谋求职责。逃避责任、缺乏上进心以及注重安全感，往往是经验的结果而不是人的本性。

　　在解决组织的困难问题时，一般人都能发挥较高的想象力、聪明才智和创造性。

　　在现代工业社会，普通人的智慧潜力只得到了部分发挥。

（五）卢因的"群体动力论"、"场论"与"守门人"理论

库尔特·卢因曾在柏林大学就学于格式塔（也称完形心理学）学派创始人之一马克斯·沃特海姆。其于1933年移居美国后，先后在斯坦福大学、康乃尔大学任教；1945年他在麻省理工学院创立了群体（团体）动力研究中心。卢因对管理学的杰出贡献，是他的"群体动力论"和"场论"。其核心是强调"群体"对"个体"影响和作用。除此而外，他还开辟并发展了有关下级参与决策及把团体应用于行为改变的研究。

卢因的学生利兰·布雷福德（Leland Bradford）于1947年在梅因州的贝瑟尔建立了第一个"敏感性训练"，即研究人们相互关系的实验室。所谓敏感性实验，其实质就是，通过导致增加人际意识的"内心深处的"相互作用而达到行为的改变。

卢因作为一个心理学家把心理学引入社会学，从社会心理学的角度研究企业和组织的社会群体，而这种研究的重心却是放在个体的观念、动机共处五项原则、愿望、行为如何被其所在的群体影响，即群体传播对个体的作用上。卢因对社会的研究十分广泛，在第二次世界大战期间，他和他的学生们对美国政府鼓励公众食用动物内脏的宣传进行了研究。从中发现了这样一个事实：政府的宣传除非被家庭主妇接受，否则这类食物就不可能进入家庭成员口中。由此，他提出了"守门行为"和"守门人"这两个在传播学上影响深远的概念，创立了守门理论。

1947年，卢因发表了他的最后一篇论文《群体生活的渠道》，对"守门行为"和"守门人"的概念进一步加以理论阐述。他指出，在传播过程中，信息总是沿着包含有检查点，即"门区"或关卡的某些渠道流动，那些能够允许或不允许信息通过的人或机构就是"守门人"。守门人的作用就是选择、过滤他所接受的信息。卢因的理论不仅为"人际关系"—"行为科学"的群体理论即非正式组织理论奠定坚实的基础，为组织的非正式传播研究做出了贡献，而且为大众传播学的创立做了扎实的理论铺垫。正因为如此，大众传播学界尊他为四位传播学的创始人之一，与政治学家哈罗德·拉斯维尔、实验社会心理学家卡尔·霍夫兰以及社会学家保尔·拉扎斯菲尔德齐名。

五、群体行为学派

群体行为学派以社会学、人类学、社会心理学等学科为基础，从20年代末的霍桑试验以及著名实验心理学家库特·勒温（Kurt Lewin）的群体动力学发展而来的。今天群体行为作为区别于个体行为和组织行为的一个重要领域被包括在组织行为学之中。美国的许多社会心理学家和组织行为学家都对群体行为的研究有所贡献。例如，皮尔尼克提出的群体规范分析法，莫雷诺的社会关系计量学（又叫群体成员关系分析法），沙赫特的群体内聚力和生产率之间关系的著名实验，以及哈

罗德·莱维特的信息沟通网络的研究等。群体作为一个组织的个体—群体—组织三级系统的中介,可以定义为:"在一段时间内,能够正常互相进行交往的人群,其人数应相对少些,使每人能与本群体内所有其他的人进行面对面的,而不是通过别人的第二手的交往。"群体行为学派着重研究各种小群体(其人数在两三人到几十人不等,在企业中即为工作群体,如班组等)的行为公式,其中包括群体的吸引力、群体的内聚力与士气、群体结构与目标、群体规范和压力、从众行为和冲突与竞争、正式群体与非正式群体的关系,以及群体的正式信息沟通与非正式信息沟通(小道消息)、个人—群体—组织三级系统之间的相互依赖和作用关系等。群体行为学派主要是从社会、心理以及文化背景方面来研究群体的诸种特性,旨在提高群体的工作效率和群体成员的满足感。群体的行为并不是个体行为的简单总和,群体的目标也不是个人目标的叠加,群体决策也不同于个人决策,即都有其特殊的规则和性质,因而有必要通过观察、实验等方法来分析和了解这一特殊的社会组合。

六、决策理论学派

决策理论学派是以社会系统论为基础,吸收了行为科学、系统论的观点,运用电子计算机技术和统筹学的方法而发展起来的一种理论。

决策理论学派是在第二次世界大战之后发展起来的一门新兴的管理学派。

决策理论学派第二次世界大战后,随着现代生产和科学技术的高度分化与高度综合,企业的规模越来越大,特别是跨国公司不断地发展,这种企业不仅经济规模庞大,而且管理十分复杂。同时,这些大企业的经营活动范围超越了国界,使企业的外部环境发生了很大的变化,面临着更加动荡不安和难以预料的政治、经济、文化和社会环境。在这种情况下,对企业整体的活动进行统一管理就显得格外重要了。

决策理论学派如何对组织活动进行统一管理的研究从两个方面展开:其中一个就是以西蒙为代表的决策理论。它继承了巴纳德的社会组织理论,着重研究为了达到既定目标所应采取的组织活动过程和方法。

决策理论学派的主要代表人物是曾获1978年度诺贝尔经济学奖的赫伯特·西蒙。西蒙虽然是决策学派的代表人物,但他的许多思想是从巴纳德中吸取来的,他发展了巴纳德的社会系统学派,并提出了决策理论,建立了决策理论学派,形成了一门有关决策过程、准则、类型及方法的较完整的理论体系,主要著作有《管理行为》、《组织》、《管理决策的新科学》等。

詹姆斯·马奇(James G. March,1916～),1953年在美国耶鲁大学获得博士学位,以后在卡耐基工艺学院任教。1964年成为加利福尼亚大学的社会科学学院的首任院长,1970年成为斯坦福大学的管理学教授。

决策理论学派的理论要点有：

（1）决策贯穿管理的全过程，决策是管理的核心。西蒙指出组织中经理人员的重要职能就是作决策。他认为，任何作业开始之前都要先做决策，制定计划就是决策，组织、领导和控制也都离不开决策。

（2）系统阐述了决策原理。西蒙对决策的程序、准则、程序化决策和非程序化决策的异同及其决策技术等作了分析。西蒙提出决策过程包括 4 个阶段：搜集情况阶段、拟定计划阶段、选定计划阶段及评价计划阶段。这 4 个阶段中的每一个阶段本身就是一个复杂的决策过程。

（3）在决策标准上，用"令人满意"的准则代替"最优化"准则。以往的管理学家往往把人看成是以"绝对的理性"为指导，按最优化准则行动的理性人。西蒙认为事实上这是做不到的，应该用"管理人"假设代替"理性人"假设，"管理人"不考虑一切可能的复杂情况，只考虑与问题有关的情况，采用"令人满意"的决策准则，从而可以做出令人满意的决策。

（4）一个组织的决策根据其活动是否反复出现可分为程序化决策和非程序决策。经常性的活动的决策应程序化以降低决策过程的成本，只有非经常性的活动，才需要进行非程序化的决策。

决策理论尽管提出了有许多其他理论所不具备的优点，但仍存在以下缺陷：

管理是一种复杂的社会现象，仅靠决策也无法给管理者有效的指导，实用性不大。孔茨就这样说：尽管决策制定对管理是重要的，但在建立管理学全面理论上是一个太狭隘的重点，而如果格它的含义加以扩展的话，则它又是一个太宽广的重点。因为决策理论既可以应用于鲁滨孙所碰到的问题方面，也可以应用于美国钢铁公司的问题上。

决策学派没有把管理决策和人们的其他决策行为区别开来。决策并非只存在管理行为中，人们的日常活动中也普遍存在决策，如人们日常生活做事都需要决策，组织中非管理人员的活动也需要决策，但这些决策行为都不是管理行为。决策学派没有把管理决策和人们的其他行为区别开来，其根本原因是没有认识到管理的本质。

七、权变理论学派

权变理论学派是 20 世纪 60 年代末 70 年代初在美国经验主义学派基础上进一步发展起来的管理理论。

权变理论认为，在组织管理中要根据组织所处的环境和内部条件的发展变化随机应变，没有什么一成不变、普遍适用、"最好的"管理理论和方法。

权变管理就是依托环境因素和管理思想及管理技术因素之间的变数关系来确

定的一种最有效的管理方式。

进入 1970 年代以来,权变理论在美国兴起,受到广泛的重视。权变理论的兴起有其深刻的历史背景,1970 年代的美国,社会不安,经济动荡,政治骚动,达到空前的程度;石油危机对西方社会产生了深远的影响,企业所处的环境很不确定。但以往的管理理论,如科学管理理论、行为科学理论等,主要侧重于研究加强企业内部组织的管理,而且以往的管理理论大多都在追求普遍适用的、最合理的模式与原则,而这些管理理论在解决企业面临瞬息万变的外部环境时又显得无能为力。正是在这种情况下,人们不再相信管理会有一种最好的行事方式,而是必须随机制宜地处理管理问题,于是形成一种管理取决于所处环境状况的理论,即权变理论,"权变"的意思就是权宜应变。

八、经理角色学派

经理角色学派是 1970 年代才出现的一个管理学派,代表人物是亨利·明茨伯格(Henry Mintzberg)。它之所以被人们叫做经理角色学派,是由于它以对经理所担任角色的分析为中心来考虑经理的职务和工作,以求提高管理效率。该学派所指的"经理"是指一个正式组织或组织单位的主要负责人,拥有正式的权力和职位,而"角色"这一概念是从舞台的术语中借用的,是指属于一定职责或地位的一套有条理的行为。

该学派对经理工作的特点、所担任的角色、工作目标及经理职务类型的划分,影响经理工作的因素以及提高经理工作效率等重点问题进行了考察与研究。他们采用日记的方法对经理的工作活动进行系统地观察和记载,在观察的过程之中及观察结束以后对经理的工作内容进行分类。明茨伯格的研究内容包括对企业里高级和中级经理工作日记的研究,对街头团伙头目、医院行政人员和生产管理人员的持续观察,对美国总统工作记录的分析,对车间主任的活动进行的典型调查,对高级经理的工作结构所进行的调查。通过对搜集的材料进行总结,然后得出规律性的东西。

九、管理科学学派

管理科学学派,也称计量管理学派、数量学派。也有人把计量管理学派与运筹学看成是统一语,这是因为该学派正式成立始于 1939 年由美国曼切斯特大学教授布莱克特领导的运筹学小组。

埃尔伍德·斯潘赛·伯法是西方管理科学学派的代表人物之一。管理学界中形成的所谓管理科学学派,又称作管理中的数量学派,也称之为运筹学。这个学派认为,解决复杂系统的管理决策问题,可以用电子计算机作为工具,寻求最佳计划方案,以达到企业的目标。管理科学其实就是管理中的一种数量分析方法。它主要用于解决能以数量表现的管理问题。其作用在于通过管理科学的方法,减少决策中的风险,提高决策的质量,保证投入的资源发挥最大的经济效益。

从管理科学的名称看来,似乎它是关于管理的科学。其实,它主要不是探求有关管理的原理和原则,而是依据科学的方法和客观的事实来解决管理问题,并且要求按照最优化的标准为管理者提供决策方案,设法把科学的原理、方法和工具应用于管理过程,侧重于追求经济和技术上的合理性。

就管理科学的实质而言,它是泰罗的科学管理的继续与发展,因为他们都力图抛弃凭经验、凭主观判断来进行营理,而提倡采用科学的方法,探求最有效的工作方法或最优方案,以达到最高的工作效率,以最短的时间,最小的支出,得到最大的效果。不同的是,管理科学的研究,已经突破了操作方法、作业研究的范围,而向整个组织的所有活动方面扩展,要求进行整体性的管理。由于现代科学技术的发展,一系列的科学理论和方法被引进到管理领域。因此,管理科学可以说是现代的科学管理。其基本特征是:以系统的观点,运用数学、统计学的方法和电子计算机技术,为现代管理决策提供科学的依据,解决各项生产、经营问题。基于管理科学的特征,大多数管理学家认为管理科学只是一种有效的管理方法,而不是一种管理学派,它仅适用于解决特定的管理问题。

管理科学学派的理论渊源,可以追溯到本世纪初泰勒的"科学管理"。"科学管理"的实质是反对凭经验、直觉、主观判断进行管理,主张用最好的方法、最少的时间和支出,达到最高的工作效率和最大的效果。

第二次世界大战时期,为解决国防需要产生了"运筹学",发展了新的数学分析和计算技术,例如统计判断、线性规划、排队论、博弈论、统筹法、模拟法、系统分析等。这些成果应用于管理工作就产生了"管理科学理论"。

第二节 管理理论的发展

时代的发展决定着管理思想的变化与发展,而科学技术的发展又决定着时代与社会的发展,在科学技术突飞猛进的今天,管理思想日新月异的发展速度也就不足为怪了。在知识经济时代,工作的性质是以知识和学习为标志的,学习型组织充分体现了知识经济时代对组织管理模式变化的要求。在全球经济一体化的今天,随着市场竞争的加剧,企业面临着新的机遇和挑战,如何在新的挑战面前以最快的速度、最好的质量、最低的成本、最优的服务及最清洁的环境来满足不同客户对产品的需求和企业可持续发展的要求是企业所面临的难题,企业要生存和发展,必须时刻审视自己所处的内外部环境,不断地调整自己,适应环境的变化。许多企业纷纷采用企业流程再造解决所面临的难题,希望通过企业流程再造增强企业竞争力,使企业的管理产生革命性的变化。而建设优秀的企业文化也显得日益重要起来。随着计算机网络技术的发展,现实的企业与互联网络结合了起来,于是"管理"一词也随之由现实世界抽象到了虚拟世界中。

一、企业流程再造

美国麻省理工学院计算机教授迈克尔·哈默(Hammer)于 1990 年用 Reengineering 表达对企业的全面改造。1993 年,哈默和 CSC 顾问公司的杰姆斯·钱皮(James Champy)联名出版了《再造企业——企业管理革命的宣言》。定义企业流程再造(Business Process Reengeneering)为"对企业的业务流程作根本性的重新思考和彻底的重新设计,使企业在成本、质量、服务和速度等方面取得显著的改善"。简称为 BPR。

（一）企业流程再造的背景

现行的管理模式来源于亚当·斯密的劳动分工理论和泰罗的"科学管理"理论。福特公司的亨利·福特应用这两种理论,组织大批量的汽车生产,建立了汽车流水作业线,提高了生产率。通用公司的阿尔弗雷德·斯隆应用这两种理论管理通用公司,强化了部门管理。这些管理理论适应了企业当时的内外部环境。

进入 1980 年代以来基于这两种理论所倡导的经营管理模式越来越不能适应现代企业的内外部环境。经营管理模式与内外部环境的矛盾日益突出。主要表现在下列方面:

（1）分工过细导致一个经营过程由很多部门完成,运作的时间长,成本高,信息在各部门流通时,需要花费大量的时间和精力进行交流、沟通。各个部门对需要处理的事件又有不同的优先顺序,都是把自己认为最重要的事件优先处理,因此很难保证一个经营过程按照顾客所希望的时间完成。

（2）各部门按职能划分,员工只对自己的上级主管负责。部门所追求的是部门的最优,各个部门都尽可能地占有企业资源以及获得最大利益,很难达到整个经营过程的整体最优。但企业的生存取决于对顾客提供的产品和服务,顾客并不关注企业中的某个部门业绩,而是整个企业的经营行为。

（3）现在的企业层次过多,机构臃肿。为了衔接各个部门和各个环节,企业需要设置许多管理人员,这些管理人员对经营过程进行协调、控制、监督、审查。

现在,企业所处的内外部环境在很多方面已经发生了根本的变化。人类已经从工业经济时代跨入了知识经济时代,这些变化主要集中在以下几个方面:

（1）从 20 世纪初到 60 年代,消费需求一直停留在量的满足基础上,企业的经营重点是扩大生产规模,降低成本,在短缺经济中,供求之间的巨大缺口使企业能够较容易的通过市场的扩张，增加收入，带动经济增长。进入 1970 年代，生产量的增长超过了需求量，消费者注重"质"上的满足，企业关注的重点是质量和性能。进入 1980 年代，消费者需求转变为多样化、个性化。企业从生产型、经营型，向经营服务型转变，满足顾客需求成为企业经营的核心内容。从 1980 年代开始，供给过剩开始在发达国家出现，进入 1990 年代，生产力过剩已经从某个国家的能力过剩演变成全球性的过剩。

（2）进入知识经济时代，竞争在日益加剧。世界范围的经济一体化加速了竞争的格局，市场上的竞争对手已经不局限于本国企业，在一个特定的市场，世界排名前几位的企业进行角逐。各个企业不断加强自身的竞争优势，都试图在资金、设备、人力、机制上超过对手，企业的生存每时每刻都受到竞争对手的威胁，竞争失败的企业面临着倒闭破产的结局。

（3）企业生存环境的变化速度加快，各个企业意识到依靠规模和低成本的经营方式已经很难满足飞速变化的顾客需求，也很难赚取最大利润，市场机遇不断涌现，又迅速消失，产品寿命周期缩短，品种增加和新品换代的速度加快。企业需要非常迅速地抓住市场机遇，推出相应产品，另外，如果市场机会消失，又能将企业的能力转到新的领域，为企业赚到可观的利润。企业适应外界环境变化的能力成为决定企业成败的重要因素。

（4）企业员工的工作、生活和学习条件有了很大的改善，员工的素质和技能有了显著的提高。员工已经不满足每天只做机械的简单劳动，员工希望掌握复杂的劳动技能，不断地接受培训，自主管理，希望拥有决策的权力。

（5）信息技术不断发展，互联网的兴起，使得知识、技术、信息在世界范围内广泛传播和共享成为可能。这些都促进了企业经营的全球化。为员工提供了良好的工作环境，普通员工在信息系统的支持下，可以承担专家水平的工作。

在哈默和钱皮提出企业流程再造的理论之前，已经具备了企业流程再造的理论雏形。任何一种管理理论都是在原有的理论基础上逐步发展起来的，企业的内外部环境的变化也是促使管理理论产生、发展的原因，管理理论也需要和经济的发展水平保持一致。从 20 世纪 60 年代到 90 年代，许多管理学家提出了精辟的思想和观点，如针对新环境下的管理理念、组织体制、经营模式、激励机制等方面应作的变革，作了深入分析和探讨。

在这种背景下，哈默和钱皮在广泛深入的企业调研基础上提出了"企业流程再造"理论。1993 年两人将研究成果公之于世，联名出版了专著《再造企业——企业管理革命的宣言》。在短短的时间里该理论便成为全世界企业以及学术界研究的热点。IBM 信用公司通过流程改造，实行一个通才信贷员代替多位专才，并减少了九成作业时间的故事更是广为流传。一场蔚为壮观的企业流程再造革命由此掀起了高潮,企业再造工程正在从北美和西欧向全世界蔓延。

(二)企业流程再造的基本概念和思想

企业流程的优化是通过活动的集成来实现的,而集成的前提是简化,即在流程简化的基础上进行集成才有意义。流程的简化主要是指将不必要的活动或不增值的活动进行删除,将某些活动进行合并,从而减少活动的数目。如果流程不先简化就进行集成,其结果必然是在流程中存在有大量不必要的操作。集成是一种系统内元素之间相互协调、综合和统一的状态。流程的集成就是要把流程中的各个活动进行协调、综合和统一,形成一个有机的整体。

企业流程是指为完成企业某一目标或任务而进行的一系列逻辑相关活动的有序集合。所以企业流程再造的基本思想是将传统分工的各个工作任务重新组合成一个完整的流程。

企业流程再造包括 4 个含义:根本性、彻底性、显著性、业务流程。

根本性 对长期以来在企业经营中所遵循的基本信念,如分工思想、等级制度、规模经营、标准化生产和官僚体制等进行重新思考,打破原有的思维定势,进行创造性思维。

彻底性 企业流程再造不是对企业的肤浅的调整修补,而是要进行彻底的改造。抛弃现有的业务流程和组织结构。

显著性 企业流程再造追求"飞跃"式的进步,如大幅度降低成本、缩减时间、提高质量。

业务流程 企业流程再造从重新设计业务流程开始,因为业务流程决定着组织的运行效率,是企业的生命线。

(三)企业流程再造的好处和条件

企业流程再造的好处主要体现在两方面:①低成本,消除非增加价值的成分;②提高企业的应变能力和用户的满意程度。

企业流程再造的条件是:①应该具有一定的基础,其产品、服务或管理在市场中有一定的实力或竞争力;②企业要具有一定的发展潜力,从发展的角度看应该能在行业中处于领先地位,而且对于整个社会来讲也应该是有益的;③企业应该具有一个相当高素质的管理者和员工队伍,这是实施企业流程再造的基本条件;④企业的决策者必须具有坚定的决心和毅力,能够大胆探索和创新,正确对待成功和失败。

此外,实施企业流程再造还须注意克服人浮于事的现象,重视信息处理的作用,将平行工序连接起来而不是集成其结果,将决策点下移,并将控制融入到过程中。管理人员也要了解企业运营的全过程。

二、企业文化

企业文化也称为组织文化,是 20 世纪 80 年代以来从企业管理科学理论中分化出来的一个新学科,它作为一种管理的观点是出自于日本企业,而理论则源于美国的管理科学界和企业界。企业文化理论的提出至今虽然已有 20 年,但是还没有形成严谨的科学体系。随着经济全球化和知识经济的发展,经济与文化的结合日益明显,各国企业之间不仅需要加强联系,而且需要文化渗透,这也给各国企业文化的理论研究提出了越来越复杂的课题。尤其是中国正处于经济上升、体制转轨、管理变革的时期,企业文化创新异常活跃,企业文化的理论探讨也面临着百家争鸣、不断深化的局面。

艾德加·沙因是最早提出"企业文化"这一概念的管理学家之一。其生于 1928 年,美国麻省理工斯隆学院教授,著名社会心理学家,组织心理学领域的创始人之一。艾德加·沙因的主要研究著作包括组织文化和领导、组织心理、职业动力学、咨询过程、重新思考咨询过程等,另外还有几十篇研究论文。沙因写于 1985 年的《组织文化与领导力》一书,为尔后澎湃而起的企业文化研究铺平了道路。

（一）企业文化的定义与内涵

1. 文化

要正确理解企业文化,需要首先了解文化的概念,包括广义的文化和狭义的文化两种。广义的文化是指人类在社会历史发展过程中作创造的物质文明和精神文明的总和,即它包括了物质文化和精神文化两个方面。这种物质文化和精神文化不是一般水平的文化,而是体现了该群体(一个国家、一个组织或一个企业)在某个历史阶段内的生产力发展水平和与之相适应的科学技术水平以及相应的意识形态。狭义的文化则是一种群体意识形态的文化,即精神文化,是指群体的意识、思维活动和心理状态。文化不仅作用于人类改造自然和社会的实践活动之中,同时还随着社会历史的发展形成了各种门类和各种形式的文化模式。

2. 企业文化

企业文化正是在人类社会历史发展过程中形成的一类特殊的文化系统,并成为现代管理科学理论的一个范畴。企业文化有广义和狭义两种理解。广义的企业文化是指企业所创造的具有自身特点的物质文化和精神文化;狭义的企业文化是企业所形成的具有自身个性的经营宗旨、价值观建和道德行为准则的综合。具体包括企业哲学、企业精神、企业道德、企业风尚、企业民主、企业目标和企业制度等。概括地说,企业文化就是企业在社会这个经济文化大环境中形成的群体意识以及由群体意识产生的行为规范。企业文化是看不见、摸不着的,但又是有心人可以感知得到的,是企业管理工作中居中心地位的"软"因素,是藏于企业"冰山"深层中的

"管理之魂"。

从结构来看,企业文化有 4 个层次:物质层、制度层、行为层和精神层。

(1) 企业文化的物质层,即企业物质文化,是由企业职工创造的产品和各种物质设施等构成的器物文化。它包括企业生产经营的成果、生产环境、企业建筑、产品、包装和设计等。

(2) 企业文化的制度层,即企业制度文化,既是人的观念与意识形态的反映,又是由一定物的形式所构成,是塑造精神文化的主要机制和载体。企业制度文化也是企业行为得以贯彻的保证,是同企业职工生产、学习、娱乐和生活等方面发生直接联系的行为,如文化建设得如何,企业经营作风是否有活力等,都与制度文化的建设有着很大的联系。

(3) 企业文化的行为层,即企业行为文化,是指在企业经营、教育宣传、人际关系活动、文娱体育活动中所产生的文化现象。他是企业经营作风、精神面貌和人际关系的动态体现,是企业精神、企业价值的折射。

(4) 企业文化的精神层,即企业精神文化,在整个企业文化系统中处于核心地位,是企业生产经营过程中,受一定的社会文化背景、意识形态影响而长期形成的一种精神成果和文化观念,其包括企业精神、企业经营哲学、企业道德、企业价值观和企业风貌等内容,是企业意识形态的总和。

(二) 企业文化的基本特征

企业文化的基本特征,从科学意义上可以描述为如下几个方面。

1. 社会性

企业作为进行生产经营活动的社会细胞,需要直接或间接的依赖于其他企业和组织的协调配合,企业文化也正是通过社会生产经营的协作才得以继承和发展。

2. 继承性

每个企业都需要注重本企业优良文化的积累,通过文化的继承性把自身的历史、现在和未来连接起来,把企业精神灌输延续下去,并在继承的过程中加以选择和扬弃。

3. 创新性

随着科学技术的发展,现代企业都会产生一种追求更高的、更好的物质文化和精神文化的冲动,从而需要进行企业创新。

4. 融合性

企业文化的融合性除了表现为每个企业过去优良文化与现代新文化的融合之外,还表现为企业自身与其他企业新文化的融合。企业文化理论的发展是管理科学理论的升华,强调以人为本,通过企业文化的创建去激励人、教育人、塑造人、凝聚人,从而共同为企业的发展而服务。

（三）企业文化的类型

在传统企业逐步转型为多元化产业、脑力劳动逐渐占优势的现代企业发展过程中，必须对原有的企业文化进行梳理，通过改革，继承其精华部分，抛弃其糟粕的部分。具体地说，现代企业文化应是内醒型、双赢型、市场型和创新型的企业文化。

1. 内醒型文化

以人为本的管理的高级阶段是文化管理，而文化管理的着眼点在于以文"化"人，激励人的灵魂、情感和潜能。所以外在的强制性管理必须向启发心智的内醒型管理转变。企业实施内醒型企业文化的依据必须是：员工的学历层次较高，有较为完整的认识结构，同化和接受新知识、新事物的能力较强；科研意识和能力较高，具有敏锐的观察力，善于捕捉具有科研价值的信息，对信息有研究分析能力；价值取向一致，对自身价值的定位趋于"自我实现"型，较多考虑如何开发自己的潜能，使自己与企业共同发展。

2. 双赢型文化

现代企业的发展趋势是：知识和高新技术在创造财富的过程中显得越来越重要，企业中关键岗位的员工逐渐增多，他们掌握着企业某一方面的信息或专有知识，他们加盟企业的目的不仅是因为薪资水平，更主要的是为了实现自我的价值。同时，关键岗位的员工掌握的知识、信息和技术是一笔"物随人走"的财富，在这种情况下，企业必须从传统的注重帮助员工实现企业的发展目标变为强调帮助员工实现自身价值的目标，使员工为自己的事业拼搏的同时为企业创造财富。为此，企业要做到"留人先留心"，与员工一起设计他们的未来，让员工看到希望和自我价值实现的途径。

3. 市场型文化

每个企业都有自己的文化，但不是所有企业的文化都能真正促进企业的发展，只有经过市场的检验的文化才是应该继承和发扬的文化，即市场型文化。

4. 创新型文化

在全球经济一体化的今天，必须最大限度地激发员工的智慧和创新精神，所以现代企业应奖励革新、创造和冒险行为，建设自己独特的企业文化，尽快释放出文化的积淀所具有的重大效益。

（四）企业文化的功能及其建设

1. 企业文化对于企业的功能

（1）加强企业对职工的激励。企业文化能起到精神激励的作用，能发挥其他激励手段所起不到的特殊作用，从而推动企业不断地走向进步。

（2）强化员工的自我控制。通过企业文化建设，可以充分发挥职工的自控功能，使企业的控制管理进一步科学化和高效化。

（3）增强企业内部职工的凝聚力。内聚功能是企业文化最显著的一种功能，它能把员工的意志和行为引向同一目标和同一方向，并为这个目标和方向协同动作。

（4）协调企业内、外部各方面的关系。借助于文化传播和文化网络，企业文化内、外部的沟通得以实现，从而协调了企业内、外部各方面的关系。

2. 企业文化的建设

企业文化的建设，首先要做组织环境（包括内部环境和外部环境）分析，其目的是看本企业组织相比于其他组织的特点、优势和精神导向有何不同，而后加以评价、补充、发展和完善。在这个过程中应特别注意集思广益，最好能借此打动每位员工个体广泛而积极地参与。这样强调的好处有 3 个：①最大限度地发扬了集体智慧、以期提炼出的文化基础更科学、优秀和实用；②让员工们感觉到其中有自己的精力和智慧，最起码也应使其觉得组织重视了其建议，这样便于确定后的组织文化在他们中间流通，接受也就快，认同感也就强；③须是企业领袖怀着无限激动、真诚和珍视将这份集体智慧互动的结晶（企业文化蓝本和理念）分享给大家，号召大家共同学习、探讨，让组织成员感受到文化的力量形成了一种企业亲和力。

其次还要专门组织人力对企业文化执行情况进行摸底调查，综合评价，整理意见，集合思想进行二次修正、二次推行，如此往复，日臻完善。如此循环往复，组织成员非但不会厌烦，反而在心中更加尊重自己的企业。因为企业如此尊重个体员工的思想，他们必然十分感动，加倍努力，而且还更敢于直言，提出自己对企业发展点、线、面、体的宝贵意见。

总之，在市场经济条件下，企业是市场的主体，企业文化作为企业经营观念、品牌形象、企业声誉等的母体，在激烈的市场竞争环境中至关重要。随着经济的发展、社会的进步，以及市场需求情况的变化，产品的市场竞争能力主要集中体现在产品的技术含量和文化附加值上。因此，企业文化建设的意义不可低估，不容忽视。

三、学习型组织

从 20 世纪 80 年代开始，在企业界和管理思想界，出现了推广和研究学习型组织的热潮，并逐渐风靡全球。美国的杜邦、英特尔、苹果电脑、联邦快递等世界一流企业，纷纷建立学习型组织。初步统计，美国排名前 25 名的企业，已有 20 家按照学习型组织的模式改造自己。已经成为时代标志的著名的微软公司，其成功的秘诀就是倾心建立学习型组织。学习型组织这一思想是以彼得·圣吉为首的一群麻省理工学院的教授以他的老师弗瑞斯特教授的一篇论文《企业的新设计》的构思为基础提出的。彼得·圣吉，美国麻省理工学院教授，1947 年出生于芝加哥，1970 年在斯坦福大学获航空及太空工程学学士学位,之后进入麻省理工学院攻读博士学位。1978 年获得博士学位后,圣吉继续致力于系统动力学与组织学、创造原理、认识科学、群体深度对话与模拟演练游戏融合。1990 年出版了《第五项修炼——学习型组织的艺术与实务》,被美国《商业周报》推崇为当代最杰出的新管理大师之一。

(一) 学习型组织提出的背景

20 世纪 80 年代以来,随着信息革命、知识经济时代进程的加快,企业面临着前所未有的竞争环境的变化,传统的组织模式和管理理念已越来越不适应环境,其突出表现就是许多在历史上曾名噪一时的大公司纷纷退出历史舞台。因此,研究企业组织如何适应新的知识经济环境、增强自身的竞争能力、延长组织寿命已成为世界企业界和理论界关注的焦点。加之科学发展、生产力发展、经济发展和管理理论发展的推动,学习型组织便在这样一个背景中被提出来了。

(二) 学习型组织的基本概念和特征

学习有 3 个层次,首先是个人学习、其次是组织学习、最后是学习型组织。对个人学习而言,主要是指认知学习、技能学习和情感学习,而组织学习是将组织作为学习的主体看待的。适应性学习和创造性学习是组织学习的两个阶段,对应而言,学习型组织是一种组织管理模式,组织学习是一个组织成为学习型组织的必要条件。彼得·圣吉定义的学习型组织是指具有如下特征的组织:组织结构扁平化,组织交流信息化,组织开放化,员工与管理者关系由从属关系转变为伙伴关系,组织能够不断调整内部结构关系等特征。

在知识经济时代,工作的性质是以知识和学习为标志的,学习型组织充分体现了知识经济时代对组织管理模式变化的要求。传统方式的组织与学习型的组织有非常明显的不同之处:

(1) 传统的基于命令/执行的工作方式。在投入阶段,利用各种资源,以下达命令为具体活动内容;在中间阶段,工作形式是生产经营过程,以执行命令为具体活动方式;在产出阶段,工作形式主要转向商品和服务,活动形式是完成命令。

(2) 知识经济时代的知识流动及工作方式。知识类型分为环境知识、公司知识和内部知识。环境知识如市场情报、技术、政治因素、供应商关系、客户关系,知识信息由环境流向组织;公司知识如声望、品牌形象、广告和促销的内容,由组织流向环境;内部知识如公司文化、风气、数据、雇员等,由组织流向组织。

从以上对比可以看出,知识经济时代,从知识和学习的角度观察企业,发现(1)和(2)两种截然不同的工作方式,知识经济的企业是以(2)所述的三个知识流促使企业运作的。从知识角度理解学习型组织,组织学习包括自觉的运用知识的获得(技能、观察力、关系的发展创造)、共享(知识的传播)和利用(如何使知识产生效益)三个阶段。

彼得·圣吉认为,学习型组织不在于描述组织如何获得和利用知识,而是告诉人们如何才能塑造一个学习型组织。他说:"学习型组织的战略目标是提高学习的速度、能力和才能,通过建立远景并能够发现、尝试和改进组织的思维模式并因此而改变他们的行为,这才是最成功的学习型组织。"圣吉提出了建立学习型组织的"五项修炼"模型:

(1) 自我超越(Personal Mastery)。能够不断理清个人的真实愿望、集中精力、培养耐心、实现自我超越。

(2) 改善心智模式(Improving Mental Models)。心智模式是看待旧事物形成的特定的思维定势。在知识经济时代,这会影响对待新事物的观点。

(3) 建立共同愿景(Building Shared Vision)。就是组织中人们所共同持有的意象或愿望,简单地说,就是我们想要创造什么。

(4) 团队学习(Team Learning)。就是发展成员整体搭配与实现共同目标能力的过程。

(5) 系统思考(Systems Thinking)。要求人们用系统的观点对待组织的发展。

根据上述的修炼技术为基础,学习型组织具有 7 个特征:①有一个人人赞同的共同构想;②组织由多个创造性个体组成;③作为相互关系系统的一部分,成员对所有的组织过程、活动、功能和环境的相互作用进行思考;④人们之间坦率的相互沟通;⑤人们抛弃个人利益和部门利益、为实现组织的共同构想一起工作;⑥学习型组织的组织系统具有开放性和系统性,即学习型组织是一个开放的系统,并且是一个完整的整体;⑦组织结构具有包容性和发展性,即组织内部具有自主性,求同存异,同时组织的知识系统得以不断更新和创新。

学习型组织,就是充分发挥每个员工的创造性的能力,努力形成一种弥漫于群体与组织的学习气氛,凭借着学习,个体价值得到体现,组织绩效得以大幅度提高。学习型组织的基本理念,不仅有助于企业的改革和发展,而且它对其他组织的创新与发展也有启示。人们可以运用学习型组织的基本原理,去开发各自所置身的组织创造未来的潜能,反省当前存在于整个社会的种种学习障碍,思考如何使整个社会早日向学习型社会迈进。或许这才是学习型组织的更深远的影响。

四、虚拟企业

随着社会的飞速发展和技术的不断进步,一方面,产品生命周期越来越短,这就要求企业要具有很高的柔性和市场应变能力,从而企业的管理结构需要简化,以便于调整和重组;而这正是目前许多企业所面临的最大困难,因此,适应这一变化的趋势必然是企业规模的精简。另一方面,产品的多样化和个性化需求要求企业要具有快速创新设计和产品开发的能力,产品生命周期缩短带来的必然是新产品中知识成本的提高,因此一个企业如果要生存和发展,就必须具备适应这种竞争所需的知识和技术资本。这种要求企业在精简规模的同时具备各种高新技术和知识的要求是矛盾的。

同时,随着网络技术的飞速发展,因特网已逐渐成为人们获取信息和进行信息交流的重要手段之一。基于因特网的商业运作也正在兴起,这就要求身处经济全球化、网络化时代的企业要敏锐掌握市场脉搏,建立高度灵活、富有弹性的动态组织形式,以适应变革时代的需求,在激烈的市场竞争中立于不败之地。

虚拟企业的出现不但解决了上面提到的矛盾,而且为经济发展提供了全新的拓展空间。因此有人称之为"正酝酿着的一次新的企业革命",这场革命的一个突出特征就是"公司的疆界向一个无形空间拓展"。1991 年,美国艾科卡(Iacocca)研究所为国会提交了一份题为《21 世纪制造企业战略》的研究报告,在报告中富有创造性地提出了虚拟企业的构想,即在企业之间以市场为导向建立动态联盟,以便能够充分利用整个社会的制造资源,在激烈的竞争中取胜。所以虚拟企业也叫动态联盟。

1992 年,威廉·大卫(William Davidow)和米歇尔·马龙(Michael S. Malone)给出了虚拟企业的定义:"虚拟企业是由一些独立的厂商、顾客,甚至同行的竞争对手,通过信息技术联成临时的网络组织,以达到共享技术、分摊费用以及满足市场需求的目的。虚拟企业没有中央办公室,也没有正式的组织图,更不像传统组织那样具有多层次的组织结构。"由此可见,虚拟企业是由几个有共同目标和合作协议的企业组成,成员之间可以是合作伙伴,也可以是竞争对手。这就改变了过去企业之间完全你死我活的输赢(Win—Los)关系,而形成一种共赢(Win—Win)的关系。虚拟企业集合各成员的核心能力和资源,在管理、技术、资源等方面拥有得天独厚的竞争优势,通过分享市场机会和顾客,实现共赢的目的。虚拟企业是工业经济时代的全球化协作生产的延续,是信息时代的企业组织创新形式。目前人们对它的认识仍然处在不断探索的阶段,在相关文献中有虚拟企业、虚拟公司、虚拟团队、虚拟组织等称谓。

(一) 虚拟企业的基础

1. 理论基础

(1) 虚拟企业是市场和企业之间的一种中间组织。新制度经济学认为,市场和企业是组织进行交易的两种形式。虚拟企业是一种半企业、半市场的组织形式,所以虚拟企业是市场和企业之间的一种中间组织。

(2) 虚拟企业可以实现交易费用最低。虚拟企业中的每个成员企业都拥有某种核心资源优势,当新的市场机会来临时,它们可以在不增置太多新资源的情况下,充分挖掘和利用本身的现有资源,以最低的投入实现最高效率的产出,减少了生产费用。又由于虚拟企业对市场需求反应迅速，响应时间短，能够抓住转瞬即逝的市场机遇，所以他又可以减少企业的机会费用。

2. 实现基础

(1) 市场基础。建立虚拟企业最初的动力来源于市场机遇的变化。当一个企业发现了一个新的市场机遇时，经过详细地分析，可判定本企业是否有能力抓住这个机会。如果企业缺乏所需的某种核心能力，那么就可以考虑寻求一个拥有该能力的成员企业，共同组建虚拟企业。

(2) 组织基础。虚拟企业是适应市场多变的产物，所以企业内部的组织结构也要能够及时反映市场的动态，使现有企业的各部门都活化为一个细胞，具有一定的自主权和自适应能力，才能根据实际需要灵活地与其他企业组成虚拟企业。

(3) 技术基础。无论是企业组织的柔性化过程，还是虚拟企业的实际结盟过程，都需要以各种先进的技术，特别是基于网络的现代信息处理技术为支撑。由于虚拟企业是跨机构、跨地区甚至是跨国界的企业组织方式，所以这样的技术就显得尤为重要。

(二) 虚拟企业的特征

由虚拟企业产生的时代背景和社会背景，很容易知道虚拟企业有以下特征：

(1) 组织结构临时性。可及时调整或重组。

(2) 地域分散性。跨机构、跨地区乃至跨国界。

(3) 功能完整性。有多个拥有不同核心能力的成员企业，功能完整。

(4) 组合敏捷性。可随时随地组合。

(5) 领导上的相对性。领导的优先权由掌握关键技术的速度快慢决定。

由此可见，虚拟企业是一种超越空间约束的、靠经济利益维系的、有别于传统企业的多实体动态联盟。它有明确的生产目的，能够通过现代通讯技术和网络系统快速、有效地组织、集成和优化不同地区和单位的各种资源。虚拟企业中各个成员企业保持一定的独立性，根据市场变化可以轻易地从一个旧的虚拟企业中脱离出来，与其他企业组成新的虚拟企业。

思考题

1. 管理理论丛林是什么意思？
2. 现代管理理论有哪些主要流派？各有哪些主要内容？
3. 什么是企业流程再造？有哪些含义？
4. 什么是企业文化？有哪些主要内容？
5. 学习型组织有哪些特点？
6. 虚拟企业有哪些主要特征？

第四章 计划与决策

第一节 计划工作的性质和目的

管理人员的主要任务之一就是要努力使每个人理解组织的总目标和一定时期的目标,以及达到这些目标的方法,也就是说要让大家明白期望他们完成的是什么,这也就是计划工作的职能。

一、计划与计划工作

"计划"具有双重语义。作为名词,"计划"是指对未来活动所作的事前安排、预测和应变处理等;作为动词,"计划"是指为未来设立目标,以及确定达到这些目标的详细步骤,包括日程安排和指导方针,并进行相应的资源配置的过程。我们常用"计划工作"表示动词意义上的计划内涵。

计划工作包括选择任务和目标、完成任务和目的的行动。因此,计划即涉及目标(做什么),也涉及达到目标的方法(怎样做)。

无论是在名词意义上还是在动词意义上,计划内容都包括"5W1H",计划必须清楚地确定和描述这些内容。"5W1H"是指:

What—做什么? 组织应达到的目标与内容。

Why—为什么做? 实施该计划的原因。

Who—谁去做? 应该由什么样的人员去实施该计划。

Where—何地做? 计划的内容应该在什么地点实施。

When—什么时间执行、完成? 该计划应该在什么时间实施及完成。

How—怎样做? 实施该计划的方式、手段。

二、计划工作的性质

(一)计划工作对组织目标的作用

每一个企业(或组织),都有其应完成的目标。组织的各种计划,包括所有支持性计划,应该有助于完成企业的目标。例如,某高校提出了若干年后建成世界一流大学的战略目标。为实现该目标,该校制定了一系列计划:人才引进计划、学科发展计划、校园建设计划、筹资计划等。这些计划应该有助于该校实现其目标的。

（二）计划工作的领先地位

管理有 4 大职能，即计划职能、组织职能、领导职能和控制职能。在这 4 大职能中，计划职能处于领先地位。计划工作涉及组织应努力去完成的必要目标的制定，以及如何实现此目标的手段的选择。因此，制定了计划才能了解需要什么样的组织关系和组织结构、需要什么样的人力资源、如何领导以及如何控制等。计划职能与其他 3 个职能的关系如图 4-1 所示。

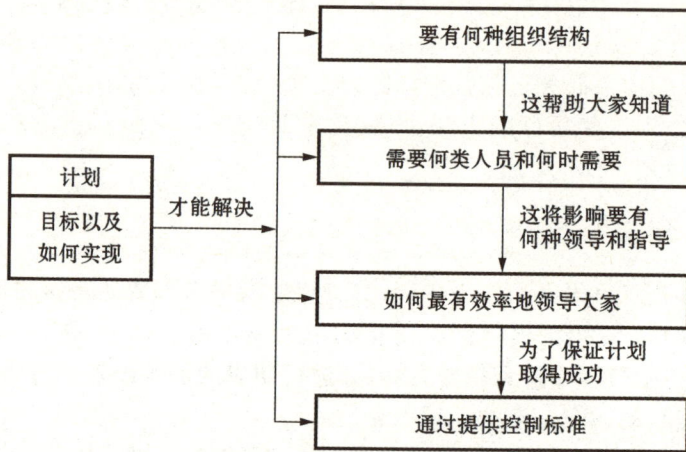

图 4-1　计划工作的领先地位

此外，计划提出的目标（或阶段目标）可以作为控制的标准。例如，某企业提出了年度销售额达到 100 万件产品的计划。按照以往的经验，至 6 月 30 日应该完成计划的 50％。到了 6 月 30 日，该企业可以检查计划的实际完成情况，并与计划目标作对比。如果有偏差，则分析产生偏差的原因，并采取必要的纠偏措施。

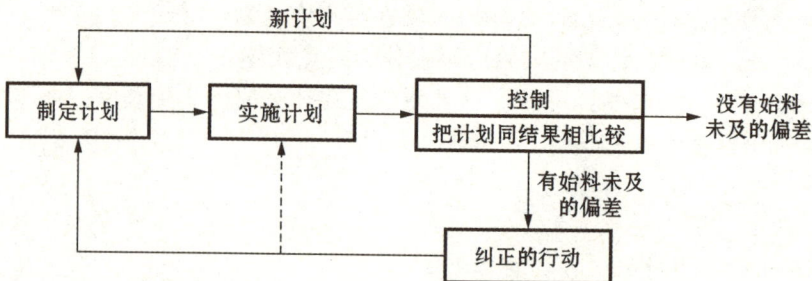

图 4-2　计划作为控制的标准

（三）计划工作的普遍性

计划工作是所有管理人员的一项职能，但不同管理层次的管理人员的计划工作量及重点不同。作为高层管理人员,花在计划工作中的时间和精力相对于基层管理人员要多。并且,高层管理人员的计划工作涉及的大多是战略性领域,而基层管理人员的计划工作涉及的大多是操作性问题。

（四）计划的效率

可以从两个方面来衡量计划的效率:第一,看这个计划对组织目的和目标的贡献。一个好的计划应能很好地帮助组织实现其目标,而不好的计划执行起来会让人觉得什么都不顺。第二,作为一项工作,计划的制定也然要消耗一定的财力和物力。在制定计划过程中,在确保计划制定的前提下如何降低消耗自然也是效率的一种体现。

三、计划的类型

组织中的计划有如下几种类型:

（一）宗旨和使命

组织的宗旨是关于组织存在的目的或对社会发展的某一方面应做出的贡献的陈述,有时也称为组织使命。组织的宗旨不仅陈述了组织未来的任务,而且要阐明为什么要完成这个任务以及完成任务的行为规范是什么。一个组织的宗旨陈述应该包括这两个基本内容:组织形成和存在的基本目的;为实现根本目的而应从事的活动范围。

企业完整的使命报告书应包括:①企业的基本产品或业务;②它的功能;③它所服务的市场或对象。

例如,一家食品公司提出的使命是:向全国的零售商们发送高质量的包装食品;一家保险公司提出的使命是:向某城市的消费者和商业用户提供品种广泛的金融服务;一家医院提出的使命是:为本社区的所有居民提供医疗保健服务。

再如,上海大众汽车有限公司提出的使命是:致力于提供适应中国顾客需求并符合国际标准的汽车。以安全、优质、节能、环保的产品和卓越的服务,提高消费者的生活品质;以诚实、高效的经营,为用户、股东、员工、社会和其他合作伙伴创造价值。

（二）目标

目标包括组织一定时期的目标（Objectives）或各项具体目标（Goal）。组织中的目标可以分为 3 个层次:第一,社会层。这是社会期望组织能达到的目标。第二,组织层。作为一个利益共同体和一个系统,组织对自身的要求。第三,个人层。组织中的个人也有个人目标。

（三）战略

为实现组织长远目标所选择的发展方向,必须确定:企业的基本长期目标、如何采取行动、如何分配必需的资源以达到目标等。

通常企业的经营战略可以分为如下 3 个层次：

第一，企业层战略。这是企业管理部门为实现企业目标而为整个企业制定的方向或计划。

第二，经营层战略。经营层战略适用于战略经营单位（如事业部），目的是强化在行业或市场中的竞争力。因此，经营层战略通常也是竞争战略。

第三，职能战略。企业的各职能部门根据本身的情况找出最大限度地利用资源以实现企业目标的途径。

（四）政策

政策是预先确定的用于指导或沟通决策过程中思想和行为的全面的陈述或规定，政策的制定是为了规定组织行为的指导方针。例如，在员工招聘过程中，不同的企业有不同的政策。

（五）程序

按时间顺序对必要的活动进行的排列，这就是办事的程序。程序也是一种计划，它规定了某些经常发生的问题的解决方法和步骤。程序直接指导行动本身，而不是对行动的思考。程序是一种经过优化的计划。

（六）规则

规则是一种最简单的计划，是指导或禁止在某种场合采取某种特定行动的具体的、详细的规定（规定了某种情况下采取或不能采取的某种具体行动），如交通规则、比赛规则等。

（七）规划

规划是组织为实施某一既定方针而做的一个综合性计划。根据组织的总目标或各部门目标来确定组织分阶段目标或组织各部门的分阶段目标，其重点在于划分总目标实现的进度。

（八）预算

预算是用数字表示预期结果的报表。把预期的结果用数字化的方式表示出来就形成了预算，它勾勒出了一段时期的现金流量、费用收入、资本支出等。因此，预算也是一种计划。

四、计划在管理工作中的作用

（一）为组织成员指明方向，协调组织活动

计划确定了组织的目标和实现这一目标的途径，自然给组织成员指明了努力的方向，同时也会理解组织对自己的要求。

（二）为组织的未来预测变化，减少冲击

组织在制定计划时，会对组织将来的环境等因素作出预测，对未来影响组织目标实现的有利和不利因素作出判断。因此，在计划实施过程中，当环境变化时，不至于惊慌失措。

（三）减少重叠和浪费性的活动

在计划过程中，比较容易发现组织中有些活动是多余的，或者是重叠的。通过对这些活动的梳理，合理安排，可以减少重叠和浪费性的活动。

（四）有利于进行控制

计划所确定的目标可以作为控制的标准。

五、影响计划重点的因素

（一）组织的层次

计划工作是所有管理人员的职能之一。但在不同的管理层次上，计划工作的重点是不同的。高层管理人员的计划工作涉及战略性、方向性的内容，而基层管理人员的计划工作则涉及的是操作性、具体性的内容，如图 4-3 所示。

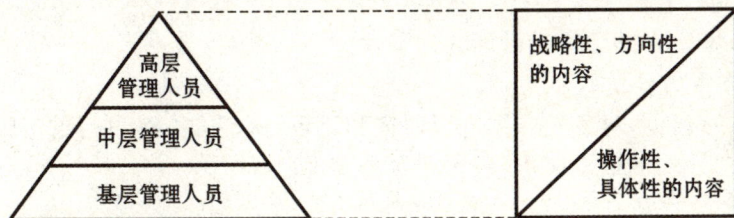

图 4-3　组织层次与计划重点

（二）组织的生命周期

一个组织也有其生命周期。组织的生命周期由导入期、成长期、成熟期、衰退期等阶段组成。在组织的导入期，以指导性计划为宜；在组织的成长期，以短期的、具体的计划为宜；在组织的成熟期，以长期的、具体的计划为宜；在组织的衰退期，以短期的、指导性的计划为宜。

（三）组织文化

组织文化也是影响计划重点的一个主要因素。在强文化的背景下，组织成员所共有的价值体系会对计划内容的重点产生影响。通常，在手段倾向性的组织文化中，计划侧重于具体的操作性内容。而在结果倾向性的组织文化中，计划则侧重于目标性和指导性内容。

（四）环境的波动性

在计划实施过程中，如果环境发生了意想不到的变化，计划就无法顺利实施。

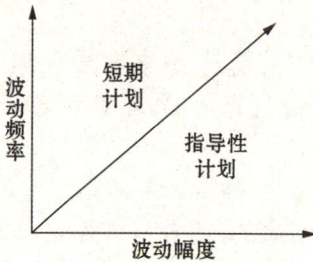

图 4-4　环境的波动性与计划重点

因此,在计划工作中,除了尽量准确把握未来环境变化外,还要根据环境波动的特点来决定计划的重点。一般来说,如果环境波动的幅度越大,就应越要考虑指导性的计划;如果环境波动的频率越大,就应越要考虑短期计划。如图 4-4 所示。

六、计划的编制

可以根据以下的步骤来编制计划。

(一)认识到机会

通过对市场、竞争态势、顾客以及组织的优势和劣势的分析,发现并认识机会。

(二)确定目标

经过第一阶段的分析,确定要在什么方向、需要实现什么目标和何时完成。

(三)考虑制定计划的前提条件

计划将在什么样的环境中执行。

(四)鉴定方案

提出并鉴定有助于完成目标的方案。

(五)方案的评估和比较

根据选定目标,对各种方案进行评估和比较:哪些方案是可行的? 哪一种方案将提供最佳机会、按最低成本、最大利润去实现目标?

(六)选择方案

根据对方案的评估和比较,选定一种方案,确定将采取的行动方针。

(七)编制支持计划

为了确保计划的顺利实施,需要编制支持计划,如设备购买计划、原料采购计划、人力资源计划、新产品开发计划等。

(八)编制预算

如销售量和销售价格、计划所需的经营业务费用、购买首要设备费用。

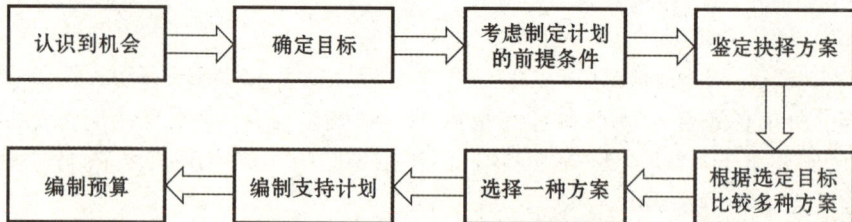

图 4-5　计划的制定过程

七、计划的时机和跨度

(一) 计划中的时机问题

在计划中的时机选择问题方面可以考虑 3 种基本状况：

(1) 计划中包含的行动不与其他活动在时间上有联系。在这种情况下，管理人员只需谨慎地去为单独的每一次活动选择实施的适宜时机即可。决策人员能够有快速行动和慢速行动的自由，不必顾及其他活动的进行情况。

(2) 计划中的各项活动内容在时间上有联系，但联系并不十分紧密。此种情况下，管理人员只需对行动的时间设立一个上限或下限，而不需制定一套周密的时间表。

(3) 计划中的各项活动在时间上有着紧密联系，各项活动的发生、发展和完成相互度有着重要的联系，彼此制约。此时，为了提高计划时机方案的选择质量，需要加强预测，并保持一定的灵活性。

(二) 计划的跨度

在计划的跨度方面，常有长期计划、中期计划和短期计划之分。通常，5 年以上的计划称为长期计划，1～5 年的计划称为中期计划，1 年以下的计划称为短期计划。这种划分不是绝对的，会因组织的规模和目标的特性而有所不同。

对于工商企业来说，长期计划通常包括企业的经营目标、战略、方针、远期的产品开发计划等。长期计划的主要任务是指出组织在较长时期内的发展方向和方针，规定组织各部门在较长时期内从事某种活动应达到的目标和要求，绘制组织长期发展的蓝图，内容相对比较笼统。而中、短期计划的内容比较具体，对在中短期内组织某项活动的目标、行动方案、实施措施和手段、具体的考核指标都有明确和具体的规定。短期计划一般还会将工作细分到具体的作业单位，并给出工作日程表、预算等。

八、计划工作的前提条件

(一) 前提条件和环境分类

计划是面向未来的，而未来的环境又不能完全确定的。因此，在计划工作中必须要考虑计划的前提条件，也就是要确定计划实施时的预期环境和条件。这些前提条件包括会影响计划实施的条件的假设和预测。

制定计划时，通常要做两种预测：第一是前提条件的预测，即计划的先决条件；第二是一项新的项目的成本或收入的预测，即计划工作的结果。

未来的环境对于计划的实施及其结果有很大的影响。如果未来的环境比较确定，计划工作就会容易得多。但很多情况下，未来的环境是不确定的。未来的环境

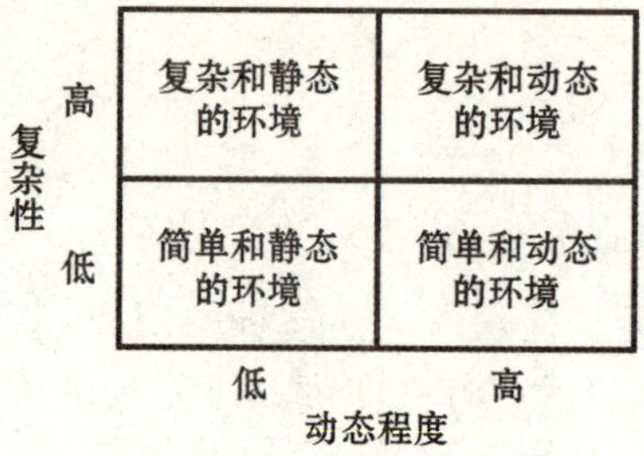

图 4-6　环境的分类

是否友好,可以用未来环境的动态程度和处理的复杂性两个维度来衡量。如果复杂性维度取"高"和"低"两种情况,动态程度也取"高"和"低"两种情况,未来的环境就有了如图 4-6 所示的 4 种环境,即复杂和静态的环境、复杂和动态的环境、简单和静态的环境、简单和动态的环境。

（二）组织与环境

组织环境是指组织边界之外对组织运作可能产生影响的一组力量和条件,是组织所无法控制的。组织环境可以分为特殊环境和一般环境两类。特殊环境是指那些与组织实现组织目标直接相关的那部分环境,如企业的供应商、分销商、顾客、竞争对手以及公众等。特殊环境通常也是组织所处的微观环境。一般环境是指人口、经济、技术、社会文化、自然以及政治法律等更大范围的影响组织及其特殊环境的因素,也是组织所处的宏观环境。

（三）宏观环境和 PEST 分析

PEST 分析法是分析宏观环境的一个很好的根据。所谓 PEST 分析法,就是从组织与法律环境（Political）、经济环境（Economical）、社会与物质环境（Social）、技术环境（Technological）等方面来分析组织所处的宏观环境。政治与法律环境通常包括法律、政府机构的政策法规以及各种政治团体对企业活动所采取的态度和行动,包括一些最大的政治事件等;经济环境包括经济发展速度、社会购买力、消费状况与发展趋势、经济的周期性波动等;社会环境与物质环境包括人口、物质环境等方面的内容;技术环境则关注相关技术的变化情况。

（四）德尔菲技术预测法

计划工作离不开对未来环境等方面的预测。因此,采用合适的预测方法对计划工作有非常重要的意义。预测可以有定量预测与定性预测之分。对于某些数据的预测,可以用统计学、计量经济学等手段进行预测。但有些方面的预测是无法用数学手段来解决的。例如,某项技术能否在 3 个月内得到突破就不大可能用定量的方法来预测。这时,一种叫做"德尔菲技术预测法"的方法可以发挥其作用,如图 4-7。

德尔菲技术预测法的做法:

(1) 成立专家小组（可以从组织内、外部挑选,他们是研究某一特殊问题领域的专家）。

(2) 由专家组成员以无记名方式独立提出预测意见。

(3) 汇总专家意见,并反馈给各小组成员。

```
┌──────────────┐
│  成立专家小组  │
└──────────────┘
        ↓
┌──────────────────────┐
│ 无记名方式独立提出预测意见 │
└──────────────────────┘
        ↓
┌──────────────┐
│  汇总专家意见  │
└──────────────┘
        ↓
┌──────────────┐
│ 反馈给各小组成员 │←─────┐
└──────────────┘       │
        ↓              │
┌──────────────────┐   │
│ 各小组成员重新提出预测意见 │  │
└──────────────────┘   │
        ↓              │
┌──────────────┐       │
│  汇总专家意见  │        │
└──────────────┘       │
        ↓              │
   否  ◇意见统一否?◇──────┘
        │是
        ↓
┌──────────────┐
│   预测结果    │
└──────────────┘
```

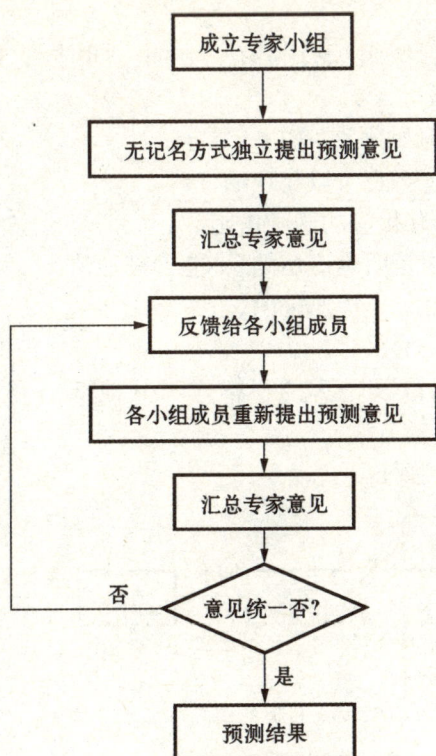

图 4-7　德尔菲技术预测法

（4）根据反馈意见,各小组成员重新提出预测意见。

（5）意见统一时,即为预测意见,否则重复(3)、(4)。

第二节　目标管理

一、目标与目标管理

（一）目标管理的含义

设定目标是计划工作的主要任务之一。目标管理将组织的整体目标逐级地转换为各级组织,直至个人的具体目标,并制定相应的实现目标的保证措施,形成一个目标体系。目标完成情况作为各部门或个人绩效评定的依据。

目标管理是一种明确规定每个单位、部门、层次和个人的职责范围,并用这些措施来进行管理、评价和决定对每个单位、部门、层次和成员的贡献和奖励报酬等一系列系统化的管理方式。

（二）目标的作用

目标可以引领组织，使组织行为有了方向。同时，它也是一个重要的激励手段。

目标要成为重要的激励因素，有以下要求：

（1）目标必须是经过努力可以实现的。

（2）目标实现后，应有相应的激励措施。

（3）目标的表述必须是明确清楚的，不能含糊不清。

（4）目标最好是自己首先提出来的。

（5）目标应符合组织的宗旨。

（6）本单位、本部门以及个人的目标应与其他部门和成员的目标相协调与配合。

（7）目标应易于考核评价。

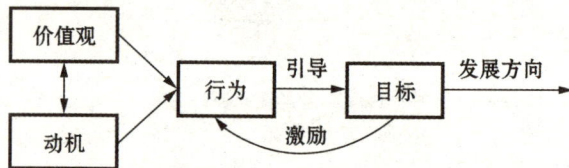

图 4-8　目标的引领和激励作用

（三）目标的层次性以及分解或展开

组织中的各层次、各部门都有相应的目标，如图 4-9 所示。一个组织，可以从组织的宗旨开始从上而下地将目标进行分解；也可以从基层开始，用自下而上的方法确定各层次和部门的目标。一般来说，1～4 层次的目标是关注的目标，2～4 层次的目标是高层管理人员关注的目标，4～6 层次是中层管理人员关注的目标，6～

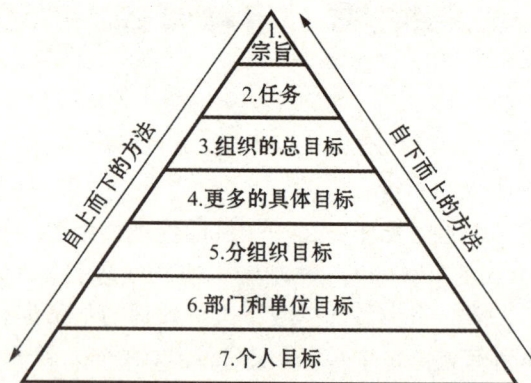

图 4-9　目标的分解和展开

7 层次是基层管理人员和个人关注的目标。

（四）目标管理的概念

目标管理是一种综合的、以工作为中心的和以人为中心的系统管理方式。它是一个组织中上级管理人员同下级管理人员，以及同员工一起共同来制定组织目标，并将其具体化展开至组织每个部门、每个层次、每个成员，与组织中每个单位、部门、层次和成员的责任和成果相互密切联系，明确地规定每个单位、部门、层次和个人的职责范围，并用这些措施来进行管理、评价和决定对每个单位、部门、层次和成员的贡献和奖励报酬等一系列系统化的管理方式。

目标管理是参与管理的一种形式，目标由上下级共同确定，因此目标的实现者同时也是目标的制定者。组织在确定总目标后，对总目标进行分解和展开，通过上下协商，制定出组织各部门直至每个员工的目标；用总目标指导分目标，用分目标保证总目标，形成一个"目标—手段"链。

目标管理强调"自我控制"，用"自我控制的管理"代替"压制性的管理"，它使管理人员能够控制他们自己的成绩。这种自我控制的方法产生了强大的激励力，促使各级管理人员和员工尽自己最大的力量把工作做好，而不仅仅是"过得去"就行了。

目标管理需要下放权力。在确认了下级的目标后，上级一般不再干预下级的目标实现过程，而是关注目标的完成情况。因此上级必然要放权，让下级自我控制。

目标完成情况是衡量部门业绩的主要依据。实行目标管理，有一套完善的目标考核体系，能够按员工的实际贡献大小评价一个人。

二、目标管理的方式

（一）目标管理过程

（1）组织环境调研。首先，组织要对组织所处的环境进行调查研究，并对将来计划实施时的环境进行预测。

（2）设置组织高层目标。在对组织环境进行调研的基础上，初步确立组织高层的目标，如企业的宗旨、使命以及战略目标等。

（3）设置部门和员工的目标。在确保企业经营宗旨和战略目标传达给下级后，由上下级一起工作来设置下属人员的目标。经过对目标进行可行性论证后，就作为部门和员工的工作目标。

（4）目标的实施。组织的目标体系一经确定，组织上下应该协调一致，对自己所承诺的目标负责，把目标付诸实施。

（5）目标成果的评价。用确定的评价标准，评价各层次、各部门及个人目标的完成情况，并确定奖惩以激励员工，同时为下一个目标管理循环打下良好的基础。

（二）目标管理的优缺点

目标管理具有如下优点：

（1）具有激励效果。目标管理给管理人员和员工明确的目标，并明确了完成目标后的奖励，因而具有很好的激励效果。

（2）形成有效管理。实行目标管理，管理人员考虑的是计划的执行效果，而不仅仅是计划本身。而且，目标管理有明确的目标、控制标准以及评价各部门和各个个人绩效的标准。

（3）工作任务明确。明确了目标，工作任务也就明确了。

（4）形成自我管理。实施目标管理，就必定要分权，上级管理人员不再过多干预下级的管理，因此下级管理人员必须要自我管理。

（5）形成有效控制。目标明确后，就有了控制的标准。并且在工作过程中，管理人员及员工会自我控制。

不过，目标管理也具有不足之处：

（1）目标管理强调短期目标。为了和考核相结合，因此目标不可能很长。

（2）目标设置困难。目标需要上下级共同确定，并且最好是由下级首先提出。目标既不能太过头，又不能太保守。

（3）无法权变。当环境发生变化需要改变目标时，往往困难重重。

三、目标管理的实施

（一）目标管理实施的条件

一个组织要成功实施目标管理需要具备一定的条件。首先，组织内各级管理人员和其他成员的自我管理能力强；其次，组织的价值理念应该能鼓励自我管理；最后，组织高层领导重视目标管理。

（二）目标的有效设定

目标管理离不开目标的有效设定。在实施目标管理时，目标的设定须遵循如下的原则：

（1）定性目标向定量目标转化。目标应该是可衡量的，而定性的目标很难衡量，因此须转化为定量目标。

（2）长期目标短期化。组织的长期目标制定以后，可以按各分阶段设定分阶段的目标。

（3）目标实施时须有资源配合。

目标管理中的目标通常是由下级提出、上下级共同确定的。在目标设定过程，需注意如下具体问题：

（1）目标本身的覆盖范围是否适当。

（2）目标分解后上下前后是否协调。

（3）有无相互矛盾的目标。

（4）是否有相应的目标评判标准。

（5）是否有无相应责任和授权。

（6）下级提出的目标是否过分夸张。

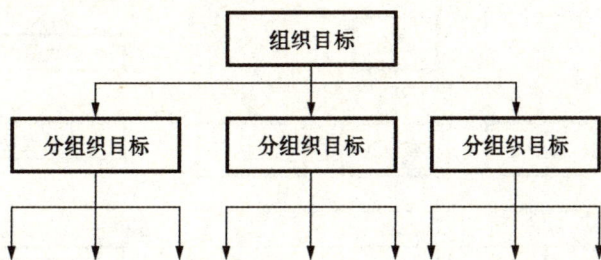

图 4-10 目标分解图

（三）目标管理实施中的几个问题

1. 员工培训

要使目标管理取得效果，必须要做好相关的员工培训。通过培训，让员工明确组织引入目标管理的目的，目标管理对组织以及个人发展的好处等。同时，还要向员工解释清楚目标管理方式的本质、基本知识、运作过程等有关问题。此外，还要让员工明白目标分解与授权范围、目标完成后的评价与激励手段。作为一种带有自我管理特性的方式，目标管理需要组织成员在理念上、行动习惯上等方面均做出相应的调整。有些组织还对组织成员进行一些模拟性的训练。

2. 绩效的评价

对照期初下达的目标，公正客观地衡量组织各部门、各成员期末工作的绩效，并对此做出客观的评价是目标管理成功与否的关键。如果做得不好，以后的目标管理将难以进行。为了公正客观地做好评价工作，需要组织成员实事求是地做好自我评价，并在此基础上，组织应成立一个由多方成员组成的测评小组。

第三节 战略性计划

一、战略计划的重要性

一个企业经营的成败在很大的程度上取决于它在变动的环境中的应付能力，这就是企业的经营战略所要就解决的根本问题。

企业战略可以使企业的计划有方向可循，同时提供了计划的框架。企业战略对经营计划提出要求,并会影响到管理工作各个领域。

二、战略管理的层次

对一家企业来说,企业战略可以分为 3 个层次:公司战略、竞争战略和职能战略,如图 4-11 所示。

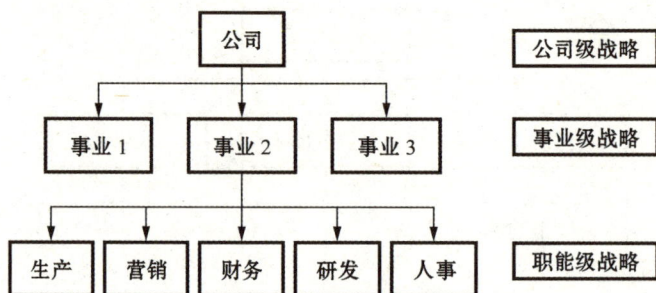

图 4-11 战略的层次

(一)(公司级)公司战略(Corporate Strategy)——公司总体战略

公司战略给出了公司的总体战略,是企业战略中的最高层次。总体战略是有关企业全局发展的、整体性的和长期的战略行为,由企业的高层管理人员制订和推行。

企业的总体战略根据企业的目标,选择企业可以竞争的经营领域,并合理配置企业经营所必需的资源,使各项经营业务相互支持、相互协调。

企业总体战略与企业的组织形态有关,组织形态简单以及经营业务和目标单一时,企业的总体战略就是该项经营业务的战略(即经营战略)。

(二)(事业级)竞争战略(Business Strategy)——经营单位战略

如果企业只有一个经营单位,那么企业的总体战略就是该经营业务的战略。但一般情况下,企业可以有多个战略经营单位,这些战略经营单位应该在企业的总体战略指导下,制定出本经营单位的战略。有些企业采用事业部制,这个层次的战略就是事业部战略。

根据企业的总体战略,战略经营单位要制定自己的战略,用于指导和管理本经营单位的计划和行动,为企业的整体目标服务。战略经营单位的战略涉及的是本经营单位的产品的竞争问题,因此常称为竞争战略。

战略经营单位战略涉及在有关的产品、市场领域中选择对自己最有利的市场层面,即在整个有关市场中企业最具有竞争优势的特定部分。

(三)(职能级)职能战略(Functional Strategy)——职能部门战略

在战略经营单位中也有各种职能部门。为了本战略经营单位的战略目标得以顺利实施,这些职能部门须制定相关的职能部门战略。这些职能战略确定了各职能领域中近期的经营目标和策略,如生产策略、营销策略、研发策略、财务策略、人力资源策略等。

职能级策略以公司和事业级的战略为依据,在各自的经营领域内形成特定的竞争优势以支持并实施公司的策略规划。

职能战略涉及的决策课题是有生产和营销系统的效率、客户服务的质量和范围、特定产品的市场占有率、生产设备的专业化程度、研究和开发的方向、人力资源的激励和报酬等。

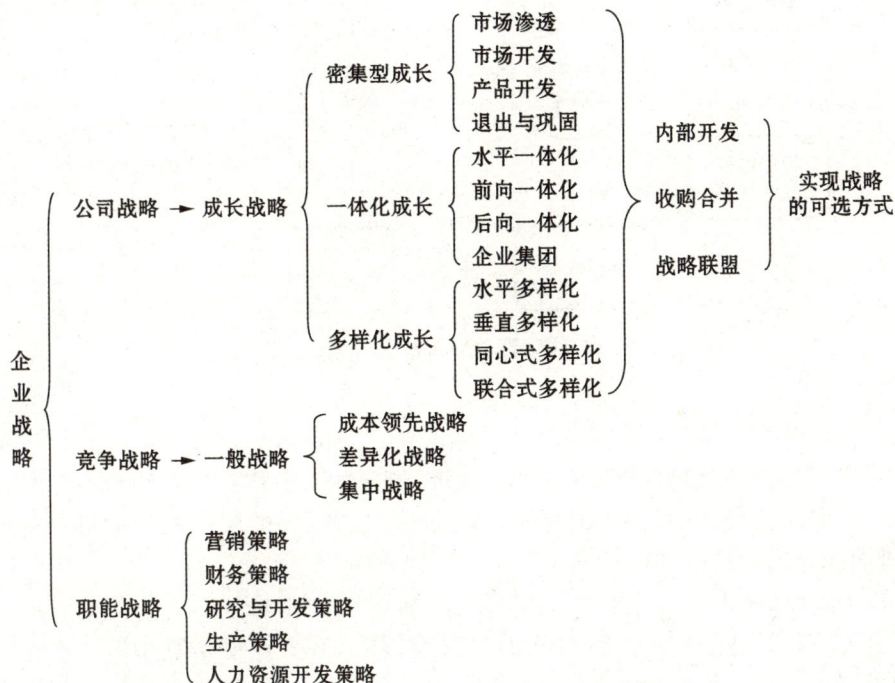

图 4-12 公司战略、竞争战略和职能战略

三、战略管理步骤

战略管理分 3 个阶段,分别是战略分析、战略选择及战略实施。

在战略分析阶段,主要分析组织的内外部环境、组织的文化及利益相关者的期望、组织的战略资源和能力等。

在战略分析的基础上,组织要对各种战略方案进行战略选择。在这个阶段,要尽可能列出各种方案,然后要甄别这些方案中哪些是可行方案,哪些是不可行方案。最后,对那些可行方案进行比较,选出一个方案。

在战略选择后,接下来就是战略实施。在这个阶段涉及到根据新的战略对组织结构的重新设计以及战略资源的配置等问题。

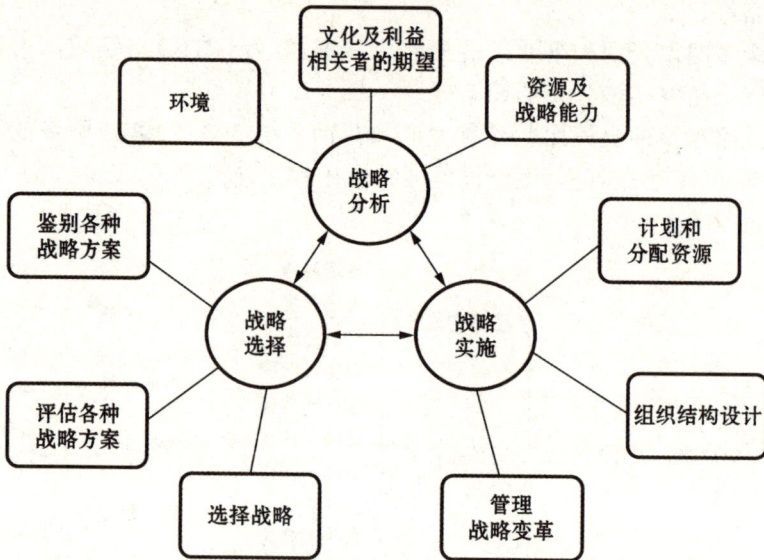

图 4-13　战略管理步骤及各阶段相关因素

四、竞争战略

竞争战略就是战略经营单位(如事业部)制定的有关本经营单位竞争地位的战略。为了制定此种战略,必须要对本经营单位(或产品)的所处的行业进行战略分析,进而制定出合适的竞争战略。

(一)行业分析

首先进行行业分析。行业分析的手段有很多,五力模型是其中的一个。五力模型可以用图 4-14 表示。

五力模型分析企业(或战略经营单位)受到的 5 种力量,这 5 种力量挤压了企业的赢利空间。

1. 现有竞争对手之间的竞争

现有的竞争对手是一个重要的竞争力量。决定竞争强度的因素主要有:

(1) 行业的增长速度。在行业高速发展时期,由于有许多未被市场覆盖的区域,企业忙于占领这些区域,因而竞争比较缓和。而当行业增长速度缓慢时,企业为了互相争夺客户往往会引发价格战等。

(2) 产业的集中度。一般来说,行业中企业数量越大,竞争就越激烈。如果产业的集中度高,企业数量少,行业趋于垄断,竞争就会缓和。

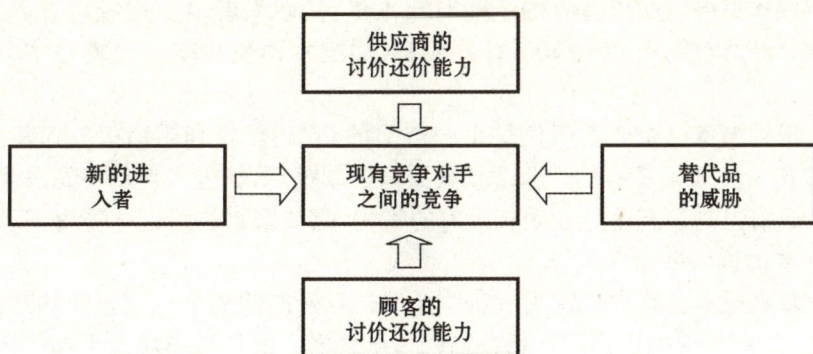

图 4-14　五力模型

（3）固定成本与库存成本的高低。如果企业的固定成本高,企业改变方向困难,竞争就会激烈。

（4）产品的差异化程度。产品越是雷同,缺少差异化,企业间的竞争就会激烈。

（5）行业的生产能力利用程度。如果行业中生产能力过剩,企业间的竞争就激烈。

（6）企业退出行业的障碍。如果退出障碍大,企业即便盈利不大(甚至亏损),企业还是不得不留在行业中。因此,一般情况下,企业退出行业的障碍越大,竞争就会激烈。决定退出障碍的因素主要有专业化的固定资产、退出成本、战略协同关系、感情方面的障碍、政府与社会的限制等。

为了了解竞争对手在干什么,需要对竞争对手进行分析。如了解竞争对手的产品研究与开发、制造过程、采购、市场营销策略、销售渠道、客户服务、企业文化等。

2. 潜在的进入者的威胁

除了行业中已存在的企业外,行业外还有准备进入行业的进入者,它们对本企业将来的盈利能力构成了威胁。为了阻止未来可能的进入者,可以利用一些进入障碍。主要的进入障碍有:

（1）规模经济。如果行业内的企业达到了规模经济,即企业规模较大且平均成本较低。此时外来进入者的进入障碍较大。因为外来者的平均成本较高,如果它也想达到规模经济以降低成本,需要大量的资金,这也是比较困难的。

（2）差异化。原有企业已经有了知名度,有商标信誉和用户对品牌的忠诚,具有优势。这些是新来者是不具备的。

（3）资金需求。如果资金需求越大,进入障碍越高。

(4) 成本优势。如果已有的企业有成本优势,新来者由于在成本方面的劣势而败下阵。成本优势可以来源于有关战略(如成本领先战略)、规模经济、经验曲线等。

(5) 销售渠道。企业不仅仅是生产产品的,它还需要利用销售渠道将生产的产品销售出去。如果现有的企业对销售渠道控制很严,新进入者也将无法生存。

(6) 政府限制。有些行业受到政府的管控,需要取得许可证才能经营。显然,这也是主要的进入壁垒。

(7) 转换成本。客户从购买一家企业的产品转向购买另一家企业的产品存在转换成本,如有些手机用户不换运营商的一个主要原因是转换成本太高。因此,转换成本越高,新进入者就越难进入。

可能的进入者包括行业内的企业(本来生产其他产品)、虽在行业外但与行业有技术关联或市场关联的企业、行业外并且与行业无任何联系的企业、新创办的企业等。

新进入者可以选择的进入方式主要有:①推出新产品(或改进的产品),特别当现有产品存在某种方面的不足或难以满足某些细分市场时,新进入者可能会受到部分市场的追捧;②行业内两个企业的联合;③行业内外两个企业的联合。

3. 替代品的威胁

虽然替代品和现有的产品不太一样,但在一定程度上可以替代本产品,因而对本产品构成了威胁,挤压着本产品的获利空间。

客户是否愿意转向替代品,主要取决于对替代品的使用倾向(或客户的偏好)、替代品的相对价格以及转换成本。

针对替代品可能的威胁,行业内的企业应采取行动予以反击。可以采取的措施主要有降低成本或改进产品;提高顾客的转换成本;为企业的产品寻找不受替代品影响的新用途;将目标转向受替代品影响较小的细分市场;进入替代品的行业,获取关联优势;与替代品的生产商联合。

4. 供应商的讨价还价能力

如果供应商提高了原材料的价格,企业的盈利空间就会被压缩。因此,需要分析供应商的讨价还价能力。影响供应商讨价还价能力的因素主要有:

(1) 原料成本占产品总成本的比重。

(2) 原料购买者之间的竞争。如果原料购买者能联合起来一起对付供应商,供应商的讨价还价能力就被削弱。相反,如果原料购买者之间相互争斗,供应商的讨价还价能力就得到增强。

(3) 供应商相对企业的集中度和规模。如果供应商数量较大,规模较小,供应商之间就可能发生相互争斗,供应商的讨价还价能力就弱。

（4）供应商的转换成本。供应商在与企业谈判原料涨价时，往往暗示如果涨价要求得不到满足，它可以将原料转向卖给其他企业。但实际上，供应商如果真要这样做，它有个转换成本。这种转换成本越高，供应商的讨价还价能力就越弱。

（5）供应商前向一体化的能力。供应商还可能表示，它有前向一体化（即自己可以利用自己的原料生产产品，提高加工深度）的能力。如果加价要求得不到满足，它可以采用前向一体化战略。显然，如果供应商的前向一体化能力越强，其讨价还价能力就越强。

针对咄咄逼人的供应商，企业也应该采取某些对策。一般来说企业可以采取的对策主要有寻找和开发其他备选的供应来源；寻找替代品的供应商；向供应商表明企业有实现后向一体化（自己生产供应商供应的原料）的能力；选择一些相对较小的供应商。

当然，企业也可以选择与供应商合作，实现双赢。可以选择的合作策略有与供应商签署长期合作合同，作为战略伙伴；帮助供应商了解最终用户，以便是供应商更好地制定其发展计划；分担供应商的风险。

5. 顾客的讨价还价能力

与供应商相反，企业的顾客常要求企业降价，这也在很大程度上挤压了企业的盈利空间。影响顾客讨价还价能力的因素主要有：

（1）顾客的集中度和规模。如果顾客的集中度高、规模大，顾客的讨价还价能力就强；反之就弱。

（2）顾客的转换成本。顾客在与企业谈判要求降低产品的价格时，也会表示如果不降价将考虑选择其他企业的产品。但是，顾客改变采购时，也有转换成本。这种转换成本越高，顾客的讨价还价能力就越弱；反之就越强。

（3）顾客对价格的敏感度。顾客对价格越敏感，其讨价还价能力就越强；反之就越弱。

（4）顾客后向一体化的能力。有时顾客会表示，如果不降价，它可以选择后向一体化的战略，即它自己生产该产品。顾客的后向一体化的能力越强，其讨价还价能力就越强；反之就越弱。

（二）3 个一般竞争战略

哈佛大学商学院教授迈克尔·波特（Michael E. Porter）提出了 3 个一般竞争战略，以解决企业提高竞争优势的问题。

1. 总成本领先战略

第一个竞争战略是全面的成本挂帅战略（成本领先战略），也就是低成本战略。如果企业能使成本降低，那么在与同行的竞争中会占据有利地位。总成本领先战略要求企业的生产必须是高效率、规模化的，千方百计地降低成本。同时，要严格控制成本及各项费用。为此,企业需要在管理方面对成本给予高度的重视,切实降低成本。

除了规模化生产可以取得成本优势外,企业还可以在获取生产要素方面取得成本优势。比如,企业通过信息资源优势、人力资源优势、区位优势、财务资源优势等来取得成本优势。此外,范围经济性也能降低成本。

2. 差异化战略

波特提出的第二个竞争战略是差异化战略(特异性战略),也叫标新立异战略。"差异化战略"是将公司提供的产品或服务差异化,使产品具有某种独特性。实现差异化战略的方式有树立名牌形象、改进技术、提高产品性能特点、改善顾客服务等。当然,实施差异化战略必须要考虑由此带来的成本提高。

3. 集中战略

第三个竞争战略是集中战略,是指企业将目标集中在特定的顾客或某一特定地理区域上,即在行业内很小的竞争范围内建立独特的竞争优势。这里的"集中",可以是指"产品"集中,也可以是"市场集中"。集中战略的前提思想是:公司业务的专一化能够以较高的效率、更好的效果为某一狭窄的战略对象服务,从而超过在较广阔范围内竞争的对手。

五、SWOT 分析法

SWOT 分析法是战略分析中常用的方法。这里的 S 是指企业内部的优势(Strengths),W 是指企业内部的劣势(Weaknesses),O 是指企业外部环境给企业提供的机会(Opportunities),T 是指企业外部环境给企业带来的威胁(Threats)。

企业内部的优势和劣势都是相对于竞争对手而言的,一般表现在企业的资金、技术设备、员工素质、产品、市场、管理技能等。企业外部环境的机会是指对企业有利的环境因素,如得到政府的支持、采用了最新技术、良好的顾客和供应者关系等。企业外部环境的威胁是指对企业不利的环境因素,如新竞争对手的出现、市场增长率缓慢、顾客和供应商讨价还价能力增强、技术老化等。

对一个企业而言,在众多因素中,既有优势的因素,又有劣势的项目。同样,外部环境中,既有对企业有利的因素(带来机会),又有对企业不利的因素(带来威胁)。在对这些因素进行综合评估后,可以得到一个反映企业优势和劣势的值以及一个反映机会和威胁的一个值,标在如图 4-15 所示的坐标图中。根据在图中位置的不同,可以分别采取增长型战略、扭转型战略、防御型战略以及多种经营战略等多种公司战略。

机会

扭转型 战略		增长型 战略

第二象限　　第一象限

内部劣势 ←　　　　　　　　　→ 内部优势

第三象限　　第四象限

防御型 战略		多种经营 战略

威胁

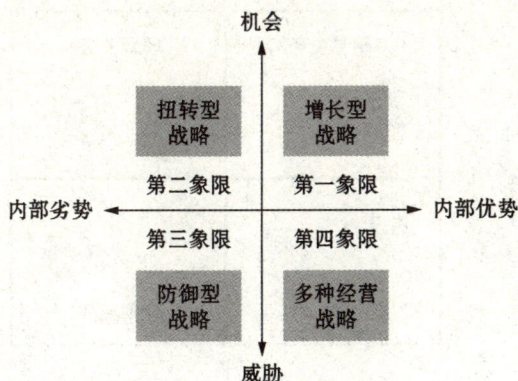

图 4-15　SWOT 分析法

六、波士顿矩阵

波士顿矩阵(BCG Matrix),是由美国著名管理学家、波士顿咨询公司创始人布鲁斯·亨德森于 1970 年首创的一种用来分析企业产品组合的方法。波士顿矩阵又称市场增长率—相对市场份额矩阵、波士顿咨询集团法、四象限分析法、产品系列结构管理法等。

波士顿矩阵的横坐标表示公司业务的相对市场份额,用 nX 表示。这里,n 是一个数字,X 是本公司最大竞争对手的市场份额。比如,1.5X 表示本公司的市场份额是最大竞争对手的 1.5 倍。显然,如果 n 大于 1,则本公司在该业务的市场占有率第一;如果 n 小于 1,则本公司在该业务的市场占有率肯定不是第一;如果 n 等于 1,则本公司和最大竞争对手并列第一。波士顿矩阵的纵坐标表示该业务的市场增长率,用百分比表示。我们可以找一个基准增长率,比如 10%。认为市场增长率高于 10% 属于高增长率,低于 10% 属于低增长率。这里的基准增长率要根据实际情况而定。

我们分别以基准增长率和 1.0X 画出两条基准线,得到四个区域,如图 4-16 所示。现在,根据本公司的各种业务的市场增长率和相对市场占有率,将各种业务标在波士顿矩阵中。在波士顿矩阵中的位置表示该业务的市场地位,企业可以据此对不同的业务采取不同的战略。可以选择的战略有发展战略、维持战略、收获战略以及放弃战略。对于某些"问号"、"明星"业务,可以采用发展战略;对于某些"金牛"业务,可以采用维持战略;对于某些"问号"、"狗类"以及处境不佳的"金牛",可以采用收获战略;对于某些"问号"、"狗类"业务,可以采用放弃战略。

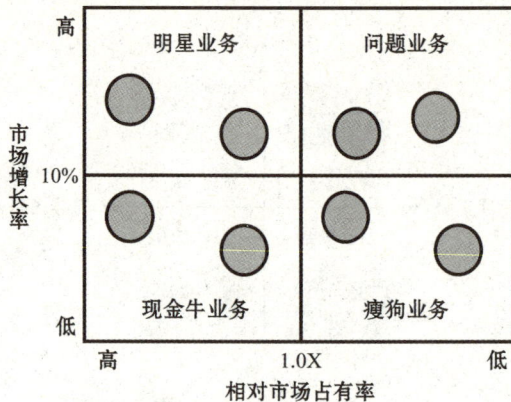

图 4-16　波士顿矩阵

七、战略管理和企业家精神

（一）什么是企业家（Entrepreneurship）

关于企业家的定义，有许多说法。有些人认为企业家是任何创建新企业的人，有些人则强调企业家是寻求创造财富机会的人。许多人提到企业家时，往往与大胆、创新、投机、冒险等词联系起来。

斯蒂芬·P. 罗宾斯（Stephen P. Robbins）对企业家下的定义为：为追求个人机会，通过创新满足需要，而不顾手中现有的资源的创业者。需要强调的是，管理小企业欲企业家行为是不同的。

彼得·德鲁克（Peter Drucker）则认为，企业家是对自己的能力充满信心、不放过创新的机会、不仅追求新奇而且要使创新资本化的管理者。

在企业中，有些管理者是属于"受托人类型"的管理者，他们把变革视作威胁，被不确定性所困扰，宁愿稳定，倾向于维持现状。这些管理者自然算不上是企业家。而那些试图在大型企业中激发企业家精神的管理者被称为内企业家（Intrapreneurship）的概念。内企业家与一般的企业家是不同的。首先，一般的企业家需要自主决策和承担风险，而内企业家需要向老板或上司报告；其次，一般的企业家成功的报偿是利润的增加，而内企业家成功的报偿是职位的提升。

（二）企业家的特征

企业家的心理特征主要是：对成就的高度欲望，对把握自己命运的强烈的自信，以及对冒风险的适度的节制。

此外，企业家还有如下的一般特点：①趋向于独立解决问题、设定目标和依靠自己的努力实现目标的责任；②崇尚独立和特别不喜欢被别人控制；③虽然不怕冒风险,但绝不盲目冒风险,而更愿意冒那些他们认为能够控制结局的风险。

(三)企业家与传统管理者的比较

一般人认为企业的管理者也是企业家。但根据企业家的上述定义,看出企业家与传统的企业管理者是不同的,如表 4-1 所示。

表 4-1　企业家与传统的管理者的区别

	传统的管理者	企业家
主要动机	晋升及其他传统的公司奖赏	独立性、创新机会、财务收益
时间导向	实现短期目标	实现 5~10 年的企业成长
活动	授权和监督	直接参与
风险倾向	低	适度
对失败和错误的观点	避免	接受

第四节　决　策

一、决策概念

美国著名管理学家西蒙(Herbert Simon)曾经说过一句名言:"管理就是决策。"管理就是决策,充分说明了决策在管理中的重要地位。我们曾经说过,在各大管理职能中,计划职能是领先的职能。在计划工作中,到处充满着决策。决策是企业里做任何事情的第一步,先要决定做什么,然后才能决定怎么做。事实上,"决定怎么做"本身也是决策问题。

决策是指组织和个人为了实现某种目标而对未来一定时期内有关活动的方向、内容及方式的选择或调整过程,即行动之前做出如何行动的决定。

决策的主体可以是组织,也可以是个人。决策要解决的问题可以是组织或个人活动的选择,也可以是对这种活动的调整。决策选择或调整的对象可以是活动的方向或内容,也可以是在特定方向上从事某种活动的方式。决策涉及的时限,可以是未来较长的时期,也可以是某个较短的时段。

二、企业决策分类

(一)按业务性质分

按业务性质分类,可以分为:

(1)企业经营战略方面的决策。主要有企业长远的经营目标、经营方针、经营策略、经营计划、经营组织等。

（2）研究与开发方面的决策。例如确定产品开发方案、技术改造方案、研究与开发计划、研究与开发组织等。

（3）生产管理方面的决策。例如确定生产计划、生产组织以及生产过程中的质量决策、指挥与调度决策等。

（4）市场销售方面的决策。例如营销决策、销售计划决策、销售组织决策等。

（5）财务管理方面的决策。例如目标成本决策、目标利润决策、资金筹措决策等。

（6）人力资源管理方面的决策。例如招聘决策、培训决策、工资薪酬决策等。

（二）按决策重要等级分

按重要性分类，企业的决策可以分为战略决策、管理决策和业务决策。战略决策涉及企业全局性、长期性的资源部署决策，如并购决策等；管理决策是为了实施企业的战略决策，对企业的资源进行调动或改变其结构的决策，如生产计划、产品计划决策等；业务决策涉及企业短期的、局部的具体决策，如生产任务的日常安排、生产人员的局部调动等。管理决策也被称为战役决策，业务决策被称为战术决策。

一般来说，越是高层的管理者，涉及的决策就越是战略性的。越是基层的管理者，涉及的决策就越是业务性的，如图 4-17 所示。

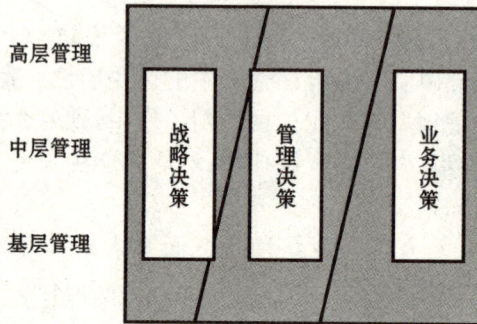

图 4-17　决策按重要性分类

（三）按决策发生的规律性分

按决策发生的规律性，决策可以分为程序化决策和非程序化决策。

程序化决策涉及的是经常出现的常规活动，可供选择的方案是现成的，基本上是按规则决策就行。程序化决策也被称为常规决策，基层管理者涉及到的许多决策是程序化决策。

非程序化决策是指针对那些不常发生的或例外的非结构化问题而进行的决策，常被称为非常规决策。随着管理者地位的提高，涉及的决策问题也会越来越多的是非程序化决策。

（四）按决策问题所处条件分

按决策问题所处的条件,决策可以分为确定型决策、风险型决策和不确定型决策 3 类。

确定型决策是指决策过程的结果完全由决策者所采取的行动决定的一类问题,它具备以下 4 个条件:①存在着决策人希望达到的一个明确目标;②只存在一个确定的自然状态;③存在着可供选择的两个或两个以上的行动方案;④不同的行动方案在确定状态下的损失或利益值可以确定地计算出来。

风险型决策是指这样的一种决策问题:一个决策方案对应几个相互排斥的、结果确定的可能状态,每一种状态出现的概率可以估计出来。虽然每一种状态的经过已知,每一种状态出现的概率也已知,但究竟哪一种状态能出现事先是无法确定的,因此决策是有风险的。因此,这样的决策问题被称为风险型决策。

如果每一种状态出现的概率也不清楚,则这样的决策问题就被称为不确定型决策。

三、决策过程

决策过程如图 4-18、4-19 所示。

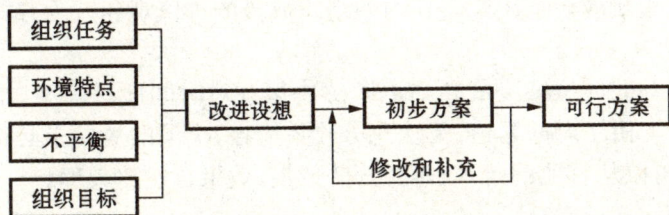

图 4-18　方案的产生过程

（1）研究现状。这是一个诊断过程,找出问题。这里的问题是指实际状况与应该有的状态不一致,或者出现了不平衡。要找出产生不一致或不平衡的原因。

（2）明确目标。要确定决策要达到的目标,特别是要确定最起码要达到的目标。在多元目标的情况下,还要明确多元目标间的关系。

（3）收集情报。充分的消息是正确决策的基础,因此必须尽可能多的收集信息和情报。

（4）拟定备选方案。此时要集思广益,提出尽可能多的方案。

（5）评估各可行方案。备选方案中,有些并不可行,直接舍去。对于剩下的可行方案,按照一定的原则进行评估。

（6）选定方案。根据方案评估的结果,选定一个方案。

（7）执行方案。将方案付诸实施。

（8）跟踪和检查。要跟踪和检查方案实施的结果，及时总结。

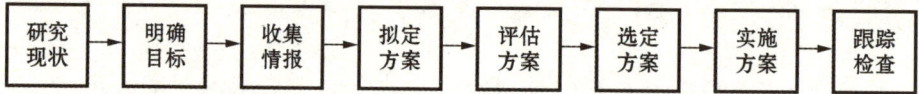

```
研究   →  明确  →  收集  →  拟定  →  评估  →  选定  →  实施  →  跟踪
现状      目标     情报     方案     方案     方案     方案     检查
```

图 4-19　决策过程

四、影响决策的因素

（一）环境

外部环境影响着企业的决策。例如，企业的决策可能会随着国家政策法规的改变而改变。此外，竞争对手的行动也可能会影响企业的决策。

（二）过去的决策

今天是昨天的延续，过去的决策对当前的决策有制约作用。

（三）决策者对风险的态度

任何决策都有风险，而人们对待风险的态度各不相同。大部分人是风险规避者，而有些人是风险喜好者。

（四）组织文化

组织文化影响着包括决策者在内的组织成员的价值观和行为方式。

（五）时间

决策可分为时间敏感决策和知识敏感决策。对时间敏感决策，重要的是当机立断快速决策。由于时间紧迫，无法充分收集情报，决策的效果未必很好。而知识敏感性决策，可以从容地调研，取得充分的情报，效果自然比较理想。

五、决策标准

新古典经济理论假定决策者是"完全理性"的，他们会选择"最优方案"，采取"最优策略"，以最小代价取得最大收益。但事实上这是无法做到的。决策者不是"完全理性"的，只能是"有限理性"。"有限理性"原则是赫伯特·西蒙的现代决策理论的重要基石之一，也是对经济学的一项重大贡献。

首先，由于人们对外界的认识能力是有限的，对于外界的很多事情无法做出全面了解，常常需要一定程度的主观判断，进行决策。因此，个人或企业的决策都不可能是在完全理性条件下进行的。在有限度的理性条件下的决策，不可能找到所谓的最优方案，只能选择"令人满意"的方案。

其次，决策所需的信息是不完备的，决策者得到的信息和知识经常只能是部分和片面的，很难得到关于某一件事情的全面的信息和知识，甚至可能会得到虚假的信息。

再次,对未来的预测并不常常有效。毕竟结果是未来的,还没实际发生,实际情况到底怎样,有时还真没法预料。

最后,要穷尽所有的可行方案是困难的,即便我们已经得到了 100 个可行方案,并且在其中选出了"最优方案",能保证不存在第 101 个可行的并且更好的方案吗?

因此,关于决策标准,只能遵循"有限的合理性原则"。

六、决策技术

(一)风险型决策

例如,有一个有关生产能力决策问题。目前有 3 个可行方案,分别是大批量生产、中批量生产和小批量生产。该商品上市后的市场状况有 3 种状态,分别是畅销、中等销路和滞销。已知出现畅销的概率是 0.3,出现中等销路的概率是 0.5,出现滞销的概率是 0.2。任何一种方案下出现任何一种状态的结果也已知,如表 4-2 中数据所示。现在要决策选哪一个方案才能使收益最大。

表 4-2　风险型决策

方案	各种状态下的收益值(万元)		
	畅销 (概率 0.30)	中等销路 (概率 0.50)	滞销 (概率 0.20)
大批生产	21	12	9
中批生产	17	15	11
小批生产	4	3	2

1. 贝叶斯(Bayes)决策

这种技术可以用来解决风险型决策问题。

根据表 4-2 中所给的数据算出各种方案的期望值。

大批量生产方案的期望收益 $= 21 \times 0.3 + 12 \times 0.5 + 9 \times 0.2 = 14.1$ 万元;

中批量生产方案的期望收益 $= 17 \times 0.3 + 15 \times 0.5 + 11 \times 0.2 = 14.8$ 万元;

小批量生产方案的期望收益 $= 4 \times 0.3 + 3 \times 0.5 + 2 \times 0.2 = 3.1$ 万元;

中批量生产方案的期望收益最大,因此,选定的方案为"中批量生产"。

当然,投产后如果实际出现的状态是"畅销",那么最好的方案应该是"大批量生产"。但在决策的时候无法确定哪一种状态会出现,因此决策是要冒风险的。

表 4-3　贝叶斯决策

方案	各种状态下的收益值(万元)			期望值 (万元)
	畅销 (概率 0.30)	中等销路 (概率 0.50)	滞销 (概率 0.20)	
大批生产	21	12	9	14.1
中批生产	17	15	11	14.8
小批生产	4	3	2	3.1

2. 决策树法

对于比较复杂的决策问题,用上述方法可能比较麻烦。可以用决策树法来解决较为复杂的决策问题。

图 4-20 所示为决策树,数据来自表 4-2。从决策点伸出 3 个方案:大批量生产、中批量生产和小批量生产。每一个方案下都有 3 个状态:畅销、中等销路和滞销。将每种状态出现的概率以及每种方案每种状态下的收益值标出,并计算出每种方案的收益期望值。将计算出的期望值标在每种方案的状态点上。接下来,可以将决策点上伸出的枝条两两比较,将期望值小的枝条剪除,剩下的最后一根枝条即为“最优方案”。因此,“最优方案”是中批量生产。

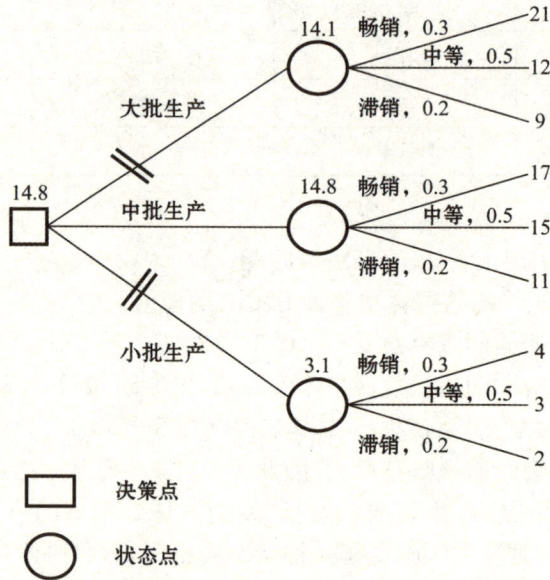

图 4-20　决策树

3. 最可能的未来结果

未来的状态出现概率最大的是"中等销路",应该选择"中批量生产"方案。这种决策方法也被称为"最大可能值法"。

（二）不确定型决策

如果上述决策问题中各种状态出现的概率不清楚,就成了不确定型决策问题,如表 4-4 所示。

表 4-4　不确定型决策

方案	各种状态下的收益值（万元）		
	畅销	中等销路	滞销
大批生产	21	12	9
中批生产	17	15	11
小批生产	4	3	2

1. 最大最小值法

这是一种悲观主义或保守主义准则的决策方法,也被称为小中取大法。首先找出每种方案在最坏状态出现时的收益（即此方案下的最小收益,也是最保守的收益）。例如,如果选择大批量生产方案,那么最糟糕的状态是滞销,此时只能获取 9 万元的收益。换句话说,如果选择大批量生产方案,最坏的结果是获取 9 万元收益。以此类推,选择中批量生产方案的最保守收益是获取 11 万元的收益,选择小批量生产方案的最保守收益是获取 2 万元的收益。将各方案的最小收益值填入表4-5 中。

表 4-5　最大最小值法

方案	各种状态下的收益值（万元）			最小收益值（万元）
	畅销	中等销路	滞销	
大批生产	21	12	9	9
中批生产	17	15	11	11
小批生产	4	3	2	2

现在,只需比较各方案的最小收益值,找出最大值。由此不难发现,最小收益值中的最大者为 11 万元,因此中批量生产为此种决策方法下的最优方案。

2. 最大最大值法

这是一种乐观主义准则的决策方法,也被称为大中取大法。首先找出每种方案在最好状态出现时的收益(即此方案下的最大收益,也是最乐观的收益)。例如,如果选择大批量生产方案,那么最乐观的状态是畅销,此时可以获取 21 万元的收益。也就是说,如果选择大批量生产方案,最乐观的结果是获取 21 万元收益。以此类推,选择中批量生产方案的最乐观收益是获取 17 万元的收益,选择小批量生产方案的最乐观收益是获取 4 万元的收益。将各方案的最大收益值填入表 4-6 中。

表 4-6   最大最大值法

方案	各种状态下的收益值(万元)			最大收益值(万元)
	畅销	中等销路	滞销	
大批生产	21	12	9	21
中批生产	17	15	11	17
小批生产	4	3	2	4

接下来比较各方案的最大收益值,找出最大值。显然,最大收益值中的最大者为 21 万元,因此大批量生产为此种决策方法下的最优方案。

3. 最小最大后悔值准则

这种方法需要首先计算各种方案的最大后悔值,然后选择最大后悔值最小的方案为"最优方案"。

如果选择的方案是"大批量生产",当实际出现的状态是"畅销"时,后悔值为0;当实际出现的状态是"中等销路"时,后悔值为 3。因为选择的是"大批量生产"方案,在"中等销路"状态下的收益是 12 万元。而如果当时选择的是"中批量生产",在"中等销路"状态下的收益可以达到 15 万元。因此决策者会觉得后悔,后悔值等于 15 减 12,等于 3;同样的,当实际出现的状态是"滞销"时,后悔值为 2(11-9=2)。比较这三个后悔值:0,3,2,最大者为 3。因此,"大批量生产"方案的最大后悔值为 3。以此类推,得到"中批量生产"方案的最大后悔值为 4,"小批量生产"方案的最大后悔值为 17。如表 4-7 所示。

表 4-7   最小最大后悔值法

方案	各种状态下的收益值及后悔值(万元)						最大后悔值(万元)
	畅销		中等销路		滞销		
	收益值	后悔值	收益值	后悔值	收益值	后悔值	
大批生产	21	0	12	3	9	2	3
中批生产	17	4	15	0	11	0	4
小批生产	4	17	3	12	2	9	17

比较各种方案的最大后悔值,最小者为3,因此"最优方案"为大批量生产。

4. 等可能性准则

不确定型决策问题中,各状态出现的概率不知道。这是不确定型决策问题与风险型决策问题的最大区别。

等可能性准则是假设不确定型决策问题中各状态以同样的概率出现(即出现的可能性相同),然后像对待风险型决策问题一样用贝叶斯决策方法进行决策。

上述决策问题中,只有三个状态,因此假设它们出现的概率均为1/3。

大批量生产方案的期望收益=$21×1/3+12×1/3+9×1/3=14.0$万元;

中批量生产方案的期望收益=$17×1/3+15×1/3+11×1/3=14.3$万元;

小批量生产方案的期望收益=$4×1/3+3×1/3+2×1/3=3.0$万元;

中批量生产方案的期望收益最大,因此,选定的方案为"中批量生产"。

表 4-8　等可能性准则决策

方案	各种状态下的收益值(万元)			期望值(万元)
	畅销(概率1/3)	中等销路(概率1/3)	滞销(概率1/3)	
大批生产	21	12	9	14.0
中批生产	17	15	11	14.3
小批生产	4	3	2	4.3

思考题

1. 什么是计划工作?

2. 如何理解计划工作的领先地位?

3. 计划有哪些类型? 试各举一个实际的例子。

4. 写出编制计划的步骤。

5. 计划与控制有什么联系?

6. 什么是目标管理? 你是否喜欢这种管理方法? 为什么?

7. 战略分哪几个层次? 分别解决什么问题?

8. 战略管理有哪些步骤? 每个步骤分别涉及哪些因素?

9. 什么是五力模型? 如何分析这五力?

10. 一般竞争战略有哪些? 是谁首先提出来的?

11. SWOT 分析法有什么意义?

12. 波士顿矩阵用来解决什么问题?

13. 什么是企业家？什么是企业家精神？
14. 决策有哪些分类方法？
15. 写出决策过程。
16. 如何理解"有限的合理性原则"？
17. 风险型决策与不确定型决策有什么区别？
18. 什么是贝叶斯决策方法？
19. 如何绘制决策树？
20. 如何解决不确定型决策问题？有哪些方法？如何做？

第五章 组 织

第一节 组织工作的性质和目的

目标确定后,就需要一个合适的组织结构予以实现。或者如果已经有了一个组织,根据目标的变化也有可能需要改变组织结构。组织结构是指组织中正式确定的使工作任务得以分解、组合和协调的框架体系。组织结构可以分解为复杂性、正规化与集权化三种成分。复杂性是指组织分化的程度,正规化是指组织依靠规则和程序引导员工行为的程度,集权化是指权力的分布。组织设计就是要设立或变革一个组织的结构。

一、部门、层次和管理跨度

(一)组织的划分

随着组织的不断发展,职能越来越多,分工越来越细。当职能分工细到一定程度的时候,一个层次的管理就不行了,这时必须把职能相近或者靠近的部门合并在一起,并挑选一个能力较强的人来管理。这样,部门就形成了,如图 5-1 所示。

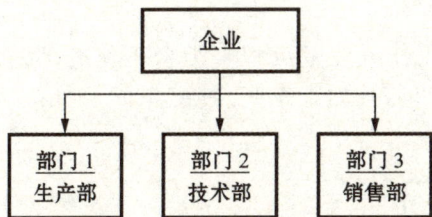

图 5-1 部门

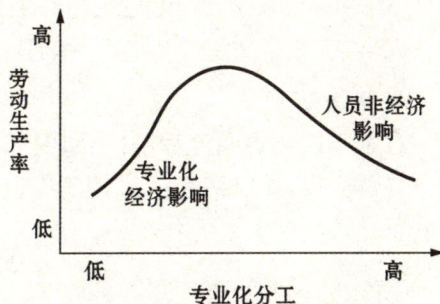

图 5-2 专业化分工与劳动生产率

部门化的基础是专业化分工。随着组织的继续发展,专业化分工会继续加深,部门也会继续分化。传统观点认为,专业化分工会提高劳动生产率。但是,现代的观点认为,专业化分工固然可以提高劳动生产率,但有个度的问题。过分的专业化分工,会让人感到工作枯燥乏味,从而影响工作效率。如图 5-2 所示。

将若干职位组合在一起的依据和方式称为部门化。常用的部门化方式有如下5种：

1. 职能部门化

职能部门化是指依据所履行的职能将若干职位组合在一起形成部门的方式。如图5-3就是一种职能部门化的形式。

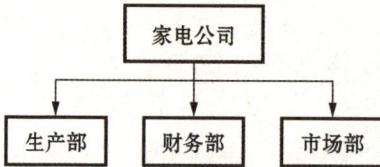

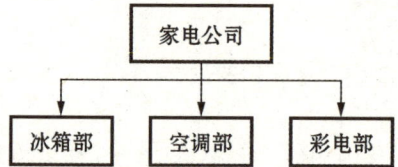

```
        家电公司                            家电公司
    ┌──────┼──────┐                  ┌──────┼──────┐
  生产部  财务部  市场部            冰箱部  空调部  彩电部
```

图 5-3 职能部门化   图 5-4 产品部门化

2. 产品部门化

产品部门化是指按产品或服务的要求将若干职位组合在一起形成部门的方式，如图5-4所示。

3. 地区部门化

根据情况，企业还可以按照地理区域进行工作的组合，这样就形成了地区部门化，如图5-5所示。

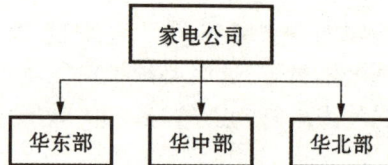

```
            家电公司
        ┌──────┼──────┐
      华东部  华中部  华北部
```

图 5-5 地区部门化

4. 过程部门化

过程部门化也叫流程部门化，是指按照工作或业务流程来组合工作的部门划分方式，如某机械制造企业有铸工车间、锻工车间、加工车间、装配车间等部门，如图5-6所示。

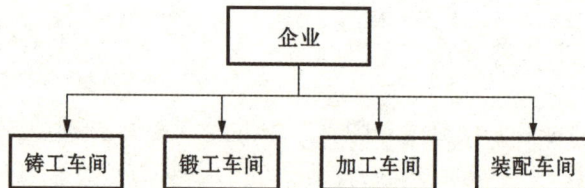

```
                企业
        ┌──────┬──────┬──────┐
      铸工车间 锻工车间 加工车间 装配车间
```

图 5-6 过程部门化

5. 顾客部门化

顾客部门化是指根据目标顾客的不同来组合工作的部门划分方式,如图 5-7 所示。

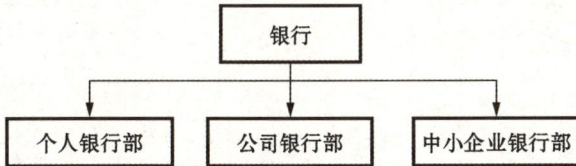

图 5-7 顾客部门化

一些有规模的组织,可能不是单一地采用上述 5 种部门化中的一种,而是根据实际情况混合采用多种部门化的方法。

（二）组织的层次

从组织的最高领导到最低的基层具体工作人员之间形成了组织的层次。随着组织规模以及业务的发展,组织的层次通常也会增加。例如,一家冰箱企业原来只有厂长、车间主任、工人三个层次,如图 5-8 所示。后来,企业规模扩大了,业务也从单纯生产冰箱发展到生产冰箱、空调的集团公司,组织层次也增加了,如图 5-9 所示。

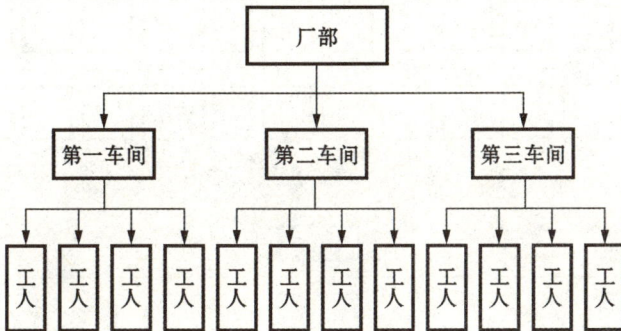

图 5-8 三个层次的组织结构

（三）管理跨度

与组织层次密切相关的另一个概念是管理跨度,也叫管理宽度或管理幅度。管理跨度是指一个上级主管直接指挥的下属的数目。在组织结构的每一个层次上,根据任务的特点、性质以及授权情况,决定出相应的管理跨度。

在操作工人数量一定的情况下,管理跨度越大,管理层次就越少;反之,管理跨度越小,管理层次就要增多。

管理跨度大的组织结构被称为"宽跨度组织组织结构",也叫"扁平结构",如图

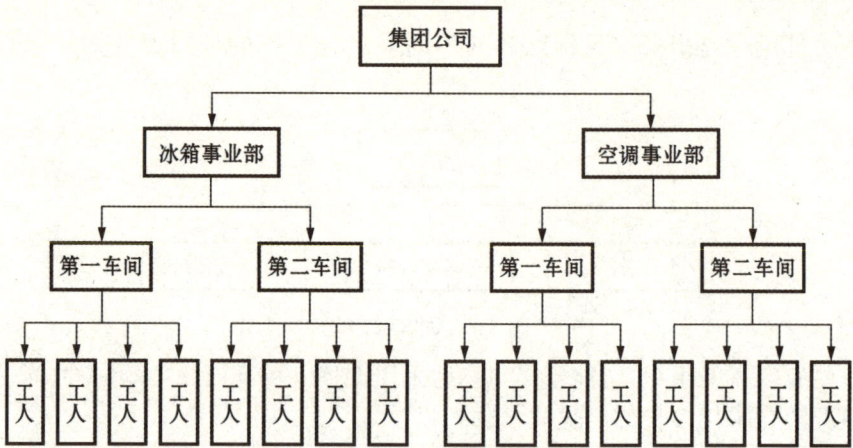

图 5-9 四个层次的组织结构

5-10 所示;管理跨度小的组织结构被称为"窄跨度组织结构",也叫"锥形结构",如图 5-11 所示。

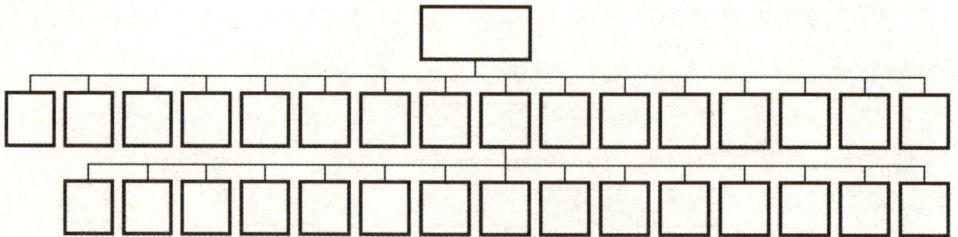

图 5-10 宽跨度组织结构

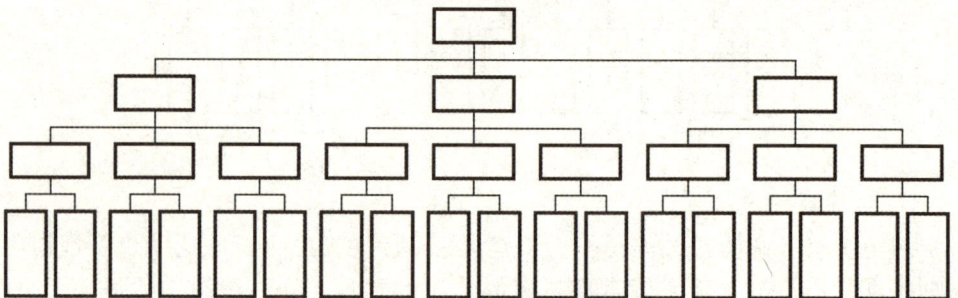

图 5-11 窄跨度组织结构

窄跨度组织有严密监督、严密控制、上下级间联络迅速等优点,但也存在上级过多地参与下级的工作、多层次引起的高费用、最底层与最高层间距离过长等缺点。宽跨度组织的优点是促使上级授权、必须制定明确的政策、必须谨慎选择下属人员等优点,缺点是上级负担过重易成为决策的"瓶颈"、上级有失控的危险、要求管理人员具备特殊的素质等。

影响管理跨度的因素主要有:

(1) 管理者和下属人员的技能和能力。一个人的能力是有限的,其能直接管理的下属数也是有限的。一个管理者的能力如果强一点,管理宽度可以大一些,反之就要小一些。另外,如果下属的能力强一些,管理宽度也可以大一些。

(2) 管理工作的复杂度。管理工作的复杂度越高,需要投入的时间和精力就越多,管理跨度就要相应变窄,反之则变宽。

(3) 下属工作任务的相似性。如果下属的工作具有相似性,即使比较复杂,管理起来也不会太困难,管理跨度则可以适当加宽。

二、集权与分权

集权是指把职权较多地集中在组织的领导层,下级部门只能根据上级决定或指令办事,一切行动能够听指挥。而分权是指把职权系统性地分散在整个组织中,下级部门能利用这些权力自主地解决某些问题。近年来,组织结构有扁平化的趋势。结构的扁平化、管理宽度的变大,必定要将部分决策权分散到下级管理层。分权式决策可以使组织更加灵活和主动地对频繁变化的环境作出反应。

从现象上看,分权与授权都将部分决策权放到了下级管理层,但两者的实质是不一样的。分权属于制度性、长期性、系统地将权力下放,是在组织结构设计是决定的。分权的权力可以较长时间停留在中下层管理者手中。而授权通常属于任务性、临时性将权力下放,权力可以随时收回。授权中的权力,原本在组织设计时是属于某个层次的管理者的,只是由于需要将权力授予下级管理者。授权是每个层次的管理者都应掌握的一项管理技能。

三、正规化

正规化(Formalization)是指组织中的工作实行标准化的程度。如果一种工作的正规化程度较高,就意味着做这项工作的人对工作内容、工作时间、工作手段没有多大自主权,一切需按章办事。

高度正规化的组织中,有明确的工作说明书、繁杂的组织规章制度、详尽的工作过程的规定等。而正规化程度较低的组织中,相对来说,工作执行者和日程安排就不是那么僵硬,员工对自己工作的处理权限就比较宽,有比较大的自由度。

四、组织工作的步骤

组织工作的步骤有:

（1）确定企业的目标。组织目标不同,组织结构、权力分布等也会不同。

（2）确定支持性的目标、政策和计划。

（3）明确为完成上述目标、政策和计划所必需的活动并加以分门别类。

（4）根据现有的人力和物力,并根据环境充分使用人力和物力的最佳方法,把上述活动分成各个部门。

（5）给各个部门的领导人授予要完成活动所必需的权力。

（6）通过职权关系和信息流通,横向或纵向地把各个部门联系在一起。

第二节　组织结构设计

一、组织结构的基本类型

组织的部门划分,也称部门化,是按照一定的方式将相关的活动加以细分和组合,形成若干个易于管理的组织单位。部门划分方式的不同,形成各种不同的组织结构。下面介绍几种常见的组织结构形式。

（一）直线制组织结构

直线制组织中各级职位是按垂直系统直线排列的,各级行政领导人执行统一指挥和管理职能,不设专门的职能机构,自上而下形同直线。如图 5-12 所示。

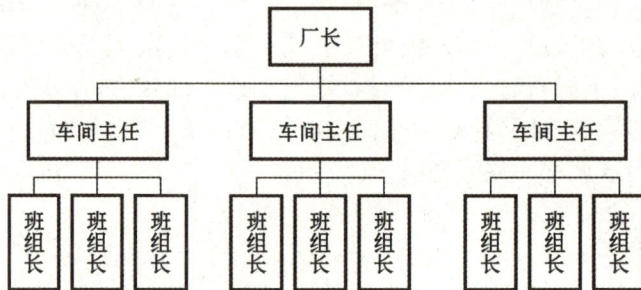

图 5-12　直线制组织结构

直线制组织结构的优点是结构简单、权责分明、信息沟通便捷,便于统一指挥、集中管理。缺点是缺少横向的协调关系,没有职能机构作为领导的助手,容易产生忙乱的现象。

厂部不另设职能机构(可设职能人员协助主管人工作),一切管理职能基本上都由行政主管自己执行。

由于直线制组织结构不设专门的职能机构辅助直线领导,因此它要求行政负责人要通晓多种知识和技能,亲自处理各种业务。这在业务比较复杂、企业规模比较大的情况下,把所有管理职能都集中到最高主管一人身上,显然是难以胜任的。因此,直线制只适用于规模较小,生产技术比较简单的企业,对生产技术和经营管理比较复杂的企业并不适宜。

(二) 职能制组织结构

职能制组织结构也称"U"型组织,它以工作方法和技能作为部门划分的依据,或是按职能来组织部门分工,即从企业高层到基层,均把承担相同职能的管理业务及其人员组合在一起,设置相应的管理部门和管理职务,如图 5-13 所示。例如,把所有同财务有关的业务工作和人员都集中起来,成立财务部门。

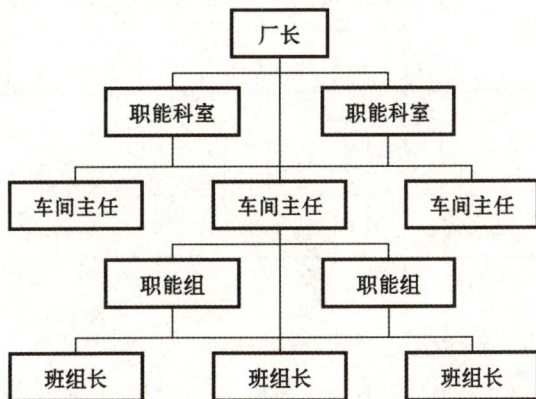

图 5-13　职能制组织结构

在职能制组织结构中,各级管理机构和人员实行高度的专业化分工,各自履行一定的管理职能。每一个职能部门所开展的业务活动将覆盖整个组织。一般来说,在这种组织结构中,普遍实行直线—参谋制。整个管理系统划分为两大类机构和人员,一类是直线指挥机构和人员,对其直属下级有发号施令的权力;另一类是参谋机构和人员,其职责是为同级直线指挥人员出谋划策,对下级单位不能发号施令,而是起业务上的指导、监督和服务的作用。由于各个职能部门和人员都只负责某一个方面的职能工作,唯有最高领导层才能纵观企业全局,所以,企业生产经营的决策权必然集中于最高领导层,主要是经理身上。因此,在职能制组织结构中,权力高度集中。

职能制组织结构的优点是:①职能部门任务专业化,可以避免人力和物资的重复配置;②便于发挥职能专长,对职能人员有激发力;③由于各项职能的规模经济性,可以降低管理费用。

职能制组织结构的缺点是:①狭窄的职能眼光看待管理中的问题,不利于企业满足迅速变化的顾客需要;②一个部门难以理解另一个部门的目标和要求;③各职能部门之间的协调性较差;④不利于在管理队伍中培养全面的管理人才,因为每个人都力图向自己专业的纵深方向发展自己。

（三）直线职能制

在上述直线制和职能制的基础上,吸取这两种形式的优点形成了直线职能制,如图 5-14 所示。

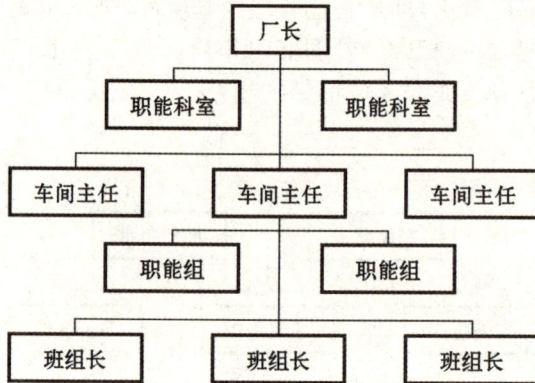

图 5-14　直线职能制

直线职能制组织结构也把组织管理机构和人员分为两类,一类是直线领导机构和人员,按统一命令原则对各部门行使指挥权;另一类是职能机构和人员,按专业化原则,从事组织的各项职能管理工作。直线领导机构和人员在自己的职责范围内有一定的决定权和对所属下级的指挥权,并对自己部门的工作负全部责任。而职能机构和人员,则是直线指挥人员的参谋,不能对直接部门发号施令,只能进行业务指导。

直线职能制既保持了直线制的集中统一指挥的优点,又吸取了职能制发挥专业管理的长处,从而提高了管理工作的效率,这是这种组织结构的优点。但缺点是:①权利集中于最高管理层,下级缺乏必要的自主权;②各职能单位自成体系,横向联系较差,容易产生脱节与冲突;③各参谋部门与指挥部门之间的目标不一致,容易产生矛盾。若授权职能部门过大,易干扰直线指挥命令系统;④信息传递线路较长,反馈较慢,难以适应环境变化。

（四）事业部制组织结构

事业部制是指以某个产品、地区或顾客为依据,将相关的研究与开发、采购、生产、销售等部门结合成一个相对独立单位的组织结构形式,如图 5-15 所示。在事业部制组织结构中,各事业部有各自独立的产品或市场,在经营管理上有很强的自主性,实行独立核算,是一种分权式管理结构。在战略管理中,事业部被看作是一个战略经营单位。事业部制又称 M 型组织结构,即多单位企业、分权组织,或部门化结构。尽管各事业部有相对独立性,但执行的是总公司或者集团的统一政策,因此事业部制体现了"集中政策,分散经营"的原则。

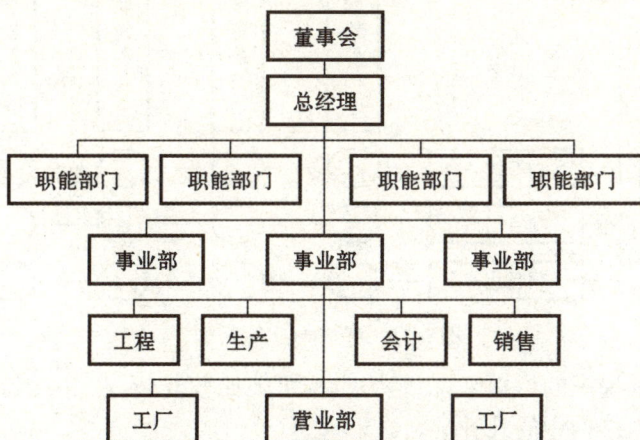

图 5-15　事业部制组织结构

事业部制的优点是:①提高了管理的灵活性和适应性;②有利于最高管理层摆脱日常行政事务,集中精力做好有关企业大政方针的决策;③便于组织专业化生产。

事业部制的缺点是:①增加了管理层次,并造成了机构重叠,管理人员和管理费用增加;②各事业部独立经营,各自为战,相互支援较差;③各事业部往往从本部门出发,容易滋生不顾公司整体利益的本位主义和分散主义倾向。

（五）矩阵制组织结构

在直线职能制垂直形态组织系统的基础上,再增加一种横向的领导系统,形成了矩阵制组织结构,如图 5-16 所示。

矩阵制组织结构比较多地应用在项目管理中。通常,一个项目团队需要具备多种技能的人员,这种人员是由各相关部门派出的。在项目团队中的人员受到了双重领导:一是原隶属部门主管的领导,二是现所在项目团队主管的领导。因此,协调好这两方面的领导是矩阵制组织结构成功的关键。

矩阵制组织的优点是:①将组织的纵向联系和横向联系有机地结合起来,有利于加强各职能部门之间的协作和配合,及时沟通,解决问题;②机动性较强,能根据特定需要和环境变化,保持高度的适应性;③结合了不同部门、不同专长的人员,有利于互相启发,集思广益。

矩阵制组织的缺点是:①在资源管理方面具有复杂性;②组织稳定性差,一般的项目团队在项目完成后即消亡,团队成员可以回到原先的部门;③权责不清。

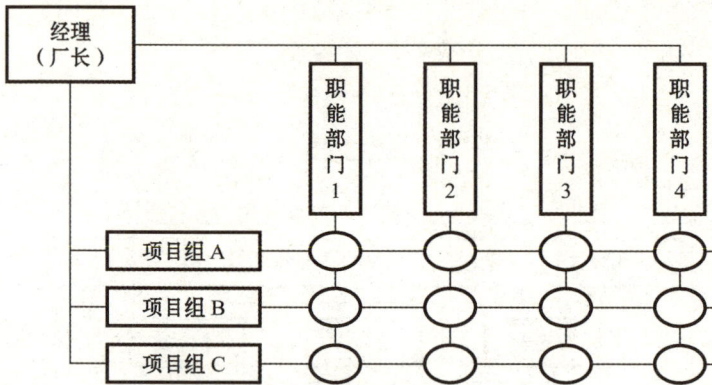

图 5-16　矩阵制组织结构

对于有一定规模的组织来说,组织结构可能比较复杂,在组织结构设计中会综合采用上述组织结构中的几种混合在一起。

二、因地制宜的组织设计方法

影响组织设计的因素有很多,必须综合考虑各种因素,选择适合本组织的组织结构。

(一)机械式组织和有机式组织

机械式组织(Mechanistic Organization),也称官僚行政组织,是一种依传统设计原则设计出来的组织结构,它具有严格的结构层次和固定的职责,强调高度的正规化,有正式的沟通渠道,决策常采用集权形式。机械式组织是一种稳定的、僵硬的结构形式,它追求的主要目标是稳定运行中的效率。机械式组织的特点是:严格的层级关系、固定的职责、高度复杂化、高度正规化和高度集权化、正式的沟通渠道,人性和人的判断被减少到最低限度。

有机式组织(Organic Organization),也称适应性组织,是一种松散、灵活的具有高度适应性的组织。在有机组织中,员工的工作不是标准化的,大多是职业化的。有机式组织的特点:纵向和横向的合作、不断调整的职责、低复杂化、低正规化、非正式的沟通渠道、分权的决策。因为不具有标准化的工作和规则条例,能根据需要迅速地作出调整,因此有很强的适应性。

表 5-1　机械式组织和有机式组织的对比

机械式组织	有机式组织
综合使用传统设计原则的自然产物;僵硬的、稳定的	松散的、灵活的具有高度适应性的形式
严格的层级关系	纵向和横向的合作

（续表）

机械式组织	有机式组织
固定的职责	不断调整的职责
高度的正规化	低度的正规化
正式的沟通渠道	非正式的沟通渠道
集权的决策	分权的决策

对于一个现实的组织来说，究竟采用机械式组织还是有机式组织，也是要根据具体情况而定。就两种组织本身来说，不存在哪种绝对好哪种绝对不好的说法。总之，适合自己的才是最好的。

（二）战略与结构

组织战略的变化，需要有相应的组织结构的变化予以配合。在一个战略比较简单的组织中（如一个新创的小企业），只要求一种简单、松散的组织结构来执行组织战略，组织结构倾向于有机式的。随着组织的逐步壮大发展，组织的战略变得更有雄心，也更加复杂。随着公司战略从单一产品向一体化、多元化经营方向发展，管理层也会将组织逐步从有机式组织结构转变为更为机械的组织结构。追求探索者战略的组织必须以创新来求生存，因此有机式组织结构更能适应这一战略，而防御者战略寻求稳定性和效率性，因此机械式组织结构比较适应这种战略。

（三）组织规模与组织结构

组织规模对组织结构的选择也具有明显的影响作用。一般来说，大型组织比小型组织具有更高程度的专业化和横向、纵向的分化，规则和条例也更多。不过，规模对组织结构的影响程度并不是线性的，随着规模的扩大，规模对结构的影响逐步减弱。比如，组织成员从100人增加到200人，规模扩大对组织结构的影响是很大的。而组织成员从1000人增加到1100人，同样100人的增加对组织结构的影响就很小。

（四）技术与组织结构

英国管理学家伍德沃德（Joan Woodward）的研究表明，不同的生产技术条件下，适宜的组织结构也是不同的。伍德沃德研究的出发点是将企业划分为3种类型，这3种类型代表3种不同的生产技术：①单件生产（如定制服装、大型舰船等）；②大量生产（如汽车、电视机等）；③连续生产（炼油厂、化工厂等）。

伍德沃德发现技术类型和相应的公司结构之间存在着明显的相关关系，组织的绩效与技术和结构之间的"适应度"密切相关。伍德沃德得出的结论是：组织的结构因技术而变化，成功的企业是那些能根据技术的要求而采用合适的组织结构的企业。如表 5-2 所示。

表 5-2　生产技术与组织结构

生产类型	单件生产	大量生产	连续生产
结构特征	低度的纵向分化 低度的横向分化 低度的正规化	中度的纵向分化 高度的横向分化 高度的正规化	高度的纵向分化 低度的横向分化 低度的正规化
最有效的结构	有机式	机械式	有机式

（五）环境与组织结构

环境也同样影响着组织结构的选择。在稳定的环境中,机械式组织结构最为有效;而在动态的、不稳定的环境中,有效的组织结构须让位于有机式组织结构。

第三节　组织结构运行

一、权力与职权

在组织设计时,需要考虑权力在组织中的分布。这里的权力是指在组织结构中赋予某一管理职位做出决策、发布命令并为保证命令能得到执行而进行奖惩的权力。这样的权力是也被称为职权。职权与组织内的一定职位相关,而与占据这个位置的人无关。职权通常被称作制度权力或法定权力。

关于职权的几个含义:

（1）职权是以组织为基础的,离开了组织这种特定的社会环境,就不存在职权。

（2）职权是由于处于更高层次的管理者按照一定的程序授权而获得的,因此存在着一条权力链。

（3）所有的权力的本质都是支配资源的能力。

（4）权力具有相对性。

不同的组织,由于其形成的基础不同,其职权的最终来源也可能是不同的。一般认为,企业中一切职权的基础或来源是产权。

在一个组织中,职权有如下几种常见类型:

（1）以物质资源为对象的职权,在企业中一般体现为审批权限和使用权限;

（2）以人力资源为对象的职权,这是指管理者可以支配其下属行为的权力。这种职权还可以划分指挥权、奖赏权和惩罚权 3 种。

从更广泛的意义上讲,权力是个人或团体提供建议或影响别人或其他团体的信念或行动的能力,也就是影响力。这样的一种影响力的来源,除了上述来自于职

位(即职权)外,还有许多非职位来源。一般认为,权力(或影响力)的来源有:

(1) 强制权力。一种依赖于惧怕的权力(在一定条件下,员工也可以对老板实施这种强制权力)。

(2) 奖赏权力。能给他人施以他们认为有价值的奖赏的能力。

(3) 合法权力。处于某一职位所相应得到的一种权力(即职权)。

(4) 专家权力。来自专长、特殊技能或知识的一种影响力。

(5) 感召权力。一个人由于拥有独特智慧或特质而对他人产生的一种影响力,它产生于对这个人的钦佩和希望与他同等的心理。

二、直线职权和参谋职权

(一) 直线职权

直线职权是直线人员所拥有的做出决策、发布命令、执行决策的权利,它由决策权、命令权、执行权组成。直线职权又被称为决策指挥权。

直线权力是上级指挥下级工作的权力,表现为上下级之间的命令权力关系,包括领导、指挥、监督、决策、管理下属的权力,这种命令关系从组织的最高层一直延伸到最基层,在组织命令链上的成员一般都拥有直线权力,每个成员一方面受上级指挥;另一方面有指挥下级的权力,每个成员都要按直线向上级汇报工作,而且都是直线组织的一部分。

(二) 参谋职权

参谋职权是指参谋人员所拥有的提出咨询建议,或提供服务与便利,协助直线机构和直线人员进行工作的权利,是一种辅助性职权。参谋职权具有顾问型和服务性的性质,旨在协助直线权力有效地完成组织目标,减轻直线人员的负担。具有参谋权力的管理人员可以给直线管理人员提供专门的技术顾问或服务,充当助手;参谋人员可以向直线人员推荐自己的意见和建议,但不能把他们的意见和建议等强加给直线人员。参谋人员必须认识他们的职责是咨询性的,直接管理的职权应由直线人员来承担。

参谋职权的特点有:

(1) 参谋职权不具有指挥权,他们的意见和建议只有经直线人员采纳、通过直线职权向下发布。

(2) 参谋职权从属于直线职权,他们的意见也只有经直线人员采纳才有影响力。

(3) 参谋职权直接对它的上一级领导负责。

(4) 参谋人员只能在其职责范围内行使参谋职权。

（三）参谋的运用

组织设计时,须考虑是否运用参谋,以及运用到多大程度。参谋通常具有某一领域的专门知识,如法律、财会等。因此,如果运用参谋,那么参谋人员可以利用所掌握的经济、技术、政治、法律和社会等专门知识为经营管理人员的决策提供服务。同时,参谋人员还可以为经营管理人员提供收集、整理、分析情报资料等方面的服务。

但是,另一方面,也要注意在使用参谋过程中可能存在的削弱直线职权的危险。另外,参谋人员只是在某一方面具有专门知识,综合知识相对缺乏。参谋人员提供建议,最终拍板决策的是直线人员,承担决策后果的也是直线人员,因此参谋人员在提供建议的时候责任心可能不太强。

三、分权与集权

在现代组织中,极端的集权和极端的分权都是不现实的,在组织工作中需要找到适度分权或集权的度。在现实中,相对分权而成功的组织不少,相对集权而成功的组织同样也不少。因此,还是那句话:适合自己的才是最好的。

在过度集权的情况下,权利集中在少数人手里,决策的民主性、科学性不够,不利于合理决策。过度集中还不利于调动下属积极性,基层人员会觉得一切由高层说了算。过度集权有阻碍信息交流、助长组织中的官僚主义等弊端,因此需要适度的分权。

适度分权一方面可以使组织的决策更加合理、科学,另一方面还有利于管理人才培养。衡量分权程度的标志有决策的数量、决策的范围、决策的重要性以及作出的决策是否需要审核等。

影响组织分权的主要因素有决策的代价、政策的一致性、组织的规模、组织的成长阶段、组织的管理哲学、人才的数量和素质、控制的可能性、职能领域等。

四、授权的艺术

除了分权外,授权也能达到权力分散的效果。在授权过程中,必须清楚而明确地陈述管理政策,必须明确地规定各种工作任务与目标,必须根据所要完成的任务挑选人员。

第四节　组织变革

一、组织变革的原因

组织不是一成不变的。随着环境等因素的变化,组织结构也有变革的需要。

组织变革(Organizational Change)是指组织随着客观环境的变化,运用行为科学和相关管理方法相应地采取自我完善和自我更新的活动过程,包括对组织的权力结构、组织规模、沟通渠道、角色设定、组织与其他组织之间的关系,以及对组织成员的观念、态度和行为,成员之间的合作精神等进行有目的的、系统的调整和革新,以适应组织所处的内外环境、技术特征和组织任务等方面的变化,提高组织效能。

组织结构是实现组织战略目标的手段,组织外部环境的变化必然要求组织结构做出适应性的调整。影响组织变革的外部环境主要有:

(1) 科学技术的进步。

(2) 国家有关法律、法规的颁布与修订。

(3) 国家宏观调控手段的改变。

(4) 国家产业政策的调整与产业结构的优化。

(5) 国际、国内经济形势的变化。

(6) 国内政治形势及政治制度的变化。

(7) 国际外交形势与本国外交政策的变化。

(8) 国际、国内市场需求的变化及市场竞争激烈程度的加剧。

上述外部因素的变化都有可能导致组织战略的变化,从而促使组织变革。

此外,组织内部条件的变化有时也会导致组织的变革,主要有:

(1) 管理技术条件的变化。

(2) 管理人员的调整与管理水平的提高。

(3) 组织运行政策与目标的改变。

(4) 组织规模的扩张与业务的迅速发展。

(5) 组织内部运行机制的优化。

(6) 组织成员对工作的期望与个人价值观念的变化。

二、组织变革的步骤

组织变革不可避免要影响部分人员的利益,因此必须要按照一定的步骤有条不紊地进行组织变革。按照组织行为学专家罗希的观点,组织变革的步骤是:首先要营造一个需要变革的氛围,让大家对可能到来的组织变革有个心理准备;接下来要明确变革的必要性,尽可能统一思想;然后要跟相关的人员进行沟通;最后,要追踪变革,有问题要及时调整,使之达到预定的目标。

三、组织变革的阻力

在组织中存在着推动组织变革的动力,这种动力来自于人们对变革的必要性及变革所能带来的好处的认识。但是,也不可避免地存在着障碍组织变革的力量,他们反对变革、阻挠变革甚至对抗变革。这种力量可能来自于个体、群体、组织本身及外部环境。

组织变革常常会遭遇来自各方的阻力,出现抵制现象。比如,生产量、销售量和经济效益持续下降,员工消极怠工、办事拖拉、等待,离职人数增加,人事纠纷增多等。组织变革阻力产生的原因在于,人们害怕变革的风险,认为变革不符合公司的最佳利益或是害怕变革损害自己的利益等。

作为组织变革管理者,应该注意到变革阻力的存在和影响,应尽力减弱和转化这种阻力。个人方面的阻力主要来自以下几个方面:①变革导致个人对未来产生不安全感和恐惧感;②变革威胁到个人既得利益;③变革与个人的习惯、价值观发生冲突;④对变革的目的、意义了解不足;⑤部分员工的保守性格;⑥能力或资源不足;⑦管理理念的差异等。来自组织方面的阻力主要有:①管理层缺乏热情;②缺乏相应的组织结构或管理制度;③不注重文化的重塑等。

针对这些现象和原因,组织变革的管理者应该制定出一些行之有效的应对变革阻力的策略。这些策略包括:①营造改革迫近的气氛;②解释为什么需要变革,让大家认识到变革的必要性;③做好宣传,与员工进行沟通,广泛地听取员工的意见;④关注抵制变革的苗头;⑤鼓励员工积极参与组织变革;⑥不要为了变革而变革,搞形象工程;⑦注重改变员工的态度;⑧变革也要有个"度",避免持续不断的变革;⑨不要轻易批评员工抵制变革,应该理解他们;⑩大力推行与组织变革相适应的人才培训计划,大胆起用具有开拓创新精神的人才;⑪采取优惠政策,妥善安排被精简人员的工作生活和出路;⑫在必要的时候显示变革的果敢决心,并采取强硬措施,让大家意识到走回头路的可能性已不存在。

四、组织变革的内容

组织变革大致涉及 4 个方面的内容:战略和结构方面的变革、技术方面的变革、文化方面的变革、产品及服务变革等。不同的变革内容所采取的变革对策措施是不同的。战略和结构方面的变革主要涉及组织结构和设计变革;技术方面的变革主要涉及技术和运营的变革;文化方面的变革主要涉及人员、态度和行为的变革;产品及服务方面的变革主要涉及业务流程的改变等。

五、组织变革的方式

有时候,虽然已经认识到了组织变革不可避免,不变革就会死路一条。但是,如果变革方式选择不当,反而会加速组织的灭亡。因此,选择合适的组织变革模式就显得尤为重要。这里有两种比较典型的组织变革模式:激进式变革和渐进式变革。激进式变革力求在短时间内,对企业组织进行大刀阔斧的全面调整,以求快速、彻底打破原来的组织模式,建立新的组织模式。渐进式变革则是通过对组织进行小幅度的局部调整,用渐进的方式实现组织模式的转变。

这两种模式各有利弊,在实践中应当灵活利用。在组织内外部环境发生重大变化时,有必要采取激进式组织变革以适应环境的变化。但激进式变革也不宜过于频繁使用,否则会影响组织的稳定性,甚至导致组织的毁灭。因而在两次激进式变革之间,在更长的时间里,组织应当进行渐进式变革。

此外,从变革的程度来看,有量变式和质变式变革方式的选择;从变革的对象来看,有正式关系式、非正式关系式和人员式之分;从变革力量的来源来看,有主动思变式与被动应变式之分;从变革方案的形成过程来看,有强制式、民主式与参与式之分;从变革的起点来看,有至上而下式、自下而上式与上下结合式之分。

思考题

1. 组织结构可以分解哪几种成分?
2. 部门划分的形式有哪几种?
3. 管理的幅度与层次的关系如何?
4. 影响管理幅度的因素有哪些?
5. 组织结构有哪些? 各有什么特点?
6. 考察一家上市公司的组织结构图,指出它用了哪些组织结构方式?
7. 什么是因地制宜的组织设计方法?
8. 权力有哪些来源?
9. 直线职权与参谋职权之间有什么关系?
10. 分权和集权各有什么优缺点?
11. 如何进行授权?
12. 组织变革有哪些原因?
13. 如何克服组织变革的阻力?
14. 组织变革有哪些方法?

第六章　人力资源管理

第一节　人力资源管理的性质和目的

一、人力资源的概念与特征

(一) 人力资源的定义

资源是"资财的来源"(见《辞海》),作为一个经济术语,它泛指社会财富的源泉,是为了创造物质财富而投入于生产活动中的一切要素。资源基本上可以分为两大类:一类是物力资源;另一类是人力资源。

人力资源(Human Resource,简称 HR),是指在一个国家或地区中,处于劳动年龄、未到劳动年龄和超过劳动年龄但具有劳动能力的人口之和。或者表述为:一个国家或地区的总人口中减去丧失劳动能力的人口之后的人口。人力资源也指一定时期内组织中的人所拥有的能够被企业所用,且对价值创造起贡献作用的教育、能力、技能、经验、体力等的总称。所谓人力资源,是指能够推动社会生产力发展,创造社会财富的具有智力劳动和体力劳动能力的人们的总称。

需要理解这几层含义:①人力资源是一种活性资源,需要激励;②人的经验和智慧可以有效整合;③人力资源是组织创造价值的主体;④人力资源在使用过程中价值提升;⑤人才是一种稀缺资源。

(二) 人力资源的构成

人力资源包括数量和质量两个方面。人力资源数量又分为绝对数量和相对数量两种。人力资源的绝对数量的构成,从宏观上看,指的是一个国家或地区中具有劳动能力、从事社会劳动的人口总数,它是一个国家或地区劳动适龄人口减去其中丧失劳动能力的人口,加上劳动适龄人口之外具有劳动能力的人口。它包括以下几个方面:

(1) 处于劳动年龄之内、正在从事社会劳动的人口,它占据人力资源的大部分,可称为"适龄就业人口"。

(2) 尚未达到劳动年龄、已经从事社会劳动的人口,即"未成年就业人口"。

(3) 已经超过劳动年龄、继续从事社会劳动的人口,即"老年就业人口"。

以上 3 个部分构成了就业人口的总体。

（4）处于劳动年龄之内、具有劳动能力并要求参加社会劳动的人口，即"待业人口"，它与前3部分一起构成经济活动人口。

（5）处于劳动年龄之内、正在从事学习的人口，即"就学人口"。

（6）处于劳动年龄之内、正在从事家务劳动的人口。

（7）处于劳动年龄之内、正在军队服役的人口。

（8）处于劳动年龄之内的其他人口。

前4部分是现实的社会劳动力供给，这是直接的、已经开发的人力资源，后4部分并未构成现实的社会劳动力供给，他们是间接的、尚未开发的、处于潜在形态的人力资源。

人力资源相对数量也叫人力资源率，它是指人力资源的绝对量占总人口的比例，它是反映经济实力的更重要的指标。一个国家或地区的人力资源率越高，表明该国家的经济越有某种优势。因为在劳动生产率和就业状况既定的条件下，人力资源率越高，表明可投入生产过程中的劳动数量越多，从而创造的国民收入也就越多。

而人力资源的质量是指人力资源所具有的体质、智力、知识和技能水平，以及劳动者的劳动态度。它一般体现在劳动者的体质水平、文化水平、专业技术水平、劳动的积极性上，往往可以用健康卫生指标、教育状况、劳动者的技术等级状况和劳动态度指标等来衡量。与人力资源数量相比较，其质量方面更为重要。随着社会生产的发展，现代的科学技术对人力资源的质量提出了更高的要求。一般说来，人力资源的质量对数量的替代性较强，而数量对质量的替代作用较差，有时甚至无法替代。

（三）人力资源的特征

人力资源是进行社会生产最基本、最重要的资源，与其他物力资源相比较，人力资源有以下几个特征：

（1）人力资源具有主导性。社会生产需要人力资源和物力资源的结合运用，物力资源需要人力去开发、设计、运用或创造，而人是活的、主动的，因此，与物力资源相比人力资源明显占主导地位。

（2）人力资源具有主动性，这是人力资源与其他资源的最根本的区别。人不仅能适应环境，更重要的是人可以改变环境、创造环境。人力资源具有思想和思维，具有主观能动性，能有目的地、有意识地主动利用其他物力和人力资源进行生产以推动社会经济发展，这也是决定人力资源在经济建设和社会发展中占据主导地位的原因。另外，人力资源还是唯一能起到创造作用的因素。由于人具有创造性思维的潜能，因此在社会生产中人们经常可以提出新方法新途径来解决问题。

人力资源的主动性体现在三个方面：①自我强化。通过接受教育或主动学习，使得自己的素质得到提高;②选择职业。在人力资源市场中具有择业的自主权力,即每个人均可按自己的爱好与特长自由地选择职业;③积极劳动。人在劳动过程中,会产生敬业、爱业精神,能够积极主动地利用自己的知识与能力、思想与思维、意识与品格,有效地利用其他资源进行创造性的工作。

(3) 人力资源具有时效性。从个体来看,每个人的生命是有限的,因此人力资源的形成、开发和利用势必受到生命时间的限制。在每个人的生命周期内,每个时期的体能和智能都不同,其劳动能力也就相应地各不相同,因而人力资源在各个时期的可利用程度也不相同。这也正是随着时间的推移出现人才使用的培训期、试用期、最佳使用期和淘汰期的过程。人力资源的开发与管理也不得不遵循时效性的特征。

(4) 人力资源具有再生性。人力资源在使用过程中也会出现类似物质资源似的有形磨损和无形磨损。有形磨损是指人自身的疲劳和衰老,这是不可避免并难以逆转的损耗;无形磨损是指个人的知识和技能与科学技术发展相比的相对老化。但这种磨损可以通过一定方式与方法减少。人们在从事工作后可以不断学习更新知识,提高技能,并且在这个过程中积累经验,实现自我补偿,自我更新,自我丰富,持续开发。这也是人力资源不同于其他物力资源的重要特征之一,很多物力资源通过提取折旧并最终更新来对付磨损,不存在持续开发问题。而由于人具有主动性和自控性,在注重终生教育、加强后期培训与开发的条件下可以持续开发并且不断提高才能。

(5) 人力资源具有社会性。通常,人类劳动以结合的方式进行,人具有社会属性,个人创造力受社会环境、文化氛围的影响和制约。每个民族(团体)都有其自身的文化特征,这种文化特征又在一定程度上规定了一个民族(团体)的共同价值取向,并且这种文化特征又是通过人这个载体而表现出来的。由于每个人受自身民族文化和社会环境影响的不同,其个人的价值观也不同。在生产活动以及各种交往活动中,个人的行为可能与民族(团体)文化所倡导的行为准则发生矛盾,可能与他人的行为准则构成冲突,因此现代人力资源管理十分重视团体建设,注重人与人之间、人与群体之间、人与社会之间的关系及利益的协调与整合,倡导团队精神和民族精神。这些都是人力资源的社会性所要求的。

二、人力资源管理的意义

管理工作之所以具有立体的和动态的操作程式,就因为这其中存在着活生生的人的因素。人力资源是有思想、有情感、有欲望的,并且有与其思想、情感和欲望倾向相对应的行为方式。员工是否听从指挥,服从领导,工作态度是否积极,工作效率是否高,这一切在很大程度上取决于这个单位或部门的人力资源管理方法。

因此人力资源管理是实现组织目标的一种重要手段。在管理领域里，人力资源管理是以人的价值观为中心，为处理人与工作、人与人、人与组织的互动关系而采取一系列的管理活动。人力资源管理的结果，就组织而言，是组织的生产率提高和组织竞争力的增加；就员工而言，是工作生活质量的提高与工作满意感的增加。生产率反映了组织的产出量与投入的人力、财力、物力的关系；工作生活质量反映了员工在工作中所产生的生理和心理健康的感觉。

在组织中，人力资源管理需要处理的管理范畴，可以分为如下 4 个部分：

（1）人与事的匹配。要做到事得其才，人尽其用，有效合理使用。

（2）人的需求与工作报酬的匹配。使得酬适其需，人尽其力。

（3）人与人的协调合作。使得互补凝聚，共赴事功，强调团队精神。

（4）工作与工作的协调合作。使得权责有序，灵活高效，发挥整体优势。

三、人力资源管理的定义

人力资源管理，是指为有效地实现组织目标，利用现在现代技术手段和管理理论，以人的价值观为中心，在处理人与工作、人与人以及人与组织的互动关系上所采取的一系列管理活动。通常，一个组织的人力资源管理包括人力资源的计划、获取与配置、员工发展、员工维持与权益保障等内容，这些内容包含在获取、开发、激励、整合以及控制调整 5 项人力资源管理的职能要素中。

人力资源管理可根据管理范围的不同，分为宏观人力资源管理和微观人力资源管理。宏观人力资源管理是指政府对社会人力资源的管理过程；而我们通常所说的人力资源管理即指微观人力资源管理，也就是指企、事业单位内部对人的管理。

企业的人力资源管理，首先要制定企业的人力资源管理战略和人力资源计划，然后在人力资源管理计划的指导下，进行工作分析，制定工作描述和工作说明书；根据工作分析，招聘并且配置员工，利用人力资源的过程中，企业必须注意规划员工的职业生涯发展，并且把员工的职业生涯发展与组织的发展相匹配，形成互为动力的综合发展途径；在企业与员工互相匹配发展过程中，要不断地相互沟通，解决冲突，消除两者共同发展的障碍，保证过程的顺利进行；当企业的人力资源管理工作进行到一定的阶段，就必须对多层次员工的工作绩效进行评估考核，纠正他们工作中的错误，肯定他们工作中的成绩，并就员工下一阶段的工作达成上下级的共识，以便员工形成下一轮的工作计划；在绩效评估以后，要对员工进行激励，包括薪酬方面的激励、福利方面的激励和精神等其他方面的激励。对绩效评估中表现出来的优秀员工，尤其要加大激励的力度。对于绩效评估中表现出来的具有缺陷但企业今后发展需要的员工，要重新进行培训，帮助其提高技能水平，使其在今后的企业经营活动中能适应企业发展需要。最后,根据人力资源系统的整个运作情况,企业要修正或者重新制订自身的人力资源发展战略和人力资源计划,为下一阶段的人力资源管理活动奠定基础,形成良性循环机制。

四、人力资源管理的地位

在企业经营活动中,人力资源管理的地位多年来历经变化,并且呈提高的趋势。在 20 世纪 40 年代,负责管理员工工作的,本身也就是一般的员工,其管理的功能仅仅是一些最普通最一般的档案记录,例如人员进出、工资发放情况等。严格说来,在 20 世纪 40 年代,还谈不上对人的管理,充其量不过是对人的有关情况的记载。

20 世纪 50 年代,较普遍地出现了从制度上对员工的管理,也就是企业制定了各种各样的让员工遵守的制度,并由工头监督员工执行。这时工头自然成了员工的管理者,员工只是在工头的控制监督下被动地按制度干活而已。

20 世纪 60 年代,开始有了较现代意义的人事管理,包括员工档案管理、员工工资管理、员工制度管理、员工招聘与辞退管理等一系列的管理内容。而管理者也升格为最初的普通管理者,比如人事科长、人事专员等。

20 世纪 70 年代,企业开始注重人的因素,意识到必须注意协调员工关系,避免内部冲突,加强企业内的人际沟通。因此,协调员工关系就成了人事管理中十分重要的一个方面了。这时候,担任企业人事管理工作的,已经是企业的中层经理,即企业人事部门的经理了。1970 年代后,人力资源在组织中所起的作用越来越大,传统的人事管理已明显不适用,它从管理的观念、模式、内容、方法等等全方位地向人力资源管理转变。

到了 20 世纪 80 年代,人力资源管理问世,西方人本主义管理的理念与模式逐步突显。从人事管理到人力资源管理,并不是名词上的变换,而是在员工管理上具有实质性意义的改变。人力资源管理不仅形成了包括招聘、工作分析、人力资源计划,一直到绩效评估、员工激励、员工培训等多个环节在内的一个较系统的人力资源管理系统,更为重要的是,在对人的认识上,第一次变被动为主动。

在 20 世纪 80 年代之后的人力资源管理中,员工成了企业宝贵的人力资源,这种宝贵的资源具有巨大的潜力。合理运用这一资源,对企业来说具有特别重要的意义。员工主动性与积极性的发挥,又与企业的文化、企业的目标和企业最高层的理念等因素密切相关。因此,在这一时期,企业中管理人力资源的已经是企业的高级管理者,如人力资源总监等。由高层管理者担任人力资源管理者的目的,就是为了从企业领导层起,重视人力资源管理,开发企业的人力资源。

到了 20 世纪 90 年代,许多企业已经意识到,人力资源管理不仅对企业的经营与发展起到重要的作用,而且还起着决定企业命运的战略性作用。

我们将传统的人事管理与人力资源管理及其战略作用作一对比,如表 6-1
所示。

表 6-1　传统人事管理与人力资源管理对比

对比项目	传统的人事管理	现代人力资源管理
对员工的态度	1. 员工是被动的 2. 员工仅仅是企业的生产要素 3. 企业管理员工	1. 员工是主动的 2. 员工是企业发展的宝贵资源 3. 企业与员工互相匹配,共同发展
管理目标	服务于员工,支持员工、提高员工的工作效率和对企业的忠诚度	提高员工的总体素质,培养员工中的核心人才,直接形成企业的核心竞争力,提高企业的总体优势
管理战略	1. 将企业文化灌输于员工头脑 2. 使员工理解并较好执行企业任务、方针与政策	1. 企业文化与企业战略融入员工的自觉行为 2. 让员工帮助企业实现经营战略

可见,现代人力资源管理已将传统人事管理的职能予以提高扩大,从行政的事务性的员工控制工作转为一个科学的开发、规划、利用与管理的系统,使其具有重要的战略性、整体性和未来性。对一个组织而言,随着组织的管理模式的不断变化,人力资源管理将更加重要。

五、人力资源管理的特点

自从现代人力资源管理被看作为一种单纯的业务管理、技术性管理活动的框架中脱离出来之后,其特点也更为鲜明:

第一,人力资源管理具有战略性。当今的企业等组织,人力资源部门的主管出现在组织的高层领导中,甚至出任组织的最高领导。人力资源部门直接参与组织战略决策,并且在决策与各项重要管理事务中发言分量越来越重,与其他部门平起平坐,协调一致,以共同实现组织的目标;委派负责企业人力资源管理的经理级别越来越高,对他们能力的要求也越来越严,他们的待遇也日益提高,薪酬日渐丰厚;人力资源部门更注重员工在未来为实现组织的长远目标能够做出的贡献,因而对员工更加注意其能力的培养和职业生涯的规划,相应地在经理与主管的培训教育中,人力资源课程日益受到重视。

第二,人力资源管理具有主动性。现在,组织对人力资源的培训与继续教育越来越重视,其投资在不断增大,如许多世界著名企业均投资成立了自己的培训教育学院;培训和教育的内容更加广泛,从一般管理的基本理论与方法到人力资源开发与管理的基本理论与方法,从一般文化知识到新知识新技术,从企业文化到个人发展规划,无所不包,无所不及;组织中参加培训和教育的人员越来越多,从高层管理人员到基层员工,从新员工到即将退休的员工,每一个层次与年龄段的员工均参加培训与教育;人力资源的开发的方式也有较大改变,工作内容的丰富化、岗位轮换、更多机会的提供、员工职业生涯的规划等均成为新型的人力资源开发方法。传统的院校培养企业使用或企业自己培养自己使用的方式,也转为更注重理论联系实际的院校与企业联合培养的方式。另外,组织更注重对员工的有效使用。

第三,人力资源管理具有效益性。人力资源管理的任务就是用最少的人力投入来实现组织目标,即通过职务分析和人力资源规划,确定组织所需最少的人力数量和最低的人员标准;通过招聘与录用规则,控制招募成本,为组织创造效益。人力资源的整合与调控的目的在于,增加员工的满意感,提高其劳动积极性,发挥人力资源的整体优势,为组织创造效益。现代组织是一个开放的社会系统,是一个与社会环境相互作用与影响的投入—产出系统,因此,我们既要注意人力资源的自然属性,注重员工能力的识别、发掘、提高与发挥,更要注重人力资源的社会属性,注重员工的社会心理,注重组织与社会的协调发展,注重员工与组织的协调与发展;既着眼于生产力与效益的提高,又着眼于员工满意感与工作生活质量的提高。这样人力资源的报偿功能就会为组织带来效益。激励是人力资源管理的核心工作,目的在于激发员工的工作动机。合理的奖酬与福利作为激励最直接的手段,可调动员工的工作积极性,充分发挥员工的作用,为组织效力;合理的报酬与福利也可为组织节约成本,因为合理的报酬与福利由两个方面因素决定:一是报酬与福利应能起到奖勤罚懒的作用,二是应能反映出本地区同行业相应的报酬与福利水平。过高的报酬与福利水平则会增加组织的成本,过低的报酬与福利则会挫伤员工的积极性,容易造成员工的"跳槽"离职现象,这反而会增加组织的成本。

第四,人力资源管理具有人文性。现代人力资源管理视员工为"社会人",它不同于早期人事管理视员工为"经济人"。如今的人本化管理认为,组织的首要目标是满足员工自我发展的需要。在这种管理模式下,人力资源部门在对员工管理时,更多地实行"人格化"管理,注重员工的工作满意感和工作生活质量的提高,尽可能减少对员工的控制与约束,更多地为员工提供帮助与咨询,帮助个人在组织中成长与发展,如为员工提供培训机会,为员工提供发展机会,帮助员工进行职业生涯规划与设计,为员工提供工作与生活咨询等。

六、人力资源管理的管理职能

一个组织的人力资源管理主要有以下几种基本的职能:

(一) 获取

它主要包括人力资源规划、招聘与录用。为了实现组织的战略目标,人力资源管理部门要根据组织结构确定职务说明书与员工素质要求,制定与组织目标相适应的人力资源需求与供给计划,并根据人力资源的供需计划而进行招募、考核、选拔、录用与配置等工作。显然,只有先获取了所需的人力资源,才能对之进行管理。

（二）整合

这是使员工之间和睦相处、协调共事、取得群体认同的过程,是员工与组织之间个人认知与组织理念、个人行为与组织规范的同化过程,是人际协调职能与组织同化职能。现代人力资源管理强调个人在组织中的发展,个人的发展势必会引发个人与个人、个人与组织之间的冲突,产生一系列问题。其重要内容有:①组织同化,即个人价值观趋同于组织理念、个人行为服从与组织规范,使员工与组织认同并产生归属感;②群体中人际关系的和谐,组织中人与组织的沟通;③矛盾冲突的调节与化解。

（三）奖酬

它是指为员工对组织所作出的贡献而给予奖酬的过程,是人力资源管理的奖励与凝聚职能,也是人力资源管理的核心。其主要内容为:根据对员工工作绩效进行考评的结果,公平地向员工提供合理的、与他们各自的贡献相称的工资、奖励和福利等。设置这项基本功能的根本目的在于:增强员工的满意感,提高其劳动积极性和劳动生产率,增加组织的绩效。

（四）调控

这是对员工实施合理、公平的动态管理的过程,是人力资源管理中的控制与调整职能。它包括:①科学、合理的员工绩效考评与素质评估;②以考评结果为主要依据,对员工使用动态管理,如晋升、调动、奖惩、离退、解雇等。

（五）开发

这是人力资源开发与管理的一项重要职能。广义上的人力资源开发包括人力资源数量与质量的开发。人力资源的数量开发,从宏观上看主要方法有人口政策的调整、人口的迁移等;而对于组织而言,其人力资源数量的开发方法有招聘、内部升迁等。而人力资源质量的开发则更为重要,这也是我们通常所重视的人力资源开发。它是指对组织内员工素质与技能的培养与提高,以及使他们的潜能得以充分发挥,最大地实现其个人价值。它主要包括组织与个人开发计划的制定、组织与个人对培训和继续教育的投入、培训与继续教育的实施、员工职业生涯开发及员工的有效使用。往常我们在开展人力资源开发工作时,只注重员工的培训与继续教育,而忽略了员工的有效使用。事实上,对员工的有效使用是一种投资最少、见效最快的人力资源开发方法,因为它只需将员工的工作积极性和潜能充分发挥出来即可转换为劳动生产率。当员工得到有效使用时,对员工而言,其满意感增强,劳动积极性提高;对组织而言,则表现为员工得到合理配置、组织高效运作、劳动生产率提高。

　　以上 5 种基本职能是相辅相成、彼此互动的。它们中有功能性管理作业与支援性管理作业两类作业。功能性管理作业是指直接用以完成人力资源管理任务的作业,而支援性管理作业则是指支持和保证功能性管理作业顺利进行的作业。

七、人力资源的影响因素

(一) 外部因素

　　影响人力资源的因素主要有教育、社会文化、政治和法律、经济等方面。随着教育的发展,劳动者的文化程度和技能都得到了提升,人类资源的质量也会得到提高。社会文化影响着人们的观念、态度,以及生育率等问题,对人力资源的数量和质量都有影响。退休年龄的规定、养老金制度、对使用童工的限制、员工保护等问题,与政治和法律制度有关。最后,一个国家和地区的经济发展水平的不同,劳动力的观念和意识、对劳动力的供求等都有显著不同。

(二) 内部因素

　　从一个组织的内部来看,也有一些影响人力资源的因素,如内部提升的制度规定、公开竞争的机制等。在招聘方面(特别是在某些管理职位的招聘方面),有些组织比较注重内部提升,以使内部员工看到提升的希望,增强员工对组织的忠诚度。而有些组织比较注重从外部招聘,以引入新的理念。在招聘或职务晋升方面,在具体操作上,有些组织主要有上级管理人员考察和提拔,而有些组织则采用公开竞争的手段。

第二节　　人力资源规划

一、人力资源规划概述

(一) 人力资源规划的含义

　　人力资源规划是指根据组织的战略目标,科学地预测组织在未来环境变化中人力资源的供给与需求状况,制定必要的人力资源获取、利用、保持和开发策略,以确保组织对人力资源在数量和质量上的需求,使组织和个人获得长远利益。

　　由此我们可以看出:

　　(1) 人力资源规划是以组织的战略目标为依据的,当组织的战略目标发生变化时,人力资源规划也应随之发生变化。因此,组织的战略目标是组织人力资源规划的基础。

　　(2) 组织外部环境中政治的、经济的、法律的、技术的、文化的等一系列因素处于不断的变化之中,这就使得组织的战略目标也处于不断的变化与调整之中。组织战略目标的变化则必将引起组织内外人力资源供需的变化,人力资源规划就是要对人力资源供需状况进行分析预测,以确保组织在近期、中期和长期的对人力资源的需求。

(3) 一个组织应制定必要的人力资源政策措施,以确保组织对人力资源需求的如期实现。政策要正确而明晰,如对涉及内部人员调动补缺、晋升或降职、外部招聘、开发培训,以及奖惩等要有切实可行的措施保证,否则就无法确保组织人力资源规划的实现。

(4) 人力资源规划要使组织和个体都得到长期的利益。这是指组织的人力资源规划还要创造良好的条件,充分发挥组织中每个人的主观能动性,以使每个人提高自己的工作效率,提高组织的效率,使组织的目标得以实现。与此同时,也要切实关心组织中每个人在物质、精神和业务发展等方面的需求,并帮助他们在实现组织目标的同时实现个人的目标。这两者必须兼顾,否则就无法吸引、招聘到组织所需的人才,也难以留住组织内已有的人才。

(二) 人力资源规划的作用

人力资源规划有助于企业保持人力资源供给与需求的动态平衡,保持人力资源在企业内部的合理配置,使企业在市场竞争中拥有人力资源优势,增强竞争实力。科学的人力资源规划还能使企业有助于完善劳动成本行为,有效控制劳动力成本,确保企业的长期发展,并且促使企业将自身的发展和需要与员工的发展和需要互相匹配,提高员工的满意度和对企业的归属感,从而提高员工的劳动积极性。另外,人力资源规划也可以优化企业内部的人力资源组合结构,做到适人适位,让员工较大限度地发挥自己的才能和作用,提高员工的工作效率。归纳来看,人力资源规划的作用主要有以下两个方面:一是对组织方面的贡献;二是对组织内人力资源开发与管理自身的贡献。

1. 人力资源规划对组织的贡献

(1) 人力资源规划是根据组织的战略目标而制定的,它实际上是组织的战略目标在资源配置与保障上——人力资源供需(包括数量与质量)方面的分解,是为了确保组织目标的实现而制定的一种辅助性规划,它与组织的其他方面的规划(如企业组织中的营销计划、生产计划、财务计划等等)共同构成组织目标的支撑体系。

(2) 由于组织所处的内外环境是不断变化的,组织的战略目标也需要不断地进行调整,组织对资源的需求(包括人力资源需求)也应随之而变化,而这种需求的变化必然会导致人力资源供需之间的失衡。因此人力资源规划的另一作用就是要根据组织目标的变化和组织的人力资源现状,分析预测人力资源的供需状况,采取必要的措施,平衡人力资源的供给与需求,确保组织目标的实现。

（3）由于人力资源规划不断随环境的变化而变化，使得组织的战略目标更加完善，使得组织对于环境的适应能力更强，组织因而更富有竞争力。

2. 人力资源规划对人力资源开发与管理的贡献

人力资源规划是人力资源开发与管理的业务基础。人力资源规划的一项基本任务是对组织的现有能力进行分析，对员工预期达到的能力与要求进行评估与分析。人力资源规划的各项业务计划将为工作分析提供依据。

组织根据工作分析的结果与对员工现有的工作能力的分析，决定人员的配置的数量与质量，并对人力资源的需求作出必要的修正，然后组织根据人力资源的供需计划和人员配置的结果（即剩余人员或短缺人员的数量）来决定招聘与解雇员工的数量，因此人力资源供需计划是员工配置的基础。

人力资源规划对员工的培训也有很大的影响。人力资源需求计划对人员的数量与质量提出了要求，组织上可根据目前的人力资源供给状况来决定对员工培训的范围（参加人数）与内容，决定培训的投资额度，达到以最小的人力资源成本获得最大的效益的目的。与此同时，对员工的培训使得员工的素质与能力得到提高，这又会对人力资源的供给产生影响。人力资源规划与员工培训是相互作用的。

员工则可通过组织的人力资源规划看到组织未来对各个层次上的人力资源需求，可参照组织人力资源的供给情况来设计自身的发展道路，这对提高员工的劳动积极性均是非常有益的。

（三）人力资源规划的基本内容

人力资源规划包括两个层面，既总体规划（或总规划）与各项业务计划，如表6-2所示：

表6-2　人力资源规划及其各项业务计划

计划类别	目　标	政　策
总规划	总目标：绩效、人力资源总量、素质、员工满意度	基本政策：如扩大、收缩改革、稳定
人员补充计划	类型、数量对人力资源结构及绩效的改善等	人员标准、人员来源、起点待遇等
人员使用计划	部门编制、人力资源结构优化、绩效改善、职务轮换	任职条件、职务轮换、范围及时间
人员接替与提升计划	后备人员数量保持、改善人员结构、提高绩效目标	选拔标准、资格、试用期、提升比例、未提升人员安置
教育培训计划	素质与绩效改善、培训类型与数量、提供新人员、转变员工劳动态度	培训时间的保证、培训效果的保证
评估与激励计划	离职率降低、士气提高、绩效改善	激励重点：工资政策、奖励政策、反馈

（续表）

计划类别	目　标	政　策
劳动关系计划	减少非期望离职、雇佣关系改善、减少员工投诉与不满	参与管理、加强沟通
退休解聘计划	编制、劳务成本降低、生产率提高	退休政策、解聘程序等

可见人力资源总体规划是有关计划期内人力资源开发利用的总目标、总政策、实施步骤及总预算的安排。人力资源规划所属业务计划包括人员补充计划、人员使用计划、提升/降职计划、教育培训计划、薪资计划、退休计划、劳动关系计划等等，这些业务计划是总体规划的展开和具体化。

人力资源规划根据其应用用途及时间跨度，可分为战略性的长期规划（5 年或 5 年以上）、策略性的中期规划（2～5 年）和作业性的短期计划（1～2 年），它们与组织的其他规划相互协调联系，既受制于其他规划，又服务于其他规划。

在战略规划层次方面，人力资源规划涉及组织外部因素分析、预计未来组织总需求中对人力资源的需求、估计远期的组织内部人力资源数量、调整人力资源规划，重点在于分析问题。在经营计划（战术上的策略规划）的层次上，人力资源规划涉及对人力资源需求与供给量的预测，并根据人力资源的方针政策，制订具体的行动方案。作业计划则涉及一系列的具体操作实务，要求任务具体明确，措施落实。

二、人力资源规划的步骤

（一）人力资源规划的 4 个阶段

人力资源规划的主要过程可分为如下 4 个阶段（步骤）：

1. 调查分析准备阶段

此阶段主要是调查研究以取得人力资源规划所需的信息资料，并为后续阶段做实务方法和工具的准备。调查不仅要了解现状，更要认清战略目标方向和内外环境的变化趋势，不仅要了解表现情况，更要认清潜力与问题。对于外在人力资源供需的调查分析，如劳动力市场的结构，市场供给与需求的现状，教育培训政策与教育工作，劳动力择业心理与整个外在劳动力市场的有关因素与影响因素均需作深入的调查研究分析。这一部分一般包括现有员工的一般情况（如年龄、性别等）、知识与经验、能力与潜力、兴趣与爱好、目标与需求、绩效与成果；人力资源流动情况；人力资源结构与现行的人力资源政策等。

这一部分信息是人力资源规划的基础，许多组织的人力资源开发与管理部门往往将它纳入一个系统化的人力资源信息系统中，以便随时更新修正，并向各项业务计划提供使用。

　　需要指出的是,在这个阶段,特别需要注意对组织内人力资源流动的调查分析,因为人力资源流动直接影响到人力资源的供需的现状与预测结果。人力资源流动分为组织内流动与组织外流动。组织内人力资源流动主要是指组织内员工的晋升、降职、职位变更,而组织内外流动有两个方面,即流出组织(离职)与流入组织(外部招聘)。流出主要是指员工辞职、退休、病故、工伤、辞退等,流入则是指从外部劳动力市场吸收人力资源。由于员工离职具有较大不确定性,使得离职信息难以准确把握,给人力资源供需预测带来不确定性。

　　2. 预测阶段

　　此阶段是人力资源规划中较具技术性的关键部分。在搜集了相关的人力资源信息的基础上,采用主观经验判断和各种统计方法及预测模型对未来人力资源供求状况进行预测。人事政策对组织的管理风格与传统往往会发生重大影响,在预测过程中要结合所实施或假定的人事政策。预测工作可借助于计算机技术的帮助,以便比较分析不同的人事政策的影响结果。预测的目的是要得出计划期各类人力资源的余缺情况,既得到"净需求"的数据。

　　3. 制定规划阶段

　　在此阶段,组织要制定人力资源开发与管理的总规划,并根据总规划制定各项具体的业务计划以及相应的人事政策,以便各部门贯彻执行。通常各项业务计划是相互关联的,因此在规划时要全面考虑,不能分散地作个别单一的计划。这一阶段也是人力资源规划中比较具体细致的工作阶段。

　　4. 规划实施、评估与反馈阶段

　　此阶段是人力资源规划的最后一个阶段。组织将人力资源的总规划与各项业务计划付诸实施,并根据实施的结果进行人力资源规划的评估,并及时将评估的结果反馈,以进一步修正人力资源规划。

　　人力资源规划是一个长久持续的动态工作过程,它具有滚动的性质。由于组织内外诸多不确定因素的存在,造成组织战略目标的不断变化,同时也使得人力资源规划不断改变,因此人力资源规划应当滚动地实施,不断修正短期规划方案。

　　通常,我们往往只注重人力资源规划的制定与实施过程,而忽视人力资源规划的评估工作。规划成功与否来自对它的评价,如果不对规划进行评估,则不可能知道规划的正确与否,不可能知道其缺陷所在,也就不可能有效地指导组织的人力资源开发与管理,规划也就失去了自身的意义。另外,评估的结果应及时反馈,及时修正规划。

　　在对人力资源规划进行评估时,一定要客观公正和准确。另外要注意的是,评估时一定要征求部门经理和基层领导人的意见,因为他们是人力资源规划的直接受益者,只有多数人赞同的规划才是好的规划。

（二）人力资源规划的六个步骤

人力资源规划通常还可以划分为以下六个步骤：

1. 制定组织的总体发展战略

制定组织人力资源规划的基础，是组织的总体发展战略。组织的发展重点、企业的技术设备特点、产品销售情况、经营规模和扩展方向等，都会对人力资源提出各项不同的要求。人力资源规划则必须满足组织的上述要求。

制定组织的人力资源规划，还面临着一定的外部条件，即组织的外部经营环境或市场环境。劳动力市场供求状况、劳动者的文化素质，有关的法律法规政策以及本地区平均工资水平、人们的择业偏好等，都会对人力资源规划的制定形成制约。因此，对这些外部条件必须有明确的认识和科学的分析，并将它们作为制定人力资源规划的必要依据。

2. 分析组织现有的人力资源状况

对照组织发展的要求，对现有人力资源的数量、质量、配置结构等进行人力资源盘点。在盘点的基础上，一方面充分挖掘现有的人力资源的潜力，首先考虑通过人力资源的培训、内部流动等来满足组织的人力资源需求。另一方面，找出现有人力资源与组织发展要求的差距。

3. 对组织的人力资源供求状况进行预测

弄清组织对各类人力资源的确切的需求状况，以及可以满足上述需求的内部和外部的人力资源供给状况，并进行分析。

4. 制定人力资源规划

根据以上 3 个步骤，制定人力资源规划，包括总体规划和各项职能规划，并确定规划的时间跨度。同时注意规划各个部分，以及不同职能规划之间的衔接和平衡。

5. 人力资源规划的执行、监督和控制

设置人力资源规划执行过程中的监督和控制机制，以保证人力资源规划的实施。

6. 人力资源规划的评估和调整

设置人力资源规划的评估和调整系统。当人力资源规划执行完毕时，及时评估有关规划的效果，找出规划的不当之处并予以调整，保证人力资源规划的科学性和有效性。

三、人力资源预测和平衡

（一）人力资源需求预测方法

组织人力资源预测的重点是人力资源需求的预测。人力资源需求预测受到许多因素的影响,它与组织的整体战略目标、组织的组织结构和职位设置、管理体制和机制等密切相关。根据组织的具体情况,可以采用主观判断法或定量分析预测法来进行人力资源需求预测。

1. 主观判断法

主观判断法是一种较为简单、也是较为常用的方法。通常,这种方法是由具有丰富实践经验的专家或管理人员根据经验进行判断预测,其精度取决于预测者的个人经验和判断力。由于预测者主要是这一领域的专家,所以也称为"专家征询法"或"天才预测法"。以往因为环境变动不大,当组织规模较小时利用这一方法往往可获得比较满意的结果。在缺少足够的信息资料时,它不失为一种简单、快速的预测方法。但在现代多变的社会中,组织的内外环境日益复杂,经营管理方式与科学技术日新月异,单凭个人经验难以得出令人满意的结果。所以组织采用主观判断法进行预测时往往邀请众多的专家共同作为预测者,以综合多人的智慧、经验和信息,得到更加令人满意的结果。常用的主观判断法主要有德尔菲法、名义小组讨论法、管理部门预测法、综合分析法等。

2. 定量分析预测法

定量分析预测法是利用数学和统计学的方法进行分析预测,常用、较为简便的方法有、工作负荷法、趋势预测法、数学模型法等。

(二)人力资源计划的平衡

1. 人力资源供求关系的平衡

对人力资源需求预测的结果,常反映出需求与供给两者之间的不平衡。这里有两个方面的不平衡:一是总量上的人力资源过剩或短缺,即总量上的人力资源供求失衡;二是某些类别的人力资源过剩,而另一类别的人力资源又短缺,即结构上的人力资源供求失衡。制定人力资源计划,就是要对上述人力资源的不平衡作出调节,使之趋于平衡。

对于总量上的人力资源短缺,可以通过人才引进、招聘等外部补充办法,以满足人力资源的需求;对于总量上的人力资源过剩,即组织存在冗员时,组织应首先考虑通过自身的发展,例如通过扩大经营规模、开发新产品、实行多种经营等,来吸收过多的人力资源供给。同时,组织还可采取一些专门措施,如提前退休、工时压缩、冗员辞退等方式来减少人力资源的供给。

对于结构性的人力资源供求失衡,主要是通过人力资源计划基础上的一系列人事活动来平衡。首先是组织内部的人员晋升和调任,以补充那些空缺的职位,满足这部分人力资源的需求;其次,对供过于求的人力资源,有针对性地进行专门培训,提高他们的知识技能,让他们转变为组织需要的人才,补充到有需求的岗位上去;第三,也可以通过人力资源的外部流动,补充组织的急需人力资源,释放一部分冗员。

2. 人力资源总体计划和人力资源各项子计划之间的平衡

人力资源总体计划是人力资源管理活动的基础,而人力资源总体计划又通过人力资源的开发、招聘、使用、激励、培训以及绩效评估等各项子计划得到实施。因此,应当平衡好人力资源总体计划与人力资源各项子计划之间的关系。例如,人力资源补充计划与培训计划之间、人力资源发展计划与评估激励计划以及培训计划之间,都需要衔接和协调。当组织需要补充某一类员工时,如果信息能及早到达培训部门并列入培训计划,这类员工就不必从组织外部补充。当组织需要提高员工的整体素质,实施人力资源发展计划时,既要通过评估和激励来调动员工的积极性,又要给员工提供培训的机会,使他们提高知识技能水平。

（三）人力资源计划的监控和评估

人力资源计划的监控和评估,是对人力资源计划实施的过程进行监督和控制,并对人力资源计划实施记过进行评价的过程。

对人力资源计划进行监控和评估,一是为了保证人力资源计划得到有效的实施,对过程中产生的偏差或问题及时进行纠正;二是为了检测人力资源计划制定得是否科学可行,以便完善人力资源计划本身。

人力资源计划执行过程的监控和评估方法,一般采取目标评定法,即对人力资源计划的执行,确定明确的预期目标,再对这些目标的实现程度定出可计量的标准。在监控和评估时,以原定的目标为根据,一一对应,逐项予以评价,最后对评价结果进行分析,确定人力资源计划执行中所产生的偏差的程度、原因,并提出调整的初步方案。

第三节　人员配置的基本原理

一、工作分析

（一）工作分析的含义和内容

1. 工作分析的含义

工作分析是对组织中某个特定工作职务的目的、任务或职责、权力、隶属关系、工作条件、任职资格等相关信息进行收集与分析,以便对该职务的工作作出明确的规定,并确定完成该工作的所需要的行为、条件、人员的过程。工作分析的结果是形成工作描述与任职说明。工作分析是人力资源开发与管理中必不可少的环节,它与人力资源的确保、开发、报酬、整合及调控等工作有密切的关系。

2. 工作分析的目的

工作分析的内容取决于工作分析的目的与用途。例如,有的组织的工作分析是为了对现有的工作内容与要求更加合理化,以便制定切实可行的奖惩制度,调动员工的积极性;而有的是对新工作的工作规范作出规定;还有的是为了改善工作环境,提高安全性。工作分析的目的不同,组织所要进行的工作分析的内容和侧重点就不一样。另外,由于组织性质的不同或者组织内的各个工作不同,各个工作的要求与组织提供的工作条件也不同。但是,一般来说,工作分析包括两个方面的内容:①形成工作描述书,即确定某个工作的具体特征;②形成工作说明书,即找出某个工作对任职人员的各种要求。

3. 工作描述书

工作描述书具体说明了某一工作的物质和环境等特点,主要包括以下几个方面:工作名称的描述、工作内容的描述、工作条件的描述、工作社会环境的描述、聘用条件的描述等。

工作名称的描述主要说明某项工作的专门名称或代号,目的是便于对各种工作进行识别、登记、分类以及确定组织内外的各种工作关系。工作名称应当简明扼要,力求做到能标识工作的责任、在组织中所属的地位或部门,如一级生产统计员、财务公司总经理就是比较好的工作名称,而统计员、部门经理则不够明确。如果需要,工作名称还可以有别名或工作代号。

工作内容的描述主要是对所要完成的工作任务、工作责任、使用的原材料和机器设备、工作流程、与其他人的正式工作关系、接受监督以及进行监督的性质和内容等方面进行的描述。它是工作描述的主体部分,必须详细描述,列出所需的内容。

工作条件的描述主要包括对工作地点的温度、湿度、光线、噪音、安全条件、室内或室外等工作条件和物理环境等方面的描述。

工作社会环境的描述是指对工作的社会环境的描述。工作的社会环境又被称为工作的人际因素,包括工作群体中的人数、完成工作所要求的人际交往的数量和程度、各部门之间的关系、工作点内外的文化设施、社会风俗的影响程度等。

聘用条件的描述主要描述工作人员在正式组织中的有关工作安置等。它包括对工作时数、工资结构、支付工资的方法以及福利待遇等方面的描述。

4. 工作说明书

工作说明书主要说明的是从事某项工作的人员必须具备的生理要求、心理要求以及资历要求,主要包括以下几个方面:第一,一般要求。指从事该项工作所需的一般要求,包括年龄、性别、学历、专业证书、工作经验等。第二,生理要求。指从事该项工作所需的生理方面的要求,包括健康状况、力量与体力、运动的灵活性、感官的灵敏度等。第三,心理要求。指从事该项工作所需的心理方面的要求,包括观察能力、集中能力、记忆能力、理解能力、学习能力、解决问题能力、创造性、数学计算能力、语言表达能力、决策能力、交际能力、性格、气质、兴趣、爱好、态度、事业心、合作性、领导能力等。

（二）工作分析的作用

1. 工作分析是人力资源规划的基础

组织内的任何的工作职务都是根据组织的需要来设置的,每项工作的责任的大小、任务的轻重、时间的约束、工作条件的限制等因素决定了所需的人力资源。工作分析就是要根据组织的需要,并将影响工作的因素逐一列举分析,首先决定组织中需要设置哪些工作,如原有的工作哪些需要保留,哪些需要去除,需要新设置哪些工作等;其次,再决定每项工作所需的人力。通过对部门内各项工作的分析,得到各部门的人员编制,继而得到组织的人力资源的需求计划。另外,通过工作分析还可以将相近的工作归类,合理安排,裁减员工,统一平衡供求关系,从而提高人力资源规划的质量。

2. 工作分析有助于选拔和任用合格人员

通过工作分析能够明确地规定各项工作的近期和远期目标,规定各项工作的要求、责任,掌握工作任务的静态的动态的特点,提出任职人员的心理、生理、技能、知识和品格等要求,并在此基础上确定任用标准。有了明确而有效的标准,就可以选拔和任用符合工作需要和工作要求的合格人员。只有工作要求明确,才可能保证工作安排的准确,做到不多设一个岗,不多用一个人,每个岗位人尽其需。

3. 工作分析有助于设计积极的员工开发计划

通过工作分析明确了从事某项工作所应具备的技能、知识和其他各种素质条件。这些要求和条件并非人人都已经满足和达到,需要对员工进行不断地培训和开发。因此可以按照工作分析的结果,设计和制定培训方案,根据实际工作需要和参加人员的不同情况有区别、有针对性地安排培训内容和方法,促进工作技能的发展,提高工作效率。另外,通过工作分析可以使每个员工明确其工作责任与要求,并根据自身的素质与能力,为实现工作目标而努力,即做到人尽其用。

4. 工作分析可以为绩效评估提供标准和依据

工作分析由于明确了工作规范与要求,明确了任职要求,因而使得员工的绩效评估有了客观的依据。如果缺乏这个客观依据,则将影响到绩效评估的科学性,将影响到员工工作的积极性,使工作与生产蒙受损失。

5. 工作分析有助于实现公平报酬

通过工作分析,由于明确了工作的责任,因而该工作在组织中的重要程度也得以明确,即工作的相对价值得到明确,以此为根据制定的薪资水平容易实现组织内及组织间报酬的相对公平。

6. 工作分析有助于人力资源开发与管理之整合功能的实现

首先,工作分析有利于员工的组织同化。由于工作分析对工作有了明确的规范,使得员工的个人价值观服从于组织理念,个人行为服从于组织的规范;其次,通过工作分析,可以发现和改进组织在分工协作、责任分配、工作环境等方面的缺陷,以达到加强沟通的目的;第三,通过工作分析可以使组织避免触犯劳动人事方面的有关法规,避免个人与组织在劳资问题上发生冲突。

7. 工作分析是实现人力资源调控的基本保障

通过工作分析得出的工作说明书对任职资格与要求作出了明确的说明,使得组织对员工的晋升、调配、解雇也有了客观的标准。组织可以根据这些客观的标准与员工的个人能力、素质与绩效进行对比分析,作出晋升、调配、解雇等决策。

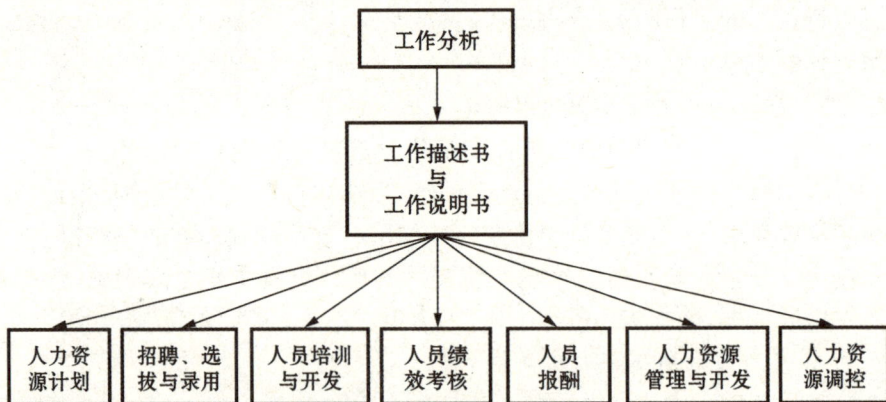

图 6-1 工作分析的作用

二、工作分析的步骤

(一) 工作分析的步骤

工作分析是对某个工作的一个全面评价过程,这个过程可以分为四个阶段:准备阶段、调查阶段、分析阶段和完成阶段。这四个阶段关系十分密切,它们相互联系、相互联系、相互影响。

1. 准备阶段

准备阶段是工作分析的第一个阶段,主要任务是了解情况,确定样本,建立关系,组成工作小组。具体的工作如下:①组成有工作分析专家、岗位在职人员、上级主管参加的工作小组;②确定调查和分析对象的样本,特别要考虑样本的代表性;③利用现有文件与资料(如岗位责任制、工作日记等)对工作的主要任务、主要责任、工作流程进行分析总结;④把各项工作分解成若干工作元素和环节,确定工作的基本难度;⑤提出原来的工作说明书主要条款存在的不清晰、模棱两可的问题,或对新岗位工作说明书提出拟解决主要问题。

2. 调查阶段

调查阶段的主要任务是对整个工作过程、工作环境、工作内容和工作人员等方面作一个全面的调查,具体工作有:①编制各种调查问卷和调查提纲;②到工作地点进行现场考察,观察工作流程,记录关键事件,调查工作必需的工具与设备,考察工作的物理环境与社会环境;③对主管人员、在职人员广泛进行问卷调查,并与主管人员、"典型"员工进行面谈,收集有关工作的特征以及需要的各种信息,征求改进意见,注意做好面谈记录,注意面谈的方式方法;④若有必要,工作分析人员可以直接参与要调查的工作,或通过实验的方法分析各因素对工作的影响。

3. 分析阶段

分析阶段的主要任务是对有关工作特征和工作人员特征的调查结果进行深入全面的总结分析。具体工作如下:①仔细审核、整理获得的各种信息;②创造性地分析、发现有关工作和工作人员的关键成分;③归纳、总结出工作分析的必需材料和要素。

4. 完成阶段

这是工作分析的最后阶段。前三个阶段的工作都是以达到此阶段作为工作目标,此阶段的任务就是根据工作分析规范和信息编制"工作描述书"和"工作说明书"。具体工作如下:①根据工作分析规范和经过分析处理的信息草拟"工作描述书"和"工作说明书";②将草拟的"工作描述书"和"工作说明书"与实际工作对比;③根据对比的结果决定是否需要进行再次调查研究;④修正"工作描述书"和"工作说明书";⑤若需要,可重复②~④的工作;⑥形成最终的"工作描述书"和"工作说明书";⑦将"工作描述书"和"工作说明书"应用于实际工作中,并注意收集应用的反馈信息,不断完善"工作描述书"和"工作说明书";⑧对工作分析工作本身进行总结评估,将"工作描述书"和"工作说明书"归档保存,为今后的工作分析工作提供经验与信息基础。

(二) 信息收集

常用的工作分析信息收集方法有如下几种:

1. 利用已有的资料

从降低工作分析成本的角度出发,在收集信息的时候,首先应当尽量利用现有的资料,如岗位责任制、作业统计以及人事档案等。

岗位责任制是许多企业尤其是大中型企业十分重视的一项制度,有的企业搞得比较完善,对于工作分析很有参考价值。作业统计是对每个员工出勤、产量、质量、消耗的统计,这为了解员工的工作内容、负荷以及建立工作标准提供了重要依据。在收集工作分析信息时,应对这些记录认真考虑,仔细分析。人事档案是每个组织都具备的,从中可以反映出任职者的基本资料,比如性别、年龄、受教育程度以及受培训的经历等。

这些企业现有的材料,收集起来比较方便,有利于降低工作分析的成本。但是在实际应用的时候,要确认其与实际情况之间是否存在差异。例如有的企业对岗位责任制的执行并不严格,工作的实际履行情况与责任制规定的相差甚远,或者是对作业统计的记录并不真实,可能存在水分。因此,有必要运用其他的方法作进一步的调查。

2. 问卷调查

通过精心编制工作分析问卷,并要求被试者填写,从而获取有关的工作分析的信息。问卷法主要可以分为两种:一般工作分析问卷法和指定工作分析问卷法。

一般工作分析问卷法适合于各种工作,问卷内容具有普遍性。指定工作分析问卷法适合于某一种指定的工作,问卷内容具有特殊性,一张问卷只适合于一种工作。

问卷法的优点主要是:①收集工作分析信息速度快,被试者可以在工作之余填写调查表,避免耽误生产时间;②调查面较其他方法广,在工作者很多的情况下,分析者可以对所有工作者进行调查;③用问卷法调查所得的结果可以数量化,并由计算机处理,因此,可以进行多种方式、多种用途的分析。

但是,问卷法同样也存在一些不足之处。例如,设计调查表耗时多,费用也高;如果分析者对问卷中容易引起歧义的部分不亲自解释说明,可能会导致分析者和被试者产生不一致的理解,影响调查结果的真实性。这种方法在获得被调查对象的积极配合方面也存在欠缺。

3. 观察法

这种方法是指工作分析者仅仅观察工作者的工作,记录工作各部分的内容、原理和方法,而不干扰被观察者的工作。

使用观察法收集工作分析信息时,除了必须有一份详细的观察提纲以外,还应掌握如下操作原则:①被观察的工作应相对稳定,也就是说在一段时间内,工作内容、工作程序对工作人员的要求不会发生明显的变化;②本方法适用于大量的、标准化的、周期短的以体力活动为主的工作;③在选择被观察的工作行为样本时,要注意样本的代表性;④观察人员尽可能不要引起被观察者的注意,至少不应干扰被观察者的工作;⑤观察法不适用于以智力活动为主的工作。

观察法的优点是:通过对工作的直接观察,能使研究者更多、更深刻地了解工作要求。观察法的缺点主要表现在:如果所研究的主要是脑力工作,那么观察法只能获得很少有用的资料;那些紧急又偶然的工作,也是不宜用观察法来收集信息的。

4. 采访法

采访法又称为面谈法,是指工作分析者请工作者讲述他们自己所做的工作内容,为什么做和怎样做,以此来获得所需的信息。

工作分析者与工作者面对面地谈话,主要围绕以下内容:①工作目标——组织为什么设立这一工作,根据什么确定对此职的报酬;②工作内容——工作者在组织中有多大作用,其行动对组织产生的后果有多大;③工作的性质和范围——这是采访的核心,工作分析者主要了解该职务在组织中的关系,其上、下属的职能关系,所需的一般技术知识、管理知识、人际关系知识、需要解决问题的性质及自主权。

采访法还可以被用来核实调查问卷的内容,讨论填写不清之处;了解工作人员的相互评价;详细讨论问卷中建议部分的内容,使之更加具体;调查企业内岗位责任制的执行情况及修改原因,了解组织中各级人事考核方法等。

采访法的优点主要有:一是既可以获得标准化工作的信息,也可以获得非标准化工作的信息;二是既可以获得体力工作的信息,也可以获得脑力工作的信息;三是由于工作者本身也是自己行为的观察者,因此,他可以提供外人不易观察到的情况。但是,这种方法也同样存在不足之处:一方面,工作分析者要接受专门的有关面谈技巧方面的训练,这种方法耗时也很多,因此成本较高;另一方面,由于工作者的不肯合作和工作分析者问一些含糊不清的问题,往往导致收集到的信息失真。

5. 工作实践法

工作实践法就是指工作分析者通过直接参与某项工作,从而深入细致地体验、了解分析工作的特点和要求。

工作实践法的优点是:当一些有经验的员工,由于不善于表达,或并不了解自己完成任务的方式等原因,无法提供有效的工作分析信息时,工作分析者的亲自参与可以获得第一手的工作分析信息。工作实践法的缺点也很明显,比如对于一些危险的工作,就不适合用这种方法来收集信息;另外,对于现代企业中许多高度专业化的工作,工作分析者往往由于不具备从事某项工作的知识和技巧,因此无法参与实践。

6. 典型事例法

典型事例法是指对实际工作中特别有效或无效的工作者行为的简短描述。当大量的这类小事例收集起来以后,按照他们所描述的工作领域进行归纳分类,最后就会对实际工作的要求有一个非常清楚的了解。

典型事例法的优点是:能直接描述人们在工作中的具体活动,因此,可以揭示工作的动态性。由于所研究的行为可以观察和衡量,所以,这种方法获得的资料适用于大多数工作分析。典型事例法的缺点在于:收集、归纳事例并且进行分类要耗费大量的时间。另外,事例所描述的是特别有效或无效的行为,很难对一般的工作行为形成总的概念。而后者才是工作分析的主要目的。

可见,收集工作分析信息的方法很多。需要注意的是,没有一种方法是万能的,只有根据实际情况,将各种方法结合起来使用,才能对工作及其对工作者在体力、脑力、社会和环境等方面的要求有一个全面了解。

第四节　员工招聘

一、招聘的作用和步骤

(一)招聘的作用

员工招聘是人力资源开发与管理中一个非常重要的环节,它是指组织为了发展的需要,根据人力资源规划和工作分析的数量与质量要求,从组织外部吸收人力资源的过程,它是人力资源规划的具体实施。

员工招聘对组织来说意义重大,如同生产高质量的产品必须有高质量的原材料一样,组织的生存与发展也必须有高质量的人力资源。如何获得人力资源对组织而言就显得尤为重要。①员工招聘就是为了确保组织发展所必需的高质量人力资源而进行的一项重要工作,这是员工招聘的意义之一;②当组织内部的人力资源不能满足组织发展和变化的要求时,组织就需要根据人力资源规划和工作分析的数量与质量要求,从外部吸收人力资源,为组织输入新生力量,弥补组织内人力资源供给不足;③对高层管理者和技术人员的招聘,可以为组织注入新的管理思想,可能给组织带来技术上的重大革新,为组织增添新的活力;④成功的员工招聘,可以使组织更多地了解员工到本组织工作的动机与目标,组织可从诸多候选人中选出个人发展目标与组织目标趋于一致的、并愿意与组织共同发展的员工,这样组织可更多地保留人力资源,减少员工离职,减少因员工离职而带来的损失。此外,成功的招聘也可使组织外的劳动力能更多地了解组织,他们根据自己的能力、兴趣与发展目标来决定自己是否参加组织,与组织共同发展。这对发挥员工的潜能是十分重要的;⑤员工招聘使得组织的知名度得到扩大。大量的招聘广告,使外界能更多地了解本组织;⑥有利于劳动力的合理流动。目前员工离职现象越来越普遍,因而使得员工招聘工作更加日常化和重要化了。

(二)招聘的步骤

员工招聘大致分为招募、选拔、录用、评估四个阶段。在招聘过程中,传统的人事管理与现代人力资源开发与管理的工作职责分工是不同的。在过去,员工招聘的决策与实施完全由人事部门负责,用人部门的职责仅仅是负责接受人事部门招聘的人员及其安排,完全处于被动的地位。而现代组织中,起决定性作用的是用人部门,它直接参与整个招聘过程,并在其中拥有计划、初选与面试、录用、人员安置与绩效评估等决策权,完全处于主动的地位。人力资源部门只在招聘过程中起组织和服务的功能。

具体来说,员工招聘的工作一般分为以下几个步骤:

第一,由各部门提出所缺岗位的人员信息,包括人数、层次、岗位要求等,并正式向人力资源部门提出招聘员工的申请。人力资源部门则会同有关部门,根据组织的人力资源规划,共同识别并认定这些岗位是否确实需要招聘员工。有些缺员并不一定需要通过对外招聘途径来解决的,人力资源部门可以与各用人部门沟通,通过员工调剂、加班、雇临时工等方法予以解决。对于确实需要招聘的缺员岗位予以初步认定。

第二,人力资源部门根据工作分析的内容,进一步确定需要招聘的人员的任职资格和素质要求,确定招聘工作的内容。

第三,人力资源部门会同用人部门,将招聘员工的申请与意向申报上一级主管批准。例如,由分管人力资源部门的副总经理的批准。有些重要职位的招聘,还需经总经理或董事会的批准。

第四,在上一级主管批准招聘员工后,人力资源部门要拟定具体的员工招聘计划。

第五,进行招聘的准备工作,确定员工招聘的途径、时间、方法和预算等。

第六,根据应聘申请表,进行初步的筛选,对选中者进行面试或各类的书面或心理等测试。

第七,全面筛选,即根据对应聘者的面试或测试情况,全面展开筛选工作,确定入围名单。如有必要,可对某些应聘者进行复试。

第八,确定招聘录用人员,通知被录用者,并与之签订工作合同。

第九,员工招聘工作结束,对整个员工招聘过程作出评估,包括方法、内容、实际录用人员素质、招聘成本等。

二、招募的来源与方法

招募方法是指为了吸引招募对象所使用的方法。由于招聘岗位的不同、人力需求数量与人员要求的不同、新员工到位时间和招聘费用的限制,决定了招募对象的来源与范围,决定了招聘信息发布方式、时间与范围,因而也决定了招募的方法。人力资源部门在招聘过程中必须因地制宜地选择招募方法。根据招募对象的来源我们可将招募分为内部招募与外部招募,它们各自采用的方法也不同。

（一）内部招募

内部招募注重组织内部人力资源的开发利用,注重从组织内部发现、挖掘人才,而外部招募则往往把重点放在从组织外部寻找人才。当组织中出现职位空缺,人力资源管理部门将采取积极的态度首先从组织内部中寻找、挑选合适的人员填补空缺。

内部招募有以下优点:一是为组织内部员工提供了发展的机会,增加了组织对内部员工的信任感,这有利于激励内部员工,有利于员工职业生涯发展,有利于稳定员工队伍,调动员工的积极性;二是可为组织节约大量的费用,如广告费用、招聘人员与应聘人员的差旅费、被录用人员的生活安置培训费等;三是简化了招聘程序,为组织节约了时间,省去了许多不必要的培训项目,减少了组织因职位空缺而造成的间接损失;四是由于对内部员工有较为充分的了解,使得被选择的人员更加可靠,提高了招聘质量;五是对那些刚进入组织时被迫从事自己所不感兴趣的工作的员工来说,提供了较好的机遇,使他们有可能选择所感兴趣的工作。

内部招募对象的主要来源有:①提升。从内部提拔一些合适人员来填补职位空缺是常用的方法,它可使组织迅速从员工中提拔合适的人选到空缺的职位上。内部提升给员工提供了机会,使员工感到在组织中是有发展机会的,个人职业生涯发展是有前途的,这对于鼓舞士气、稳定员工队伍是非常有利的。同时由于被提升的人员对组织较为了解,他们对新的工作环境能很快适应。这也是一种节省时间和费用的重要方法。但是这种方法由于人员选择范围小,可能选不到最合适的人员到岗位上,另外可造成"结成朋党"的弊病。一般地,当组织的关键职位和高级职位出现空缺时,往往采用内外同时招募的方式;②工作调换。工作调换也称"平调"。它是指职务级别不发生变化,而工作的岗位发生变化,它是内部人员的另一种来源。工作调换可提供员工从事组织内多种相关工作的机会,为员工今后提升到更高一层职位做好准备;③工作轮换。工作调换一般用于中层管理人员,且在时间上往往可能是较长的,甚至是永久的,而工作轮换则是用于一般员工,它既可以使有潜力的员工在各方面积累经验,为晋升作准备,又可减少员工因长期从事某项工作而带来的缺乏新鲜感;④内部人员重新聘用。一些组织由于一段时期经营效果不好,会暂时让一些员工下岗待业,待组织情况好转时,再重新聘用这些员工。就我国目前情况来看,这不失为一个经济有效的方法。对下岗员工而言,他们经历过下岗后,会更加珍惜组织给予他们的机会,工作积极性会更高。据有关方面调查,80%的下岗员工表示若原单位情况好转,则愿意回到原来单位工作。这一方面表现出员工的劳动愿望,另一方面也表现出组织对它们的吸引和他们对组织的热爱。对组织而言,由于员工对组织的熟悉与了解,对工作岗位能很快适应,为组织省去了大量的培训费用,同时组织由能以最小的代价获得有效的激励,并使组织更具有凝聚力和亲和力,是组织与个人共同发展。

内部招募的方法主要有:①布告法。布告法的目的在于使组织中的全体员工都了解到哪些职务空缺,需要补充人员,使员工感觉到在本组织中只要自己有能力,可以通过努力得到发展机遇。这有利于提高员工的士气,培养积极进取精神,创造先进的竞争机制和良好的竞争氛围。布告法是在确定了空缺职位的性质、职责及其所要求的条件等情况后,将这些信息以布告的形式,公布在组织中一切可利用的海报栏、内部刊物上,尽可能使全体员工都能获得信息,号召有才能、有信心的员工毛遂自荐,脱颖而出。对此职务有志趣者即可到主管部门和人力资源部门申请。主管部门和人事部门经过公正、公开的考核择优录用;②推荐法。推荐法可用于内部招聘,也可用于外部招聘,它是由本组织员工根据组织的需要,推荐其熟悉的合适人员供用人部门和人力资源部门进行选择和考核。由于推荐人对用人部门与被推荐者均比较了解,使得被推荐者更容易获得组织与职位的信息,便于其决策,也使组织更容易了解被推荐者,因而这种方法较为有效,成功的概率也较大。但是,要注意这种方法容易使组织内出现关系团体,要在推荐与选择中根据为组织着想的原则考虑录用;③档案法。人力资源部门都有员工档案,从中可以了解到员工在教育、培训、经历、技能和绩效等方面的信息,帮助用人部门与人力资源部门寻找合适的人员补充职位。员工档案对员工晋升、培训、发展起着重要的作用,因此员工档案应力求准确、完备、客观和真实,对员工在职位、技能、教育、绩效等方面信息的变化应及时作好记录,为人员选择与配备做好准备。

(二) 外部招募

内部招募虽然有很多优点,但它明显的缺点是人员选择的范围比较小,往往不足以满足组织的需要,尤其是组织处于创业时期或高速发展时期,或是需要特殊人才时期,仅有内部招募是不够的,必须借助于组织外的劳动力市场,采用外部招募的方式来获得所需的人员。

外部招募的来源与方法主要有刊登广告、学校招聘、职业中介机构、网络招聘与求职、特色招募等。

招募广告是外部招募最常用的方法,它通过媒体向社会传播招募信息。其特点是信息传播范围广、速度快、应聘人员数量大、层次丰富,组织的选择余地大。招募广告应力求能吸引更多的人,并做到内容准确、详细、聘用条件清楚。好的招募广告通过对组织的介绍,还能起到扩大组织影响的作用,让更多的人了解组织,起到一举两得的作用。招募广告应包括以下内容:组织的基本情况;政府劳动部门的审批情况;招聘的职位、数量与基本条件;招聘的范围;薪资与待遇;报名的时间、地点、方式及所需的资料;其他有关注意事项等。

学校是人力资源尤其是高级人力资源的重要来源,每年学校有几百万的毕业生走出校门,进入社会。一些组织为了不断地从学校获得所需人才,在学校设立奖学金、与学校横向联合、资助优秀或贫困学生等,借此吸引学生毕业后去该组织工作;有的组织还为学生提供实习机会和暑期雇用机会,以期日后确定长久的雇佣关系,并达到使用观察的目的,而对学生则提供了积累工作经验、评估在该组织中工作与发展的价值的机会;还有的组织在学校中建立"毕业生数据库",对毕业生逐个进行筛选。对学校毕业生最常用的招募方法是一年一度或两次的人才双向选择会,供需双方直接见面,双向选择。除此之外,有的组织则自己在学校召开宣讲会、招聘会,在学校中散发招聘广告等,还有的则通过定向培养、委托培养等方式直接从学校获得所需要的人才(特别是高层次人才)。

随着人才流动的日益普遍,大量的人才交流中心、职业介绍所、劳动力就业服务中心等就业媒体和职业中介机构应运而生了。这些机构承担着双重角色:既为组织择人,也为求职者择业。借助于这些机构,组织与求职者均可获得大量的信息,同时也可传播各自的信息。这些机构通过定期或不定期地举行人才交流会,供需双方面对面地进行商谈,增进了彼此的了解,并缩短了招聘与应聘的时间。实践证明,这是一条行之有效的招聘与就业途径。

猎头公司是近年来为适应组织对高层次人才的需求与高级人才的求职需求而发展起来的。猎头公司往往对组织及其人力资源需求有较详细的了解,对求职者的信息掌握较为全面,猎头公司在供需匹配上较为谨慎,其成功率比较高。但其收费也非常高,一般收费标准为员工录用后的1~3个月的薪水。

近年来随着计算机通讯技术的发展和劳动力市场发展的需要,网络招聘与求职变得越来越普遍。由于这种方法信息传播范围广、速度快、成本低、供需双方选择余地大,且不受时间、地域的限制,因而被广泛采用。招聘单位、求职者、就业媒体均通过信息网络来达到目的。

有的组织利用电话热线、接待日等特色招募形式能吸引更多的人来应聘,通过电话,招募对象可非常迅速、方便地了解到组织及职位的信息;在接待日,通过对公司的访问、与部门领导与人力资源部门管理人员的交谈,可深层次地了解组织与个人,便于组织与个人作出决策。

在招募过程中,有一个值得注意的问题是:用人单位要真实向求职者介绍自己的组织,这被称为"工作真实情况介绍"。工作真实情况介绍要求招聘人员除了要介绍本组织有利的一面外,还要介绍不利的一面,如工作环境问题、交通问题等,这个在现实生活中做得还不充分。组织应向求职者提供真实的组织状况和信息。若不向求职者提供不利的信息,则易使求职者产生过高的期望。研究表明,求职者在录用前若对工作的期望高于实际情况时,会使他们在进入组织后产生失望的情绪,引起不满,使得新进入的人员的保持率降低;但对于接收工作真实情况介绍的求知者来说,进入组织后,其工作的满意度较高,不易引起离职。

工作真实情况介绍可采用多种方法,如实地参观考察甚至实习、录像、资料介绍、面谈等。它在下列情况下非常有效:实际录用率较低;最底层的职位招聘,因为来自组织外部的应聘者比组织内部的应聘者更易产生不切实际的期望;失业较低,因为求职者有更大的选择余地。

三、招聘测试

(一) 面试

面试是通过让应聘者当面回答问题的方式,来了解应聘者的知识和业务水平,了解应聘者的心理素质与多方面能力的一种方法。这种方法目前已被企业广泛地应用于人员招聘中。

面试可以直观地了解应聘者的一些情况,可以了解应聘者的知识面、技能等,还可以观察、判断应聘者的潜力等。但如果面试者的经验不足,所掌握的信息不充分,面试的结果可能会有很大的偏差。况且在短时间内准确地了解和把握一个人,难度很大。因此面试工作的成功与否,取决于面试者的经验和面试的准备工作这两个关键的因素。

面试的准备工作不仅仅是由面试者来做,还应有人力资源部门与用人部门的共同参与策划。面试的准备工作包括以下几个方面:

(1) 确认工作描述书与工作说明书的内容,澄清不明确的地方。

(2) 确定面谈的目的、时间和地点。

(3) 认真阅读应聘者的所有背景材料。

(4) 列出面谈中所需了解的问题和所需确定的事项。

(5) 设计问题的提问方法并考虑面谈中可能遇到的问题。

(6) 准备需要提供给应聘者的资料。

(7) 制定面试所需要的各种东西。

用人部门在做好面试问题的准备后,还要考虑面试的方式。面试的类型并不是固定不变的。一般来说,面试的类型有以下几种分类:

1. 结构性面试与非结构性面试

结构性面试是根据规定好的问题及其格式进行提问并且作出规范的记录;非结构性面试则相反,没有规定的问题和格式,可以由面试者根据情况临场发问,随时改变意见。前者根据事先设计好的程序进行,可以较好地避免面试者的主观偏见和面试过程中的偏差。缺点是不够灵活,不能充分调整提问,以了解应聘者某些方面的信息;后者的长处在于其灵活性,可以掌握更多的信息。但问题是没有统一的标准,对不同的应聘者不够公平,而且容易融入面试者的主观因素。因此,在面试中,组织往往根据不同的情况对面试类型作出选择。对于工作程序较强的岗位,用结构性面试法;对较重要的职位或灵活的职位,则采用非结构性面试。

2. 单独面试与集体面试

单独面试是指与应聘者一对一的面试方法,集体面试则是由一个面试班子对应聘者进行"会审"。显然,集体面试的时间和人员投入都多于单独面试;但对应聘者的观察角度更全面,提问更充分,判断也较公正。

3. 答辩会

由应聘者个人回答众多面试者事先设计好的问题。一般由应聘者主讲一些与申请职位相关的专业问题或其他指定的问题,然后由面试者发问,应聘者当众回答。这种方法可以观察到应聘者的专业知识与技能、工作能力和心理素质等。但涉及人员较多,招聘成本较高,通常用于某些特别应聘者或高级职位的应聘者。

员工招聘中除了面试以外,根据应聘职位和对应聘者技能等不同要求,还应采取其他一些对应聘者进行的测试的方法,比如心理测试、知识技能测试、情景模拟等。

(二) 心理测试

心理测试时用心理学的方法来衡量应聘者的智力水平和个性差异的一种方法。心理测试可以帮助企业了解应聘者的潜在智力和适合配制的岗位。

1. 智力测试

智力通常指人类学习和适应环境的能力。这种能力又包括了观察能力、记忆能力、思维能力和想象能力等。智力的高低在某种意义上代表了人的能力的高低,而人的能力的高低又意味着他们能够担任的职位的高低。智力的高低通常以智商(IQ)来表示,平常人的智商为 90%~109%,优秀者的智商在 120%~139%,非常优秀的智商在 140% 以上。如果智商在 69% 以下,则表明智力有缺陷。在招聘工作中运用智力测试,测出应聘者的智商水平,就可以为企业适人适位地招聘、配置员工打下科学的基础。

2. 个性测试

个性包括气质、性格、兴趣爱好等个性特征,也包括生活态度、信念、价值观等个性的倾向性。通过个性测试,了解应聘者的上述某些方面的个性,企业可以了解应聘者是否适合从事某种职业或某种职务,有助于企业对应聘者的筛选。

3. 特殊能力测试

这种测试只有在招聘某些特殊岗位时才用得到。例如招聘特种保安人员,就需要感觉敏锐、身体强壮又经受过特殊训练的人员。特殊能力的测试一般需要借助于某些心理测试仪器才能完成。

对应聘者进行心理测试可以较迅速、公平而科学地了解应聘者的心理素质和内在潜力。但是,心理测试也有缺陷,如心理测试的手段或量表会制约测试的结果;某些测试的结果容易被曲解以及测试结果过于片面强调心理素质等。因此,心理测试最好与其他测试方法配合起来加以运用。

（三）知识技能测试

知识技能测试的目的是要了解应聘者是否具备了应聘岗位所需要的相应的知识与技能。知识技能测试可以是用试卷进行的纸笔应答考试。通常知识技能考试包括综合知识测试、专业知识测试和辅助技能测试3种类型。

综合知识测试主要用来了解应聘者的知识面,内容包括各种常识和基础知识;专业知识测试主要用于了解应聘者是否具备应聘岗位所要求的有关专业知识,如会计、法律专业知识等。专业知识可以是技术专业知识,也可以是管理专业知识,或者两者兼而有之;辅助技能测试主要用来了解应聘者对各种工具的掌握程度,如外语、计算机等。

知识技能测试成本较低,操作简单。但是这种测试受制于出题和评分的情况。同时许多知识技能测试有标准答案,不利于灵活掌握应聘者的总体情况。因此,知识技能测试也不宜作为唯一的测试方法来运用。

（四）情景模拟

情景模拟就是让应聘者模拟承担所要应聘的职位,在模拟的工作情景中处理与该职位相关的各种问题。情景模拟的主要内容有:

1. 模拟公文处理

这种方法就是让应聘者在规定的时间内处理一定量的相关公文,如公司文件、备忘录、上级指示、下级请示报告、电话记录等,以观察应聘者的知识、能力、经验和风格等。

2. 角色扮演

这种方法是让应聘者扮演其应聘的角色,处理该岗位的一些日常工作和常见问题。测试者可以故意设置一些"特别事件"让应聘者临场发挥加以解决,以观察应聘者的个性特点、应变能力和心理素质。

3. 谈话

这种方法是让应聘者模拟所应聘的角色与相关人员进行谈话,如接电话或打电话、接待来访者、拜访有关人士等。在谈话中,观察应聘者的人际交往能力、语言表达能力和处理问题的能力等。这种谈话可以引申为谈判,让应聘者作为谈判的一方,测试者作为谈判的另一方,就模拟的一个谈判项目进行谈判。

除了上述3种情景模拟的内容之外,还有无领导小组讨论和即席发言等,其中都是通过讨论一个专门的提问,在发言中观察应聘者的各方面能力。

运用情景模拟的方法对应聘者进行测试,具有较高的信度和效度,可以比较真实、全面地了解应聘者的整体素质。但是情景模拟测试需要大量的时间和精力去做准备工作,费用也比较高,尤其重要的是模拟的情景中的任务或者项目要科学合理,观察评判者要有较高水准和独到见解。对应聘者进行测试,应当做好记录,并最终形成文件。

四、人员录用

(一)人员录用过程

人员录用过程主要包括试用合同的签订,员工的初始安排、试用、正式录用。通常,员工在进入组织前,要与组织签订试用合同。员工试用合同是对员工与组织双方的约束与保障。试用合同应包括以下主要内容:试用的职位、试用的期限、员工在试用期的报酬与福利、员工在试用期应接受的培训、员工在试用期的工作绩效目标与应承担的义务和责任、员工在试用期应享受的权利、员工转正的条件、试用期组织解聘员工的条件与承担的义务和责任、员工辞职的条件与义务、员工试用期被延长的条件等。当双方签订试用合同后,员工进入组织工作,组织要为其安排合适的职位。一般来说,员工的职位均是按照招聘的要求和应聘者的应聘意愿来安排的,人员安排即人员试用的开始。试用是对员工的能力与潜力、个人品质与心理素质的进一步考核以及对员工行事方法与习惯的观察。

(二)人员录用的原则

人员录用主要应遵循以下一些原则,才能实现用人之所长,有效地利用人力资源。

1. 公平录用,知人善用

公平录用,强调组织尤其是人力资源部门负责人用人要出于"公心",以组织为重,事业为重,做到任人唯贤。

在人员的安排使用过程中,有两种心态误差易影响任人唯贤的实施。一是亲近效应。与管理者、领导接触频繁或有过故交的人,易使管理者对他产生亲近感,因而会在工作上给予更多的关照、信任、器重,特别是在其刚进入组织时就给予特殊的照顾。这种效应,使某些管理者凭感情深浅为褒贬,看关系亲疏定升降,对亲属、好友、同学等给予过多的恩惠,也即"任人唯亲"。有些人利用这一点,在刚进入组织后,不是把精力放在工作上,而是利用一切机会通过各种手段来讨好、巴结、收买领导,以达到不可告人的目的。二是"月光效应"。它是指管理者只看重某人的社会关系或背景,而不察其绩效、能力与水平。某人看似月球,虽自身不会发光,但借助于太阳的光芒亦能闪光耀眼。这些人虽然平庸,奈何靠山坚实,故而身价倍增。重用此人可一时讨得领导的欢心,但却容易失去员工的信心。

知人善用,要求管理者对所任用的员工了如指掌,并能及时发现人才,合理使用,使每个人都能充分施展自己的才能。

2. 因事择人,知事识人

因事择人,要求组织招聘员工应是根据工作的需要来进行,即因岗招人,应严格按照人力资源规划的供需来吸纳每一名员工,人员配备切莫出自于部门领导或人力资源部门领导的个人需求或长官意志,也不能借工作需要来达到个人的某种目的。

官场上有一个著名的帕金森定律很能说明人员配备上的误区。帕金森的例子是这样的:假设有个当官的甲,他觉得自己劳累过度了。当然,这也许真的是他的工作任务太重,也可能仅仅是他自己的主观感受。倘若甲的感觉确是来自他的体力不支,他可以在以下3种措施中选择一种:方法一:他辞职;方法二:要求同级别的同事乙来分担;方法三:要求增加助手丙和丁。按人们的习惯,甲必定会选择方法三。因为,如果他辞职,则他个人会失去应有的养老金等利益;而如果他请来与自己同等级别的乙,等到日后他的顶头上司退了休,岂不是在自己晋升的道路上树立了竞争对手? 因此,甲宁可选择级别比自己低的丙和丁来归他领导,何况丙和丁的到来等于提高了他的地位。他可以把工作分为两份,分别交给丙和丁负责,自己则掌握全面。那么他能不能只选取丙或丁来分担他的工作呢? 那是不行的。因为如果只选丙或丁,那么此人几乎充当了原本就不想要的乙的角色,此人将成为唯一可以顶替自己的人。所以要找助手就必须找两个或两个以上,这样他们可以相互制约、牵制对方的提升。有朝一日,当丙也抱怨工作疲劳过度时(毫无疑问,甲君必然会想到),甲就会与他商量,再给他配上两名助手戊和己。鉴于丁与丙的地位相当,为了避免矛盾,甲给丁也配上另两名助手庚和辛。于是在补充了四名助手之后,甲君的晋升就十拿九稳了。如今,甲君过去一个人的工作由七个人在做。"金字塔在上升"——这就是帕金森定律的结论。

知事识人,要求部门领导对每一个工作岗位的责任、义务和要求非常明确,应当学会鉴别人才,掌握基本的人才测试、鉴别、选拔的方法,不但要使自己成为一个好领导,也应当成为一个"伯乐",应懂得什么样的岗位安排什么样的人员。

3. 用人不疑,疑人不用

这个原则要求管理者对员工要给予充分的信任与尊重。如果对部下怀有疑虑,不如干脆不用。事实上,试用人员与正式员工在使用上并无本质的差异,关键是管理者能不能给他们以充分的信任与权力,大胆放手让他们在自己的岗位上发挥自己的才能。新加坡某酒店对授权赋能的运用发挥到了极致。公司规定,从清洁工到经理一共650名员工都有可以不经上级批准而采取行动,去抚慰不满意的顾客。公司人力资源总裁说:"如果上级不点头,员工连最小的决定都做不了,那就是不信任他们。"1996年1月酒店开张之际,每位员工都发一张"信条卡",上面列有 20 条提供高水准服务所必须遵守的基本事宜。其中最显眼的是"改善一切可能留住顾客"。人力资源总裁进一步解释说:"哪怕这意味着请顾客回来吃顿饭或为顾客买一套新西装都行。"

4. 严爱相济,指导帮助

员工在试用期间,管理者必须为其制定工作标准与绩效目标,对其进行必要的考核,考核可从几个方面进行:能力及能力的提高、工作绩效、行为模式及行为模式的改进等;对试用的员工在生活上应当给予更多的关怀,尽可能地帮助员工解决后顾之忧,在工作上要指导帮助员工取得进步,用情感吸引他们留在组织中;同时,从法律上保证员工享受应有的权利。这些对员工是否愿意积极努力地、长期稳定地为组织工作是非常有利的。

(三) 正式录用

员工的正式录用即人们通常所称的"转正",是指试用期满,且试用合格的员工正式成为该组织的成员的过程。员工能否被正式录用关键在于试用部门对其的考核结果如何。组织对试用员工应坚持公平、择优的原则进行录用。

正式录用过程中用人部门与人力资源部门应完成以下主要工作:员工试用期的考核鉴定;根据考核情况进行正式录用决策;与员工签订正式的雇用合同;给员工提供相应的待遇;制定员工进一步发展计划;为员工提供必要的帮助与咨询等。

第五节　绩效考评与生涯管理

一、绩效考评

(一) 绩效考评的含义

绩效考评是人力资源管理中的一项主要工作。绩效考评,就是要对照工作目标或者绩效标准,采用科学的方法,评定员工的工作目标完成的情况、员工的工作职责履行程度、员工的发展情况等,并将上述考评结果反馈给员工的过程。绩效考评也叫人员考评,有能力考评和贡献考评两个主要方面。考评的最终的目的就是分析评价每个岗位对人员各方面的要求、具体测评每位待选人员的素质与能力特点,使人岗匹配,实际考核每位在岗人员在一定时期内的工作成果与绩效,优化人力资源的使用配置和开发管理。

(二) 绩效考评的意义

绩效考评尽管从现象来看是对员工工作绩效的考核,但它却是组织进行管理、决策和控制不可缺少的机制。绩效考评的意义可以从组织的角度和员工的角度分别加以分析。

（1）绩效考评是提高组织管理效率及改进工作的重要手段。组织的管理者通过绩效考评，能够达到以下目的：了解员工完成工作目标的情况，包括已经取得的成绩、仍然存在的差距和困难等，同时表达管理层对员工的工作要求和发展期望，并且从员工处也可以获得员工对管理层、对工作以及对组织的看法和建议，在交流中建立管理者和员工之间的沟通渠道，改善上下级关系，共同探讨员工在组织中的发展和未来的工作目标。通过绩效考评，管理者达到了上述目的，才能避免工作中的误解，形成有效的人力资源管理。

（2）绩效考评是员工改善工作及谋求发展的重要途径。通过绩效考评，员工可以明确自己所担负的工作目标、职责和要求，通过努力使自己的工作情况达到这些要求，同时使自己的工作成就、工作业绩得到组织或者上司的认可和赞赏，通过交流使自己在工作中的需要获得组织的帮助。在适当的时候，员工可以向组织提出自己的发展计划要求，并了解组织在有关问题上的态度和可能给予的支持，通过这些信号可以在心理上获得参与感并且了解组织对自己的期望和未来的工作规划，找出差距、调整工作方式，以期更好地完成任务。

员工个人通过绩效考评信息的反馈，能够获得信心、机会和组织的理解与支持，有利于员工振奋精神、发挥主观能动性、弥补不足，使日后的工作做得更好。

因此，无论是组织还是员工个人，都可以通过绩效考评获益。人力资源管理部门应当认真地研究分析两方面的人员考评需求，为制定组织的绩效考评制度和计划做好准备。

（三）绩效考评的作用

在人力资源管理系统中，许多环节的决策、调整和操作，需要以人力资源的绩效考评作为依据。因此人员考评对很多管理环节和活动有着重要的影响和作用。

1. 为人力资源计划的重新制定或者调整提供了参考依据

绩效考评结果显示了人力资源管理系统中的薄弱环节和新的增长点，这就要求人力资源规划作出相应的调整，弥补薄弱环节，谋求新的增长。同时，为了调整人力资源计划，筹划新的人力资源的活动，还必须进一步调整相关的人力资源预算。

2. 为组织人力资源配置提供了依据

绩效考评的结果反映了员工完成任务的程度和员工的素质情况，为组织根据新一轮的工作任务来考虑人力资源配置提供了依据。必要时，组织需要重新进行工作分析，修订工作说明书，完善员工招聘工作。

3. 为员工的奖惩提供了客观依据

绩效考评的结果为员工的激励或者惩罚提供了客观的依据。也就是说，对员工的激励手段措施和程度，都可以用绩效考评中的反馈信息作为主要依据来加以考虑、制定和调整。

4. 为员工的薪酬制度的设立和调整提供了客观依据

绩效考评的结果为员工的基本薪酬制度的设立和调整提供了客观的依据。员工现有的薪酬制度是否合理、是否具有适度的奖惩功能、是否与员工的工作贡献成相应的比例、薪酬总体水平是否合理等，都可以通过绩效考评获得信息，并可以获得有关管理者和员工的建议。

5. 为人力资源培训提出了直接要求

绩效考评可以反映出员工素质不足之处、员工本人的培训意愿、完成任务还需要提供的技术等，这些因素构成了培训需求的内容，会对人力资源的培训环节产生直接的影响。

6. 为人事决策与调整提供依据

绩效考评结束后，根据考评的反馈信息，可以采取相应的人事决策与调整工作。对工作出众、素质高、潜力大的员工予以晋升或者工作轮换加大培养力度，对工作不称职者降职或者直接辞退，对员工需要的各种支持和帮助，分别采取不同的方式予以满足。

（四）绩效考评的过程

1. 考评的准备工作

在正式开始绩效考评之前，应该先做好人员考评的准备工作，制定好人员考评的计划。首先应该确定在什么时候什么范围进行绩效考评、考评的参与者、考评的目的和期望达到的结果、考评所需要的各种资源、考评打算采取的方法等。

其次要确定绩效考评的评估人员，包括确定负责考评的班子及其成员，甚至可以聘请人员考评的评估专家，或者外包委托有关咨询服务机构从事员工的人员考评工作等。

接下来要准备绩效考评的条件，包括准备考评的工具，比如计算机软件、电子或文档的表格、正式文件等；也包括准备考评所需的其他条件，比如面谈的场所、陈设物、开会的会场等等。

最后要做好有关信息的发布，也就是让管理层与员工就绩效考评问题在思想上和信息上达成共识，使被评估者有充分的思想准备和考核准备，积极参与考评。

在准备各种"硬件措施"的同时，关键的绩效考核标准也应该合理制定，它是对每一个员工所从事工作的基本要求，用来衡量员工在某一考核时期内绩效的好坏，并且用来引导和提高员工的工作积极性。一般来说，绩效标准在上一轮人员考评后就应该已经制定出来了，通常是员工的工作计划、工作目标或工作任务书等。在期末的绩效考评中，必须将员工期初所制定的工作计划、目标等作为绩效标准，并且参照这些标准对员工进行考评。确定绩效标准对绩效考评来说，具有重要的意义。首先,没有客观的绩效标准,评估者就无法客观地对被评估者作出正确的评估;其次,如果绩效标准不合理或者不适当,员工的工作表现和任务执行的情况就无法予以准确的衡量和评价;第三,适当的科学的绩效标准将有利于对员工的工作绩效情况进行监督和控制。因此,在下达工作任务时,管理者必须让员工明确管理者对他们的要求、期望和标准。

用于绩效考评的绩效标准应当符合以下几个要求:①目的性。即绩效标准必须符合企业或者部门的整个发展目标;②具体性。即标准制定得清楚明确、描述具体而简练;③客观性。也就是绩效标准的设定要符合客观情况,不能主观臆测,要使员工在经过一定努力可以达到的范围内。如果标准定得太高,少有人甚至没有人可以达到,那么这个标准就失去了意义;如果标准定得太低,就毫无激励作用;④可测量性。即使标准客观可以达到,如果无法测量,就无法作出评估结果;⑤时间性。即绩效标准的完成应当在规定的考核时间范围之内。

2. 考评

对员工的考评一般可以分为员工自我评估(自评)和由评估者对员工进行考评(被评)两方面。员工自我评估是指由员工本人对照自己的绩效标准,如工作分析、工作计划、绩效目标等等,进行自我评估,填写述职表,或者写出自我评估小结等;而评估者对被评者进行评估时,评估者可以是被评者的上级主管,也可以是组织人力资源部门的成员,还可以是评估委员会等专门的员工绩效评估机构。在采取多角度绩效考评反馈的方法时,还会有被评估者的下属、同事和客户等作为评估者来参与对被评估者的评估。但是目前一般还是由被评估者的上级主管会同人力资源部门的人员来进行评估。评估者审核被评者自我评估的内容,对照其绩效标准,在听取被评者的上司、同事或者其他有关人员意见的基础上形成评估意见。评估意见一般采取表格的形式,如各类考核表、鉴定表等。

而从被动角度来看,可以分为员工的素质考评和绩效考评两方面。所谓人员的素质考评是指以人为评价客体,运用各种考核、测试手段,判断评价客体的知识、技能、心理等内在素质以及相关的其他方面。人员素质评价可以采取面谈、测试等不同的手段完成,也可以综合运用不同的手段完成。通常所说的人员考评主要是指的对人员绩效的考评,也就是考核员工对岗位所规定的职责的执行程度,从而评价其工作成绩和效果。绩效考评的内容主要侧重于工作成绩和行为表现两个方面。工作成绩就是员工在各自岗位上对企业的实际贡献,即完成工作的数量和质量。它包括员工是否按时按质按量地完成本职工作和规定的任务、在工作中有无创造性成果等;行为表现就是员工在执行岗位职责和任务时所表现出来的行为,它包括职业道德、积极性、纪律性、责任感、事业性、协作性等诸多方面。

3. 考评的反馈

在考评结束后,考评者应将评估的意见反馈给被评者。一般有两种形式:一是评估意见认可;二是考评面谈。所谓评估意见认可,就是评估者将书面的评估意见反馈给被评者,由被评者予以同意认可,并签名盖章。如果被评者不同意评估者的评估意见,可以提出异议,并要求上级主管或人力资源部门予以裁定。考评面谈则是通过评估者和被评者之间的谈话,将评估意见反馈给被评者,征求被评者的看法,同时,评估者要就被评者的要求、建议与新一轮工作计划的制定等问题与被评者进行沟通。考评面谈记录和评估意见,也需要被评者签字认可。

4. 考评的审核

最后,通常是由人力资源管理部门对整个组织的人员考评情况进行审核,处理人员考评中双方较大的异议和某些考评异常的问题,同时对人员考评后的各种人力资源管理活动提出建议性的意见。人员考评的审核主要包括审核评估者、审核评估程序、审核评估方法、审核评估文件、审核评估结果等五个方面。

(五)绩效考评的方法

人员考评的方法有很多,比较常见的有:

1. 因素评分法

根据考评的目标设定各项考评的因素(或者称为考评的指标),并赋予各项考评因素的权数,然后根据实际情况界定考评度的等级标准及定义,考评者针对所列的考评因素与考评度的标准及定义,就其观察衡量与判断被考评者的工作绩效,给予适当的分数,最后将各因素上的评分进行加权汇总,就是被考评者的考评结果。

这种方法简单易行,也比较科学。但是需要注意的是,对不同层次的岗位,其考评因素的重要程度不同,给予的权重也应有所不同。

2. 排列法

这种方法就是将被考评者群体,按照其总的绩效评价的顺序予以排列,并依次以 1、2、3……等数字标之。在评估表中列出所要评估的内容或评估因素,再将该因素下工作绩效最优者和最差者首先列入表内,然后列出次优者和次差者,以此类推,直到把所有被评者排列完毕。这样就可以获得该部门所有员工的绩效情况,并了解他们在每一个评估因素中的排列次序或优劣程度。该顺序数字可以视作绩效的指数,也可以转换为某种规定范围的数字,使之含有一般的比较意义。这是一种较为简单易行的绩效评估方法,但是使用有一定的局限性。一般用来评估数量不多,并且从事相同工作的人员,也可以用于评估同一部门的人员。

3. 对比法

这种方法就是由评估者就某一评估因素,将考评者群体一对一地进行比较,根据配比的结果,排列出他们的绩效名次。对比法由于需将每一位被评估者与其他人相比,评估的误差较小,但工作量比较大,因此当被考评者群体的人数较多时,手续就比较麻烦,所以对比法更适合于数量人员的考评。

4. 强制分类法

这种方法是将员工绩效分成若干个等级,每一等级规定一个百分比,通常是按照正态分布的规律分为五个区域,从低到高分别占 10%、20%、40%、20%、10%,考评者将不同类别工作的员工,就适当的因素,视员工的总体工作绩效将他们分别归类,尽可能地作比较,分配于限定的等级中。

5. 量表评估法

这种方法是根据设计的等级评估量表来对被评估者进行评估的方法。无论被评估者的人数是多还是少,这种方法都适用。而且这种方法评估的定性定量考评较为全面,为各类组织所选用。其具体方法是:先设计等级评估表,列出有关绩效因素,再把每一绩效因素分成若干等级并给出分数。说明每一级分数的具体含义。评估者根据量表对被评估者进行打分或者评级,最后加总得出总的评估结果。

6. 目标管理法

这种方法是在整个组织实行“目标管理”的制度下,对员工进行的考评方法。其具体方法是:首先确定总体目标和各部门的具体目标。无论总体目标还是具体目标,都必须明确、具体,并且可以计量。每一层次的每一个员工,都要在组织总体目标的背景下,形成各自的具体目标。其次,制定计划和绩效评估标准。目标确定以后就要制定达到目标的具体计划,同时制定执行计划中的绩效评估标准。换句话说,就是要执行、实施相应的计划来实现上述目标,并且要就其中各个过程、步骤的实施情况作出必要的评估。在目标管理的过程中,对照设定的目标和绩效评估的标准,对员工完成目标的情况作出具体的评估。这类绩效评估一般在目标管理过程中就开始进行,在员工期末评估中正式完成。最后要进行检查调整。通过绩效评估,员工找出了自己实际工作绩效与预定目标之间的距离,接着就必须分析这些差距的原因,并且通过调整自己的工作方法等手段,努力缩小乃至消除上述差距,达到自己的目标。

7. 自我—他人评估法

这种方法包括两种评估形式:一种是总结式评估,即由被评估者将自己的工作情况与岗位绩效标准或工作说明说相对照,作出自我评估总结,再由被评估者的直接上司或者人力资源部门人员对被评估者的工作作出总结性评估,最后由主管部门根据两方面的评估结果,作出正式评估结论;另一种是记分式评估,即根据事先设定的绩效评估因素和记分标准,由被评估者本人自我打分,同时由与被评估者直接相关的他人进行打分,上级主管在收集并平衡了上述各项分数的基础上,给被评估者打出最后的评估分数。此外,如果采取多角度绩效反馈(也称 360 度绩效反馈)的话,也可以采取他人记分评估的形式。与一般记分评估不同的是,多角度绩效反馈分别由被评估者的上级主管、同事、下属和客户同时作出,因此,他们评估的绩效因素就不一样,配分也可以不完全一致。

（六）考评中的常见问题及解决途径

人员考评中比较常见的问题主要有:①缺乏明确的考评标准。有些单位的考评过程中,没有明确的考评准备,没有衡量的客观依据,考评自然无从下手;②居中倾向;③严格与宽松现象;④光环效应。有些名人,虽然在某些方面也有不足,但在光环效应下被忽视了;⑤考评缺乏反馈制度。此时,被考评者不清楚自己的考评结果,起不到自我成长的作用;⑥考评结果不加运用。有些单位为考评而考评,考评过后一切都结束了。

针对考评中出现的问题,应该采取措施予以解决或预防。解决途径主要有:①尽可能采用客观公正的考评标尺;②选用正确的考评方法;③培训考评人员;④加强考评结果的反馈;⑤确立有效的监督与控制机制。

二、生涯管理

（一）生涯管理的含义

生涯管理(Career Management)也叫职业生涯管理,是现代人力资源管理的重要内容之一,是组织帮助员工制定职业生涯规划和帮助其职业生涯发展的一系列活动。职业生涯管理也是组织吸引人才的一种手段。

生涯管理有组织职业生涯管理(Organizational Career Management)和自我职业生涯管理(Individual Career Management)两种。组织职业生涯管理是指由组织实施的、旨在开发员工的潜力、留住员工、使员工能自我实现的一系列管理方法;自我职业生涯管理是指由员工自己主动实施的、用于提升个人竞争力的一系列方法和措施。自我职业生涯管理的重要性对个人来说,关系到个人的生存质量和发展机会;对于组织来说,关系到保持员工的竞争力。

（二）生涯管理的步骤

生涯管理一般包括职业通道管理、员工职业生涯设计、能力开发、检查评估和反馈修正等步骤。

(1) 职业通道管理是指根据组织业务、人员的实际情况,建立若干员工职业发展通道(职业发展系列),如高校中可以有教学、科研、实验等。建立多种职业发展通道可以使具有不同能力素质、不同职业兴趣的员工都可以找到适合自己的发展路径。组织应明确不同职系的晋升评估、管理办法以及职系中不同级别与收入的对应关系,给予职工不断发展的机会。

(2) 对每个员工而言,都应该有职业生涯设计。组织应该重视职工的职业生涯发展规划,有条件的应该建立职业发展辅导人制度。职业发展辅导人可以由直接主管或资深员工担任。职业发展辅导人要帮助员工根据自己的职业兴趣、资质、技能、个人背景等明确职业发展意向、设立未来职业目标、制订发展计划表。

（3）能力开发。组织应结合员工职业发展目标为员工提供能力开发的条件。能力开发的措施可以包括培训、工作实践和业务指导制度等。组织可以根据实际情况,提供包括在职、脱产、半脱产等各种形式的培训。

（4）检查评估。组织应对职业生涯管理制度的执行状况进行定期的检查,同时对员工进行能力、绩效的评估,确定能力开发成果,分析员工是否达到或超出目前所在岗位资格要求,距离下一步职业目标的差距,为下一步的发展提供依据。

（5）反馈修正是指阶段性的检查评估结束后,向员工反馈评估结果,根据评估结果,帮助员工分析前进途中的问题和差距,并提出改进措施或者建议调整未来发展目标和方向。

思考题

1. 什么是人力资源？有哪些构成？
2. 人力资源有哪些特征？
3. 为什么要重视人力资源管理？
4. 什么是人力资源管理？
5. 人力资源管理有哪些具体管理职能？
6. 人力资源规划的作用有哪些？
7. 如何做好人力资源规划？
8. 什么是工作分析？工作分析有哪些作用？
9. 招聘有哪些步骤？
10. 人员录用有哪些原则？
11. 什么是绩效考评？有什么作用？
12. 常用的绩效考评方法有哪些？
13. 什么是生涯管理？
14. 试着对自己做一个职业生涯规划。

第七章 领 导

第一节 组织中的人

一、人的作用的多样化

在许多人的眼中,企业中的成员仅仅是一种生产要素。在管理人员的计划中,个人应该远远不仅仅是一种生产要素。组织中的个人扮演着多种角色:他们是由许多组织构成的社会系统的成员;他们是产品和服务的消费者;他们是家庭、学校、社会团体、协会的成员。管理人员及其领导下的人员,都属于一个广大的社会系统的成员,相互发生作用。

二、个人的差异性

世上不存在完全相同的人。由于个人的成长环境、文化、教育等方面的不同,无论从能力还是从气质上面,都有差异。不同的人,适合的岗位不同;反过来,不同的岗位,适合的人也不同。因此,为了人尽其才,应该让合适的人去干合适的工作,让合适的工作由合适的人去做。这就是人和事的匹配。

虽然人是有差异的,但组织在制定规章制度、工作程序、工作进度、安全标准和职务说明书的时候,都假设人在根本上是一样的,不可能专门为某制定一套制度。因此,增加了管理人的难度。一方面要考虑到制度面前人人平等,另一方面要考虑到人的差异。

在管理实践中,要认识到个人有特殊性(不同的需要、不同的态度、不同的责任感等),在人的管理方面要有更多的艺术性。

三、尊重个人尊严

为了实现组织的目标,任何一个组织都会采取一些管理方法和手段。但实现组织目标的方法和手段必须丝毫不能侵犯人们的尊严。人必须受到尊重,无论他们在组织中的职位高低。

如何在给人以尊严的前提下实现组织的目标,是值得探讨的一门学问。有人主张应当用法家的方法以法治国,以法治人;有人主张应当用儒家的思想,施以仁政;也有人主张用道家的策略,无为而治。不管你用什么治国、治人的主张,都不能忽视人的尊严,只有给人以尊严才能真正得到人心。要想用人,就必须尊重人,使人真正具有尊严感,如果有人还没有明确的尊严感,就要想方设法地帮助他们树立尊严感。

四、XY 理论

XY 理论即 X 理论和 Y 理论,是美国工业心理学家麦格雷戈提出的有关人性的假设。他认为,有关人性的假设对于管理人员的工作方式来讲是极为重要的。根据人性假设的不同,管理人员应该采用不同的方式来管理。

（一）X 理论

X 理论对人的假设是:

(1) 大多数人是懒惰的,只要有可能,他们就会逃避工作。

(2) 大多数人没有什么雄心壮志,不喜欢承担责任,宁可让别人领导。

(3) 大多数人私心很重,他们的个人目标与组织目标往往不一致。

(4) 大多数人都是缺乏理智的,不能克制自己,很容易受别人影响。

(5) 大多数人的需要是生理需要和安全需要,所以他们将选择那些在经济上获利最大的事去做。

(6) 人群大致分为两类,大部分人符合上述假设,少数人能克制自己,这部分人应当承担起管理的责任。

根据 X 理论的观点,管理方式应该是:

(1) 管理人员主要关心的是如何提高劳动生产率、是否完成任务等问题,他的主要职能是计划、组织、领导、控制。

(2) 管理人员主要依靠职权发号施令,使对方服从,让人适应工作和组织的要求,而不必考虑在情感上和道义上如何给人以尊重。

(3) 强调严密的组织和制定具体的规章制度和工作规范。

(4) 应以金钱报酬来激励和控制员工。

（二）Y 理论

Y 理论对人的假设是:

(1) 一般人并不讨厌工作,他们视工作如游戏和休息一样自然。

(2) 控制和惩罚,并不是促使人们为实现组织目标而努力的唯一方法。

(3) 人的自我实现的要求和组织要求的行为之间是没有矛盾的。如果给人提供适当的机会,就能将个人目标和组织目标统一起来。

(4) 一般而言,每个人不仅能够承担责任,而且会主动寻求承担责任。

(5) 大多数人,而不是少数人,都具备作出正确决策的能力,而不仅仅管理者才具备这一能力。

（6）在现代工业生活的条件下，一般人的智慧潜能只是部分地得到了发挥。

根据 Y 理论的观点，管理方式应该是：

（1）管理者要创造一个使人得以发挥才能的工作环境，发挥出员工的潜力，并使员工在为实现组织的目标作出贡献时，也能达到自己的目标。

（2）管理者的角色已不仅限于指挥者、调节者或监督者，还要起辅助者的作用，从旁给员工以支持和帮助。

（3）在激励方面，对人的激励主要是来自工作本身的内在激励，让他担当具有挑战性的工作，担负更多的责任，促使其工作做出成绩，满足其自我实现的需要。

（4）在管理制度上给予员工更多的自主权，实行自我控制，让员工参与管理和决策，并共同分享权力。

第二节　领　导

一、领导的本质

（一）领导的含义

领导是领导者为实现组织的目标而运用权利向其下属施加影响力的一种行为或行为过程。通过影响力，使其为实现组织或群体的目标而努力。这里有 3 个要点：①领导的本质是一种影响力；②领导是一个过程；③领导的目的在于使人们真心实意地为实现组织或群体的目标而努力。

（二）领导与管理的区别

作为一种管理职能，是所有管理者都要涉及的。领导是管理的一个方面，属于管理活动的范畴。除了领导，管理还包括其他内容，如计划、组织、控制等职能。

领导从根本上来讲是一种影响力，是一种追随关系。通过领导行为和过程，使下属自觉地为实现组织目标而努力。而管理行为是建立在合法的职权基础上对下属行为的指挥过程，下属必须服从管理者的命令，但不一定尽力。

因此，为了取得更好的效果，管理者要成为领导者。在管理实践中，管理者的命令并不总是得到有效执行。为了提高管理者下达的命令的有效性，管理者在下达命令之前，必须采取适当的手段，使自己成为领导者，才能实现其管理目标。

从管理者和领导者的关系来看，管理者是由组织任命产生的，其产生方式是自上而下的；而领导者则是由于群体中的某些成员的认同和追随而产生的，其产生方式是自下而上的。管理者不一定能够成为领导者，领导者也不一定是管理者；有效的管理者必须是领导者；管理的对象是组织中的所有资源，而领导的对象仅仅是组织中的部分成员；管理行为追求的是提高整个组织的运行效率，而领导行为追求的是追随关系；管理者的领导行为是其管理行为的一种表现形式，是管理工作中的一个环节。

（三）领导现象和领导行为

通过外部观察看到的领导活动被称为领导现象；而从一个领导者的角度考虑，认为哪些工作属于领导活动，这种领导活动被称为领导行为。

在人群中存在的一部分人追随一个人或另一部分人的现象就是领导现象。追随他人的人被称为被领导者，被追随的人被称为领导者。每个群体中都存在领导现象，即存在追随关系。这里的追随包括思想观念上的追随、行为上的追随和盲目模仿的追随。在同一个群体中，不同追随者对领导者的追随程度不同。在同一个群体中，还可能存在着多个领导者。

如果群体中的某个人采用一定的方法，试图使其个人成为其他成员在某些方面的追随对象，那他的这种行为就是领导行为。领导行为是群体中的个人行为，其目的是在其个人和其他人之间建立起追随关系；一个人在群体中获得领导地位，可以采取各种不同的方法，而这些不同方法的有效性，除与方法本身有关外，还受各种其他因素的制约；任何一种领导行为，都不可能导致其他人对其行为的全面追随，追随关系只能存在于某些方面；领导行为并不总是有效的。领导行为仅仅是个人行为，而这种行为能否达到其预期目的，要受各种因素的制约。

二、领导与权力

（一）领导影响力的来源

影响力是指人在人际交往中影响和改变他人心理与行为的能力。领导影响力就是领导者在领导过程中，有效改变和影响他人心理和行为的一种能力或力量。任何领导活动多是在领导者与被领导者的相互作用中进行的。领导工作的本质就是人与人之间的一种互动关系，在领导过程中，领导者如果不能有效影响或改变被领导者的心理或行为，那他就很难实现领导的功能，组织目标也就无法实现。领导影响力的来源是权力。

（二）权力的类型

领导影响力（或者说权力）有职位权力和非职位权力两大方面。职位权力又包含了：①合法权，即组织中等级制度所规定的正式权力；②奖赏权，即决定提供还是取消奖励、报酬的权力；③惩罚权，即通过精神、感情或物资上的威胁，强迫服从的权力。

非职位权力主要来自于专长权、个人魅力、背景权、感情权等。

三、领导的内容

领导的内容包括了先行、沟通、指导、浇灌、奖惩等。

(一) 先行

领导的第一个内容是先行。要设计一个组织系统和框架、确定组织目标,要决策等。同时,领导在如何方面都要以身作则,为员工作表率。从前有句话:干部干部,先干一步! 这就体现了领导的先行作用。

(二) 沟通

沟通是领导的重要内容之一。组织中的冲突、管理者的指令得不到有效贯彻、群众的声音得不到应有的重视等,问题出在沟通上。作为领导,一方面要认真倾听,做一个好的听众;另一方面到正确表达,做一个好的发布者。

(三) 指导

为了使下属在实践中执行好组织的决策,领导者的指导工作显得格外重要。在组织中,经常用的一种正式的指导方式就是命令。要注意的是,领导者下达的命令应该完整、清晰、可执行。

(四) 浇灌

领导者是需要有追随者的。作为管理者,要维护好与下属的良好关系,这样的一种情感需要长期浇灌。因此,在领导过程中,要注重友谊和信任,并且要力求公平。对待下属,要强调积极面,要支持下属,要尽可能地让下属参与决策。此外,要及时与下属沟通信息。

(五) 奖惩

在组织中,成员是参差不齐的,难免会有些员工做出一些不好的事情。因此,惩罚也是领导的一项重要工作。在员工犯错后,如果决定要惩罚,就一定要及时惩罚。等到大家都已经忘了再惩罚,效果不会太好。此外,一定要让大家预先知道要求他们做什么和不应该做什么。所有的惩罚必须前后一致,对所有的人一视同仁,不带个人感情。

有惩罚,也有奖励。对表现优秀的员工应该给予适当的奖励,以鼓励员工为组织的目标实现而努力。

四、领导的风格

(一) 领导连续统一体理论

1958 年,美国学者坦南鲍姆和施米特提出了领导风格连续统一体理论。该理论认为,领导风格是多种多样的,以领导者为中心的独裁风格和以下属为中心的民主风格是两个极端,在这两个极端之间根据领导者授予下属自由权的程度不同,有多种领导风格,由此构成了一个连续模型。这里没有一种领导风格总是正确的,也没有一种领导风格总是错误。有 7 种典型的领导风格分别是:

(1) 领导者专断地作出决策,并宣布执行就可。

(2) 领导者做出决策,但要说服下属予以执行。因此领导者需要"推销"自己的决策。

(3) 领导者做出决策,并根据下属的问题进行解决。

(4) 领导者提出一个可以变更的试验性决策,根据下属的意见进行修改。

(5) 领导者提出问题,征求意见,然后决策。

(6) 领导者规定问题的范围,在范围之内,领导者与下属共同决策。

(7) 决策权下放,领导者允许下属在职权范围内自由行动。

在选择什么样的领导风格时,坦南鲍姆和施米特认为,要考虑以下 3 个方面的因素:

(1) 领导者个性因素。领导行为受领导者的背景、知识、经验、个性等的影响。

(2) 被领导者的因素。被领导者对独立性的需要程度,以及被领导者是否准备承担决策的责任等。

(3) 环境方面的因素。组织中的文化、组织的规模、组织在地理上的分布等,也会对领导风格的选择有影响。

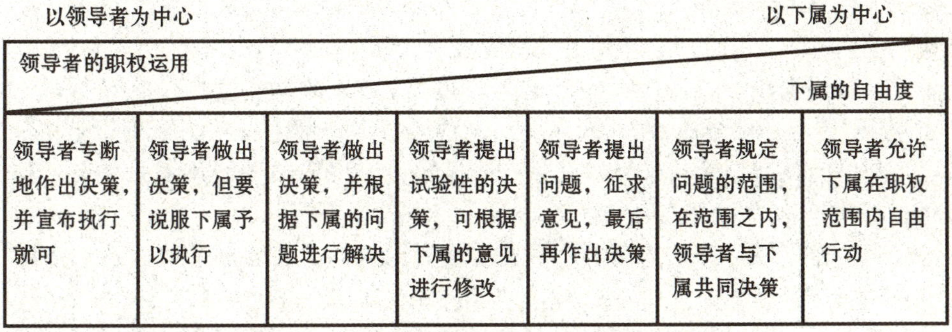

以领导者为中心						以下属为中心
领导者的职权运用						
						下属的自由度
领导者专断地作出决策,并宣布执行就可	领导者做出决策,但要说服下属予以执行	领导者做出决策,并根据下属的问题进行解决	领导者提出试验性的决策,可根据下属的意见进行修改	领导者提出问题,征求意见,最后再作出决策	领导者规定问题的范围,在范围之内,领导者与下属共同决策	领导者允许下属在职权范围内自由行动

图 7-1 领导连续统一体理论

(二) 管理方格图理论

管理方格理论(Management Grid Theory)是研究企业的领导方式及其有效性的理论,是由美国得克萨斯大学的行为科学家罗伯特·布莱克(Robert R. Blake)和简·莫顿(Jane S. Mouton)在 1964 年提出的。

该理论用对生产的关心和对人的关心这两种因素的不同程度的组合来表示领导者的行为。每种因素都取值 1～9,共有 81 个不同程度的组合,如图 7-2 所示。

图 7-2 中有 5 种最具代表性的组合:

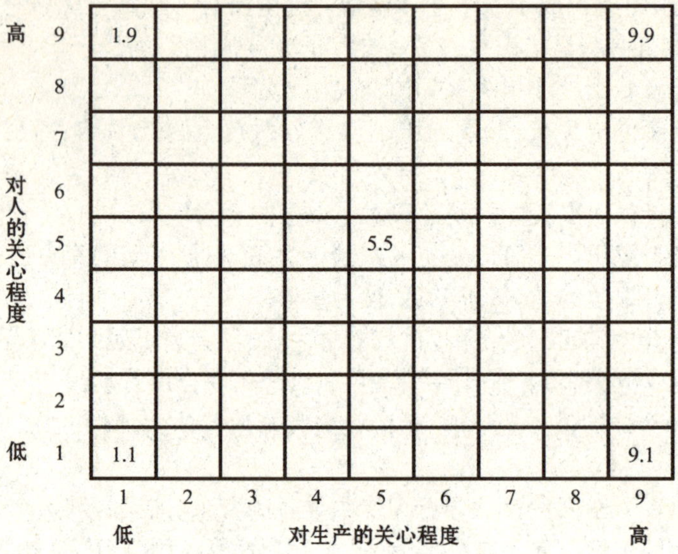

图 7-2　管理方格图理论

（1）贫乏型领导（1,1），对生产的关心度和对人的关心度都最低。领导者只需对必需的工作付出最少的努力。

（2）任务型领导（9,1），对生产的关心度高，对人的关心度低。此时生产是高效率的，但人的因素的影响降到了最低程度。

（3）逍遥型领导（1,9），对生产的关心度低，对人的关心度高。此时对员工关怀备至，创造了一种舒适、友好的环境。这种风格也被称为乡村俱乐部型管理。

（4）中间路线型领导（5,5），对生产的关心度和对人的关心度都是中等。这种管理风格也被称为中庸之道型管理。

（5）协作型领导（9,9），对生产的关心度和对人的关心度都最高。

（三）权变理论

权变理论认为，没有一种领导风格是绝对有效的。对领导行为有效性的评价，并不完全取决于领导者所采用的某一特定领导方式，还要取决于该领导方式所应用的情境。适合的领导模式才是最好的，这就是权变管理思想的核心内容。

最早对领导权变理论作出理论性评价的人是心理学家费德勒（F. Fiedler），他于 1962 年提出了一个"有效领导的权变模式（Contingency Model of Leadership Effeveness）"，即费德勒模式。这个模式中，费德勒总结出了两种领导风格（或领导方式）即"员工导向型"领导方式和"工作导向型"领导方式。"员工导向型"领导方式以维持良好的人际关系为其主要需要，而以完成任务之需要为辅；"工作导向型"领导方式则以完成任务为其主要需求，而以维护良好的人际关系之需求为辅。

影响领导者领导风格的环境因素,费德勒认为可以归纳为 3 个方面:职位权力、任务结构和上下级关系。

职位权力指的是与领导者职位相关联的正式职权和从上级和整个组织各个方面所得到的支持程度,这一职位权力由领导者对下属所拥有的实有权力所决定。领导者拥有这种明确的职位权力时,则组织成员将会更顺从他的领导,有利于提高工作效率。

任务结构是指工作任务明确程度和有关人员对工作任务的职责明确程度。当工作任务本身十分明确,组织成员对工作任务的职责明确时,领导者对工作过程易于控制,整个组织完成工作任务的方向就更加明确。

上下级关系是指下属对一位领导者的信任爱戴和拥护程度,以及领导者对下属的关心、爱护程度。这一点对履行领导职能是很重要的。因为职位权力和任务结构可以由组织控制,而上下级关系是组织无法控制的。

根据上述 3 个因素的不同,得到了 8 种情境。每种情景的有效的领导风格见图 7-3。

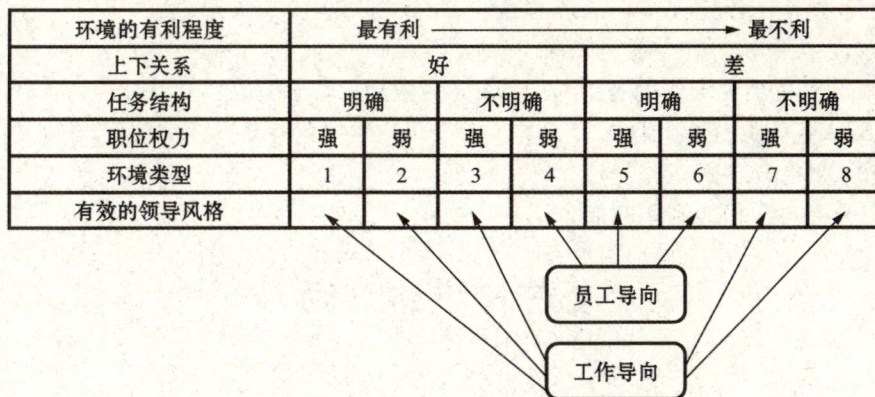

环境的有利程度	最有利 ——————————————→ 最不利							
上下关系	好				差			
任务结构	明确		不明确		明确		不明确	
职位权力	强	弱	强	弱	强	弱	强	弱
环境类型	1	2	3	4	5	6	7	8
有效的领导风格								

员工导向

工作导向

图 7-3 权变的领导风格理论

五、领导者

(一)领导特质理论

领导特质理论主要研究的是领导者应具备的特质,这些特质可以将领导者从非领导者中区分出来。这就需要分离出一种或几种领导者具备而非领导者不具备的特质。可供研究的特质有体型、外貌、社会阶层、情绪稳定性、说话流畅性、社会交往能力等。

这一理论的出发点是:领导效率的高低主要取决于领导者的特质,那些成功的领导者也一定有某些共同点。根据领导效果的好坏,找出好的领导者与差的领导者在个人品质或特性方面有哪些差异,由此就可确定优秀的领导者应具备哪些特性。

研究者认为,只要找出成功领导者应具备的特点,再考察某个组织中的领导者是否具备这些特点,就能断定他是不是一个优秀的领导者。

(二)与领导力有关的特质

(1)内在驱动力。领导者非常努力,有着较高的成就愿望。

(2)领导愿望。领导者有强烈的愿望去影响和统帅别人,乐于承担责任。

(3)诚实与正直。领导者通过真诚无欺和言行一致在领导者与下属之间建立相互信赖的关系。

(4)自信。为了让下属相信自己的目标和决策的正确性,领导者必须表现出高度自信。

(5)智慧。领导者需要具备足够的智慧来收集、整理和解释大量信息,并能够确立目标、解决问题和作出正确决策。

(6)具备工作相关知识。熟悉企业、行业和技术的相关知识。

(三)提高领导工作的有效性

为了提高领导工作的有效性,应该努力做到:

(1)培养对人的洞察力。

(2)坚持合理的工作次序。

(3)高效合理地利用时间。

第三节　激　励

一、激励的特性

(一)激励的含义

管理者下达指令给执行者(下属),当然希望执行者能不折不扣地执行。但执行者是否执行? 如何执行? 执行者其实要作决策的。

任何决策都有判断依据。作为下属,在接到指令要执行的时候,他总要找到自己认为最满意的选择。作为发出指令的管理者,自然是希望执行的选择也是符合组织的期望的。为了使执行者作出有利于组织目标实现的选择,就要对执行者进行激励。

激励的基本问题是:执行者是否会以组织利益作为其决策的判断依据? 即执行者进行决策时,会以什么样的判断准则? 或者,管理者应采用何种措施,以保证执行者按照管理者所确定的工作目标去展开工作？即使执行者选择了正确的工作目标，他在为实现此目标而召开的工作中，会以什么样的态度去展开工作？他在工作中的积极性或努力程度会是什么样的？

在任何一个工作日中，员工都可以选择：①尽心尽力地工作；②或勉强适度工作以免受到申斥；③或者尽可能少地工作。

管理者当然希望第一种行为尽可能增加，最后一种可能尽可能少出现。这种管理者为解决激励的基本问题而采取的措施或实施的过程就是激励。激励是调动人们积极性的过程。要想让所有员工付出最大努力，必须了解员工如何受到激励以及为什么会被激励，并调整自己的激励活动以满足员工的这些需要和欲求。

激励是调动人们积极性的过程，是为了特定的目的而去影响人们的内在需要或动机，从而强化、引导或改变人们行为的反复过程。

需要特别强调的是：①激励有其目的性；②激励是通过人们的需要或动机来强化、引导或改变人们的行为的；③激励是一个持续反复的过程。

（二）激励中对人的认识

1. "经济人"假设

"经济人"也叫"理性经济人"，是古典管理理论对人的看法。主要的观点是：①古典管理理论把人看作是"经济动物"，认为人的一切行为都是为了最大限度地满足自己的私利，工作的目的只是为了获得经济报酬；②在这种假设下，管理注重的是任务的完成，而不考虑人的情感、需要、动机、人际交往等社会心理因素；③认为管理工作只是少数人的事，与广大员工无关；④工人的主要任务是听从管理者的指挥，拼命干活；⑤在奖励制度方面，主张用金钱来刺激工人生产积极性，同时对消极怠工者采用严厉的惩罚措施，即"胡萝卜加大棒"的政策。

2. "社会人"假设

"社会人"假设的理论基础是人际关系学说，是由霍桑实验的主持者梅奥提出来。主要观点是：①生产效率的高低主要取决于职工的"士气"，而士气取决于家庭和社会生活，以及企业中的人际关系；②组织中存在的"非正式群体"影响着群体成员的行为；③领导者要善于倾听和沟通职工的意见，使正式组织的经济需要与非正式组织的社会需要取得平衡。

3. "自我实现人"假设

"自我实现人"（Self-Actualizing Man），也叫"自动人"，是由马斯洛提出来的。麦格雷戈总结并归纳了马斯洛等人的观点，结合管理问题，提出了 Y 理论。主要观点是：①管理的重点是要创造一种适宜的工作环境、工作条件，使人们能在这种环境下充分挖掘自己的潜力，充分发挥自己的才能；②管理人员的主要任务在于如何为发挥人的智力创造适宜的条件，减少和消除职工自我实现过程中所遇到的障碍；③对人的奖励可划分为两大类，一类是外在奖励（如工资、提升、良好的人际关系等）；另一类是内在的奖励（指人们在工作中能获得知识，增长才干，充分发挥自己的潜力等）。只有内在奖励才能满足人们的自尊和自我实现的需要，从而极大地调动起职工的积极性；④管理制度应保证职工能充分地表露自己的才能，达到自己所希望的成就。

4. "复杂人"假设

"复杂人"假设有以下两个方面的含义：①就个体人而言，其需要和潜力会随着年龄的增长、知识的增加、地位的改变、环境的变化以及人与人之间关系的改变而各不相同；②就群体的人而言，人与人是有差异的。

（三）激励过程

产生行为的直接原因是动机，而需要和外部刺激会引起动机的产生。因此，需要和外部刺激产生了动机，而动机又引发了行为。这个过程如图7-4所示。

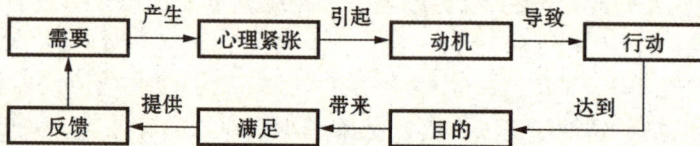

图 7-4　需要、动机和行为

当目标达成以后，又出现了新的需要，动机、行为、目标，不断地周而复始，使人类不断地在生存中发展。

激励的任务就是要研究激励对象的需要，并设置适当的诱因，并且要充分把握员工的心理状态。激励作用体现在：①需要的强化；②动机的引导；③提供行动条件。

二、激励相容

在市场经济中，每个理性经济人都会有自利的一面，个人行为会按自利的规则行动。因此，如果能有一种制度安排，使每个行为人追求个人利益的行为的同时，恰好与组织实现集体价值最大化的目标相吻合，这种制度安排，就是"激励相容"。

激励相容，可以使组织采用最低的激励成本来获得最佳激励效果，即激励行为必须是高效率的。同时，使得个人目标与组织目标相一致，实现了双赢的目的。

三、激励理论

针对不同的对象，采用恰当的方式去激励人。"恰当"的含义是：①为个人提供对其来说效用最大的需要满足；②在激励中应努力以较小的激励成本取得较大的激励效果。因此管理者首要的工作是要识别、了解和掌握个人的需要。

（一）内容型激励理论和过程型激励理论

激励理论有很多,大体可以分为两类。根据对人性的理解,着重分析激励对象未被满足的需要类型,以便于管理者选择合适的手段去激励组织中的成员努力工作,从而实现组织的目标。这样的激励理论称为内容型激励理论,如马斯洛的需要层次理论、赫茨伯格的双因素理论等。另一类激励理论试图说明所提供的激励内容是以怎样的方式满足了员工的需要,有效的管理者不仅需要知道应该给员工什么,更应该知道如何激励才会有更好的效果。这样的激励理论被称为过程型激励理论,如弗鲁姆的期望理论、亚当斯的公平理论等。

内容型激励理论试图回答这样的问题:工作场所中的哪些因素可以激励员工?而过程型激励理论试图回答这样的问题:激励是如何发生的?

（二）需要层次理论

马斯洛需求层次理论（Maslow's Hierarchy of Needs）,也称"基本需求层次理论",是由美国心理学家亚伯拉罕·马斯洛于 1943 年提出。该理论将人的需要分为 5 个层次,从低到高分别为:生理的需求、安全的需求、社交的需求、尊重的需求以及自我实现的需求,如图 7-5 所示。

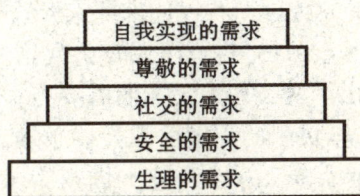

图 7-5 需求层次理论

人们的生理需求是最基本的需求,如衣食住行等。这种需求若不满足,则人们的生存就无法保障,其他的需求根本无从谈起;在解决了生理的需求后,人们开始考虑安全的需求。安全的需求主要指劳动安全、职位安全、生活安定、出入平安、未来有保障等。第三层次的需求是社交的需求。社交的需求也叫归属与爱的需求,如渴望得到家庭、团体、朋友、同事的关怀爱护理解,希望有所归属、成为团体的一员等。社交的需求与个人性格、经历、生活区域、民族、生活习惯、宗教信仰等都有关系。第四层次的需求是尊敬的需求。尊敬的需求可以分为自尊的需求和受人尊敬的需求。自尊包括自信心、自主能力和对事业的责任感等,而受人尊敬包括自己的地位得到承认、对自己有较高的评价、受到他人的尊重和赏识等。最高的需求层次是自我实现的需求。马斯洛把"自我实现的需求"看作是区别于其他 4 种需求的高级需求,是人类摆脱了一切制约,充分发展和利用自身的聪明和才智、实现自己的理想和抱负的心理需求,是一种想要实现人的全部潜能的欲望。

需求层次理论认为:①5 种需求象阶梯一样从低到高,按层次逐级递升,但这种次序不是完全固定的,也有例外情况;②人人都有需求,某层次需求获得满足后,另一层次的需求才出现。如果有多种需求未获满足,那么应该首先满足迫切需求。只有当迫切需求得到满足后,后面的需求才显示出其激励作用;③一般来说,某一层次的需求得到满足了,就会追求高一层次的需求,这由成为了驱使行为的动力。

此时,已获得满足的需求就不太可能再起到激励作用;④这五种需求可以分为两级,生理的需求、安全的需求和社交的需求属于低级的需求,这些需求通过外部条件就可以满足;而尊重的需求和自我实现的需求是高级需求,要通过内部因素才能满足;⑤一个国家多数人的需求层次结构,是同这个国家的经济发展水平、科技发展水平、文化和教育的程度直接相关的。在不发达国家,生理需求和安全需求占主导的人数比例较大,而高级需求占主导的人数比例较小;在发达国家,则刚好相反。

(三)双因素理论

双因素理论(Two Factors Theory)又称激励保健理论(Motivator-Hygiene Theory),是美国的行为科学家弗雷德里克·赫茨伯格(Fredrick Herzberg)提出来的。双因素理论认为引起人们工作动机的因素主要有两个:保健因素和激励因素。

20世纪50年代末期,赫茨伯格和他的助手们在美国匹兹堡地区对两百名工程师、会计师进行了调查访问,并对结果进行了统计分析。经过分析,赫茨伯格归纳出了两类与满足人们需要有关的因素:保健因素赫激励因素。如果员工感到满意了,员工的积极性就会被激发出来,工作效率就会提高。因此,赫茨伯格称那些能够使员工感到满意的因素为激励因素。如果员工感到不满意,则员工的积极性受到挫伤,正常的劳动效率也不会发挥出来。因此,赫茨伯格称那些能够引起员工不满意的因素为保健因素。赫茨伯格发现,使职工感到满意的都是属于工作本身或工作内容方面的;使职工感到不满的,都是属于工作环境或工作关系方面的。

保健因素的满足对职工产生的效果类似于卫生保健对身体健康所起的作用。卫生保健可以有效地从人的环境中消除对自身健康有害的事物,它不能直接提高健康水平,但有预防疾病的效果;它不是治疗性的,而是预防性的。常见的保健因素包括公司政策、管理措施、监督、人际关系、物质工作条件、工资、福利等。当这些因素恶化到人们认为可以接受的水平以下时,就会产生对工作的不满意。但是,当人们认为这些因素很好时,它只是消除了不满意,并不会导致积极的态度。在这里,"不满意"的反面不是"满意"而是"没有不满意"。

那些能带来积极态度、满意和激励作用的因素就叫做"激励因素",通常是那些能满足个人自我实现需要的因素。常见的激励因素包括工作上的成就感、受到重视、提升、挑战性的工作、增加的工作责任,以及成长和发展的机会等。如果这些因素具备了,就能对人们产生更大的激励。在这里,"满意"的方面也不是"不满意",而是"没有满意"。

因此,消除了导致员工不满意的因素即保健因素,人们就无不满意感,但也不会感到满意。要想真正激励员工努力工作,关键在于重视激励因素,因为只有这些因素才能增加员工的工作满意度。

（四）期望理论

1964 年美国心理学家维克托·弗罗姆（Victor Vroom）提出了激励中的期望理论,其基本内容主要是弗罗姆的期望公式和期望模式。弗罗姆认为,对于每件事情,人们总是抱着希望去做的。人们只有预计到通过自身努力可以有助于实现某一目标时,才会被激励起来去做事情并设法达到这一目标。这个目标在尚未实现时,表现为一种期望,这时目标反过来对个人的动机又是一种激发的力量,而这个激发动力的大小,取决于目标价值（也称效用价值或效价）和实现这一目标的期望概率（期望值）的乘积,即:

$$M=V\times E$$

其中,M 表示激发动力,是指一个人受到激励的强度;V 表示目标价值（效价）,是指个人对某种成果的偏好程度;E 是期望值,是人们根据过去经验判断自己达到某种目标的可能性。如果一个人对目标价值或效价评价很高,但他根据以往的经验判断实现该目标的可能性微乎其微,则该人不会被激励去努力实现该目标;而如果某人判断实现某种目标的可能性很大,但是该结果对他而言没什么好处（即效价为零）,他也不会被激励去努力实现该目标。甚至,如果这个人感觉该目标的实现对他而言是有害的（即效价为负）,这个人就会千方百计地去回避这件事。

由此可见,如果管理者片面地提高目标价值,而不考虑实现该目标的可能性,则很可能没什么激励力。

弗罗姆还提出了人的期望模式,如图 7-6 所示。

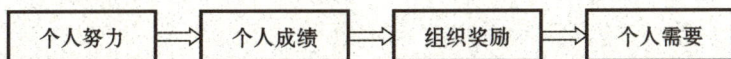

| 个人努力 | ⇒ | 个人成绩 | ⇒ | 组织奖励 | ⇒ | 个人需要 |

图 7-6 弗罗姆的期望模式

在该期望模式中,有 3 个箭头,代表了 3 个方面的关系,即个人努力和个人成绩之间的关系、个人成绩和组织奖励之间的关系、组织奖励和个人需要之间的关系。为了有效提高激励力,必须兼顾这 3 方面的关系。

（五）公平理论

1965 年,美国行为科学家亚当斯（J. S. Adams）提出了公平理论（又称社会比较理论）。该理论侧重于研究工资报酬分配的合理性、公平性及其对职工生产积极性的影响。

亚当斯认为,当一个人做出了成绩并取得了报酬以后,他不仅关心自己所得报酬的绝对量,而且关心自己所得报酬的相对量。因此,他要进行种种比较来确定自己所获报酬是否合理,比较的结果将直接影响今后工作的积极性。

一个人为了确定自己所获报酬是否合理,往往将自己获得的"报偿"（包括金钱、工作调动、深造的机会等)与自己的"投入"(包括所受教育、工作努力程度、消耗的精力以及其他无形损耗等)的比值与组织内其他人作比较,即所谓的横向比较,如下式所示:

$$\frac{Q_P}{I_P} = \frac{Q_X}{I_X}$$

其中,Q_P是对自己所获报酬的感觉;I_P是对自己付出的感觉;Q_X是对参照系所获报酬的感觉;I_X是对参照系的付出的感觉。

只有当上式成立时,才会感觉是公平的。而当上式为不等式时,可能出现以下两种情况:

(1) 左边小于右边。在这种情况下,他可能要求增加自己的收入或减小自己今后的努力程度,以便使左边增大,使上式成立;或者他可能要求组织减少参照对象的收入或者让其增大努力程度以便使右边减小,使上式成立。此外,他还可能另外寻找他人作为参照系,以便达到心理上的平衡。

(2) 左边大于右边。在这种情况下,他可能在开始时自动多付出一些,使上式成立。但最后,他会重新"感觉"自己所获得的报酬和付出,会觉得他确实应当得到那么高的待遇,于是他的付出又会回到过去的水平了。

除了横向比较之外,人们也经常通过纵向比较来确定是否公平。纵向比较就是把自己目前投入与目前所获得报酬的比值,同自己过去的投入与过去所获报酬的比值进行比较,如下式所示。

$$\frac{Q_P}{I_P} = \frac{Q_h}{I_h}$$

其中,Q_P是对自己现在所获报酬的感觉;I_P是对自己现在付出的感觉;Q_h是对自己过去所获报酬的感觉;I_h是对自己过去的付出的感觉。

第四节　沟　通

一、沟通及其意义

(一) 人迹沟通的定义

《美国主管人员训练协会》对人际沟通下的定义是:人们进行的思想或感情交流,以此取得彼此的了解、信任及良好的人际关系。

沟通具备 3 个条件:

(1) 沟通必涉及到两个人以上。

(2) 沟通必定有一定的沟通客体,即沟通情报等。

（3）沟通必须由传递信息情报的一定方法，如语言、书信等。

（二）人际沟通的意义

通过积极的沟通，可以创造一个和谐的氛围；通过沟通，能够使各方的行为协调一致；通过沟通，可以上行下达使管理更有效率。

管理者所做的每件事中都包含着沟通。例如，如果没有信息，管理者就不能决策，而信息只能通过沟通得到；一旦作出决策，又要进行沟通，否则将没有人知道已经作出了决策。此外，最好的想法、最有创见的建议、最优秀的计划，不通过沟通就无法实施。

在管理上，沟通的重要性体现在：

（1）统一组织内成员的思想，达成共识，实现组织目标。

（2）提供资料，掌握工作的过程与结果，使管理工作更顺利。

（3）相互交换意见，使"知"的范围扩大，"不知"的部份缩小，以利问题的解决。

（4）强化人际关系，提高工作热情。

二、沟通的过程

人际沟通过程是指一个信息的传送者通过选定的渠道传递给接收者的过程，如图 7-7 所示。

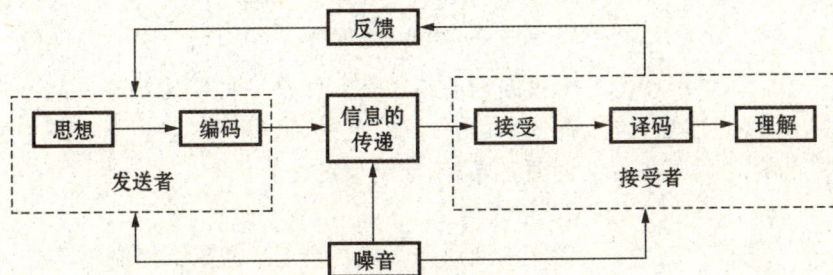

图 7-7　沟通过程

对沟通产生影响的因素有：信息发送者、信息传送渠道、信息接收者、噪音与反馈、影响沟通的环境因素等。为了将信息传递给信息接收者，信息发送者首先要将信息编码（如将要表达的意思组织成语言），然后选择信息传送渠道（如在空气中传递声波）。信息接收者感受到声波（听到了信息发送者讲话的声音）。如果信息接收者知道信息发送者的编码方法（即使用同一种语言），他就能译码，并理解信息发送者想要表达的意思，从而完成一次沟通。作为信息发送者可以根据反馈情况了解对方是否真得理解了自己想要表达的真正意思。

常用的沟通方式主要有：

（1）面对面沟通（口头方式）。这种沟通方式的特点是快速传递、快速反馈。但是，如果信息传递过程中卷入的人越多，信息失真的潜在可能性就越大（因为每个人都可能会以个人的方式解释信息）。这种沟通方式的另一个缺点是口说无凭。

（2）电话、视频、互联网沟通。在通讯技术不断发展的今天，利用现代通讯手段进行沟通越来越普遍。这种沟通的特点是迅速低廉。

（3）书面沟通。这是一种比较传统的沟通方式。书面材料有持久、有形、可核实的特点。此外，书面材料一般都比较周密、逻辑性强、条理清楚。但缺点是耗时、缺乏反馈。

（4）此外还有非语言沟通，如体态语言、语调等。

三、沟通网络

沟通是有层次的，有自我沟通、人际沟通、组织沟通、社会沟通等不同层次。

（一）人际沟通网络

1. 链式沟通

链式沟通形似一根链条，其中处于两端的人只能与内侧的一个成员联系，居中的人则可分别与前后两边的两人沟通信息，如图 7-8 所示。

图 7-8　链式沟通网络

在一个组织系统中的一个纵向沟通路径其实就是一种链式沟通网络。在这个网络中，信息经过多层传递、筛选，容易失真。此外，这种网络还表示组织中主管人员与下级部属之间存在若干管理者，属于控制型结构。

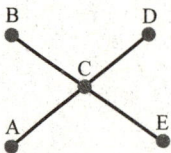

图 7-9　轮式沟通网络

2. 轮式沟通

轮式沟通形似车轮的辐条，也属于控制型沟通网络形态。其中只有一个成员是各种信息的汇集点与传递中心，如图 7-9 所示。

这种网络类似于组织中的一个主管直接管理几个部门的权威控制系统，集中化程度很高，解决问题的速度也很快。但沟通的渠道少，组织成员的满意程度低，容易造成士气低落。

3. 环式沟通

环式沟通形态构成了一个闭环，可以看成是链式沟通形态的一个封闭式控制结构，表示组织各部门或成员之间依次联络和沟通，其中每一个成员都可同时与两侧的部门或个人

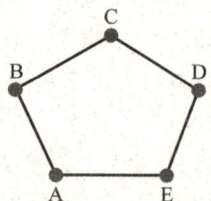

图 7-10　环式沟通网

沟通信息,如图 7-10 所示。

4. Y 式沟通

Y 式沟通形似英文字母的 Y,其本质也是一个纵向沟通网络。其中只有一个部门或成员居于沟通的中心,成为沟通的汇集点,如图 7-11 所示。

在组织中,这一网络形态相当于从参谋、咨询机构到主管,再到下级管理人员或一般成员之间的纵向关系。这种网络集中化程度高,解决问题速度快。此网络形态适用于管理人员工作任务十分繁重,需要有人收集整理信息、提供决策依据的情况,但易导致信息曲解或失真,影响组织成员的士气,阻碍组织提高工作效率。

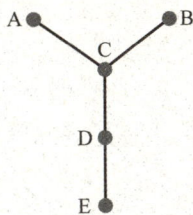

图 7-11　Y 式沟通网络

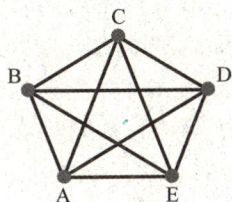

5. 全通道式沟通

全通道式沟通也叫星式沟通,是一种开放式的网络形态,其中的每个成员之间都建立起联系,互通信息如图 7-12 所示。

由于沟通渠道很多,组织成员的平均满意程度高且差异小,所以士气高昂,合作气氛浓厚,易解决问题、增强团队精神。但是,这种网络的沟通形态渠道太多、费时,且易造成混乱。

图 7-12　全通道式沟通

(二)组织沟通网络

1. 正式沟通与非正式沟通

正式沟通是指在组织系统内,依据一定的组织原则所进行的信息传递与交流。例如组织与组织之间的公函来往、组织内部的文件传递、情报交换、会议等。

正式沟通的优点有:沟通效果好,比较严肃,约束力强,易于保密,可以使信息沟通保持权威性。重要的信息和文件的传达、组织的决策等,一般都采取这种方式。但缺点是:信息需要依靠组织系统层层的传递,所以较刻板,沟通速度慢。

链式(命令链)、轮式(围绕领导)、"Y"式(有中心人物)、环式(成员依次传递)、全通道式(任何人与其他成员直接沟通)等沟通形式都可以被用于正式沟通。在正式沟通中,信息的流动方式有:自上而下的下行流动方式、自下而上的上行流动方式、同级或没有隶属关系的跨层次人员之间的平行交叉流动。

非正式沟通是正式沟通渠道以外的信息交流和传递,它不受组织监督,可以自由选择沟通渠道。例如团体成员之间的私下谈话,朋友聚会,谣言和小道消息的传播等。

同正式沟通相比,非正式沟通往往能更灵活迅速的适应事态的变化,省略许多繁琐的程序；并且常常能提供大量的通过正式沟通渠道难以获得的信息，真实地反映员工的思想、态度和动机。

非正式沟通的优点有：沟通形式不拘，直接明了，速度很快，容易及时了解到正式沟通难以提供的"内幕新闻"。缺点有：非正式沟通难以控制，传递的信息不确切，易于失真、曲解，而且它可能导致小集团、小圈子，影响人心稳定和团体的凝聚力。

2. 跨层级与跨职能的沟通

跨层级与跨职能的沟通主要有纵向沟通、横向沟通及斜向（交叉）沟通等形式。其中纵向沟通又分为上行沟通和下行沟通。

下行沟通是指管理者通过向下沟通的方式传送各种指令及政策给组织的下层，通常包括有关工作的指示、工作内容的描述、有关政策和规章、有关员工绩效的反馈、希望员工自愿参加的各种活动等。下行沟通的优点有：可以使下级主管部门和团体成员及时了解组织的目标和领导意图，增加员工对所在团体的向心力与归属感；也可以协调组织内部各个层次的活动，加强组织原则和纪律性，使组织机器正常的运转下去。但缺点有：如果这种渠道使用过多，会在下属中造成管理者高高在上、独裁专横的印象，使下属产生心理抵触情绪，影响团体的士气。此外，由于来自最高决策层的信息需要经过层层传递，容易被耽误、搁置，有可能出现事后信息曲解、失真的情况。

向上沟通渠道主要是指团体成员和基层管理人员通过一定的渠道与上级所进行的信息交流。它有两种表达形式：①层层传递，即依据一定的组织原则和组织程序逐级向上反映；②越级反映。向上沟通的优点是：员工可以直接把自己的意见向领导反映，获得一定程度的心理满足；管理者也可以利用这种方式了解企业的经营状况，与下属形成良好的关系，提高管理水平。但缺点是：在沟通过程中，下属因级别不同造成心理距离，形成一些心理障碍；害怕"穿小鞋"，受打击报复，不愿反映意见。有时，由于特殊的心理因素，信息经过了层层过滤，导致信息曲解，出现适得其反的结局。

横向沟通也叫水平沟通，是指在组织系统中层次相当的个人及团体之间所进行的信息传递和交流。横向沟通可以采取正式沟通的形式，也可以采取非正式沟通的形式。横向沟通的优点有：第一，它可以使办事程序、手续简化，节省时间，提高工作效率；第二，它可以使企业各个部门之间相互了解，有助于培养整体观念和合作精神，克服本位主义倾向；第三，它可以增加职工之间的互谅互让，培养员工之间的友谊，满足职工的社会需要，使职工提高工作兴趣，改善工作态度。但缺点是：横向沟通头绪过多，信息量大，易于造成混论；横向沟通尤其是个体之间的沟通也可能成为职工发牢骚、传播小道消息的一条途径，造成涣散团体士气的消极影响。

斜向沟通也叫交叉沟通,是指信息在处于不同组织层次的没有直接隶属关系的人员或单位间的沟通。横向沟通和斜向沟通往往具有业务协调的作用。

四、沟通的效果

有效的沟通不仅是信息的传递,而且更是对信息的完整、准确的理解。

(一) 高效沟通的原则

为了使沟通更为有效,沟通时需遵循如下原则:

(1) 传达信息要清楚、具体和实际。

(2) 接收信息要清楚、具体。

(3) 巧妙运用身体语言。

(4) 若对某事耿耿于怀就应坦诚提出。

(5) 要建设性批评,不要吹毛求疵。

(6) 耐心说出决定或结论的理由。

(7) 承认每件事情皆有多方面的看法,接受并承认事实。

(8) 主动积极地倾听,鼓励对方充分表达意见。

(9) 使对方所讲话题不偏主题太远。

(10) 不要让讨论变成恶言的争吵。

(11) 不要说教。

(12) 错了或不小心伤害了对方,须坦诚道歉。

(13) 委婉有礼地尊重对方和他的感受。

(14) 对于"不合理要求",要指出其问题所在。

(15) 进行好的沟通:多称赞、鼓励。

(16) 避免不当的沟通技巧。

(二) 沟通的障碍

信息传递失真是指由于各种因素的影响,信息在传递过程中存在的实效现象。组织内常见的沟通障碍主要有:

(1) 正式沟通渠道(如会议、文件传递等)不畅。

(2) 员工沟通的心态与观念不正确。

(3) 组织文化中缺乏鼓励沟通的内容。

(4) 员工缺乏一些组织中常用的沟通技巧。

还有一些人为障碍影响着沟通的效果,主要有信息过滤(如报喜不报忧等)、有选择地接收、沟通时的情绪、沟通技巧和方式等。

此外,技术障碍、组织障碍也对沟通效果有影响。技术障碍主要有绕道沟通(不合作现象)、不完全沟通(编码不当、信息不全等)等。组织障碍主要表现在地位与职权、不良的人际关系、部门间的竞争、层次多地域广等。

（三）沟通障碍的克服

1. 提高个人沟通技巧

可以通过提高个人沟通技巧来改善沟通效果。具体做法有注意倾听、选择正确渠道、多从对方立场思考、进行多方交流。

2. 改善组织沟通的条件

通过改善组织沟通的条件来克服沟通中的障碍。主要有营造开放的气氛、开发拓宽沟通渠道、调整组织结构等。

思考题

1. 什么是 XY 理论？对当今的中国企业管理者有什么启示？

2. 领导和管理有什么联系和区别？

3. 权力有哪些来源？

4. 对领导的几个内容，你如何理解？

5. 有哪些领导理论？各有什么意义？

6. 什么是领导特制理论？

7. 什么是激励？它要解决什么问题？

8. 有哪些"人性假设"？根据你的观察，你周围的人或你自己属于或接近于哪种人性假设？

9. 什么是激励相容？

10. 内容型激励理论和过程型激励理论各有哪些？

11. 沟通的过程是怎样的？

12. 当前的大学生是如何沟通的？

13. 有哪些沟通网络？试各举一例。

14. 什么是正式沟通和非正式沟通？

15. 沟通的障碍有哪些？如何克服？

16. 你认为该如何提高大学生之间的沟通效果？

第八章 控 制

第一节 控制、控制系统和控制过程

一、控制的含义

（一）控制的定义

管理中的控制，简单地说，就是要监督各项活动，以保证这些活动按计划进行并纠正各种重要偏差的过程。

很明显，在管理中控制有很强的目的性，即控制是为了保证组织中的各项活动能按计划进行。如果通过"监督"，发现实际情况于原计划有偏差，那就要启动"纠偏"，以保证活动按计划进行。控制是一个过程。

作为一个管理职能，所有管理者都有控制职能，每一位管理者都需要进行控制。

（二）控制和计划的关系

在对活动情况进行了监督后，如何评价活动是否有偏差，需要一个衡量标准，计划就为控制提供衡量的标准，同时控制又是计划得以实现的保证。计划和控制的效果分别依赖于对方：计划越明确、全面和完整，控制工作就越容易进行，效果也就越好。而控制越正确、全面和深入，就越能保证计划的顺利执行，并能更多地反馈信息以提高计划的质量。一切有效的控制方法首先就是计划方法，如预算、政策、程序和规则等。选择控制方法和设计控制系统时，必须要考虑到计划本身的特点。计划工作本身也必须要有一定的控制，如对计划的程序、计划的质量等实施控制。控制工作本身也必须要有一定的计划，如对控制的程序、控制的内容等，都必须进行一定的计划。

（三）控制的重要性

在实际工作中，如果没有控制，很少有计划能完全顺利地得以实施。这主要有如下的原因：

1. 环境因素变化

由于环境的变化，原来设想的实现组织计划的条件发生了变化，计划执行时必然有偏差。因此，控制可以应对环境的变化，以确保组织目标的实现。这里的环境包括了组织内部因素和组织外部环境。组织内部因素包括组织中的人、财、物以及其他与计划中的条件或假设不符的一些内部因素,组织的外部因素组织以外的不受组织控制的但对组织的运行有影响的因素,如经济、政治、自然、社会等。

2. 管理权力的分散

随着管理权力的分散,很多基层组织都有某些问题的决策权。为了使分散做出的决策符合组织的总体目标,必须要进行一定程度的控制。因此,控制还可以保证在分权的情况下组织的总体目标能实现。

3. 工作能力的差异

在进行了决策后,管理人员将指令发出,由下级部门和成员贯彻执行。但是,由于下级部门和成员工作能力的不同(如认识能力的不同、对计划要求的理解的不同),在执行过程中就会有偏差。通过监督,可以及时发生产生的偏差,及时纠正,以保证差错不累积、计划得以最终实现。

二、控制的分类

(一)根据控制时点分类

根据控制时点分类,控制可以分为前馈控制(事前控制)、同期控制(同步控制)和反馈控制(事后控制)。

(二)根据控制方式分类

根据控制方式分类,控制可以分为目标控制和程序控制。

(三)根据控制程度分类

根据控制程度分类,控制可以分为集中控制、分散控制和分层控制。

(四)根据控制主体分类

根据控制主体分类,控制可以分为直接控制和间接控制。

三、控制的内容

(一)对人员的控制

组织的目标需要有人来实现,员工应该按照管理者制定的计划去做才能实现组织的目标。问题是员工是否按照要求去做的? 这就需要对人员的控制。

常用的对人员的控制方法主要有:

(1)巡视。在员工的工作场所进行巡视,发现问题,及时予以纠正。

(2)对员工进行系统化的评估。通过评估,对绩效好的予以奖励,促使其保持成绩或加强;对于绩效差的,要采取措施予以纠正。

(二)对财务的控制

通过对各期的财务报表的审核,对企业的资金投入及收益过程和结果进行衡量,发现经营中存在的问题,及时采取措施,确保企业目标以及为达到此目标所制定的财务计划得以实现。

（三）对作业的控制

通过对作业过程的控制,提高作业的效率和效果,最终使组织目标得以实现。

（四）对信息的控制

建立一个管理信息系统,使它能及时地为管理者提供充分、可靠的信息,便于管理者作出正确的及时的决策。

四、控制关键点

在管理实践中,虽然需控制的地方很多,但这样控制了几个关键点,就能确保组织的目标能够实现。

（一）确定原则

需要衡量的标准很多,衡量所有的活动不现实,也不必要。可以根据现有的控制技术、控制条件、对控制工作的要求等选择对整个衡量工作过程和结果的影响大的作为"关键性"因素。

（二）关键控制点的标准分类

控制关键点的标准类型主要有实物标准、费用标准、资本标准、收益标准、计划标准、无形标准、指标标准等。

第二节　控制模式

一、控制的类型

为了确保一项活动能达到如期的目标,需要对该活动进行必要的控制。可以分别在输入、输出以及活动过程中进行控制,就有了前馈控制、反馈控制以及同期控制,如图 8-1 所示。

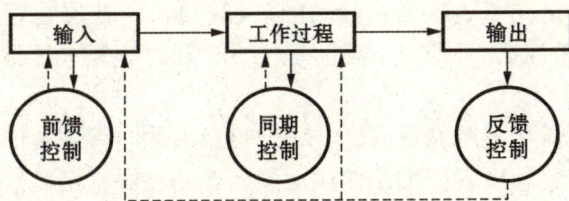

图 8-1　控制的三种类型

（一）反馈控制

反馈控制也叫事后控制，是一种传统的控制方式。反馈控制通过对比活动的结果和计划目标，发现问题，提出改进的措施。由于本次活动业已完成，因此反馈控制的目的不是要改变本次活动，而是要力求"吃一堑，长一智"，改进下一次活动的质量。

图8-2所示为反馈控制的过程图。根据计划，我们已经有了本次活动的预期工作成效。在本次活动完成后，测量本次活动的实际工作成效。然后将预期工作成效与实际工作成效进行对比，指出偏差。通过对偏差原因的分析，制定出纠正偏差的方案，实施纠偏。

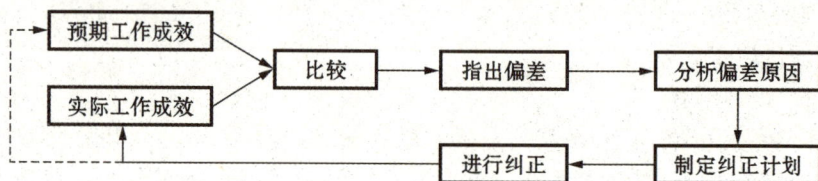

图8-2　反馈控制过程

反馈控制可以用于对最终结果的控制，如对企业的产量、质量、销售额、利润等的控制，称为端部反馈。反馈控制也可以用于对中间结果的控制，如对新产品的样机、某道工序的质量、产品库存等的控制，称为局部反馈。

产成品的质量检验、人事考评、各类财务报表的分析稽查等都是反馈控制的典型使用。

反馈控制是在事后发挥作用的，有些后果已无法挽回。此外，偏差的发生和发现并得到纠正之间有较长的一段时滞。这些是反馈控制的缺陷。

（二）同期控制

同期控制是在活动过程中与活动同时进行的控制。因此可以在活动过程中，一旦发生偏差，马上予以纠正。同期控制的目的是要保证本次活动尽可能地少发生偏差，改进本次而非下一次活动的质量。

同期控制较多地用于生产经营活动的现场控制，由基层管理者执行。主要的职能有两个：①技术性指导，即对下属的工作方法和程序等进行指导；②监督，确保下属完成任务。

由于同期控制需要及时发现问题、及时纠正，因此对管理者的要求较高。一般来说，简单的、标准化程度较高的工作运用同期控制可以收到较好的效果。

（三）前馈控制

前馈控制是在输入端进行的控制，这是一种防患于未然的控制，也是一种面向未来的控制方法。在输入端，在活动开始前先预测按目前的条件和方法进行活动的结果,再将此预测结果与预期目标作比较,判断是否有偏差(即是否能实现组织目标),如图 8-3 所示。如果发现按目前的条件和方法进行活动无法实现组织目标,就要采取管理措施。采取的措施可以是改变投入(如更换原材料、操作人员等),也可以改变过程(如更换加工工艺等)。

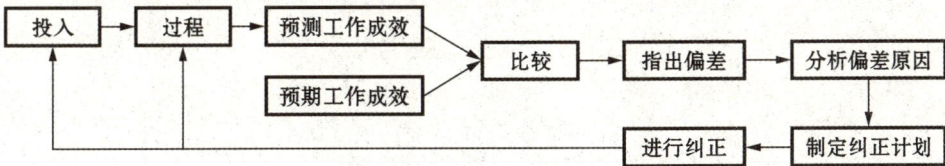

图 8-3　前馈控制过程图

二、有效控制的要求

有效控制有如下的要求:

(1) 控制要有明确的目的性。

(2) 控制要易于理解。

(3) 控制标准要精确和客观。

(4) 纠正要及时。

(5) 系统要有灵活性。

(6) 要有指示性。

(7) 要有经济性。

(8) 要有全局观念。

第三节　控制过程

一、控制步骤

以反馈控制为例,控制过程主要包括如下的步骤:确定标准、将工作结果与标准进行衡量、分析衡量的结果、采取措施,如图 8-4 所示。

图 8-4　控制过程

二、确定标准

首先要确定一个标准,这是评定成效的尺度,是实施控制的基础。通常这个标准由计划提供。

用于控制的标准主要有如下的类型:

(1) 时间标准,如完成一定工作所需的时间限度。

(2) 生产率标准,如在规定的时间里应完成的工作量。

(3) 消耗标准,如完成一定的工作所需的有关消耗。

(4) 质量标准,如产品或服务应达到的品质标准。

(5) 行动标准,如对员工规定的行为准则要求。

制定标准的方法主要有统计方法、工程方法和经验估算法。

三、衡量工作

接下来需要对活动实际完成情况进行衡量。衡量方法主要有个人观察、统计报告、口头或书面汇报、抽样调查等。得到的信息质量对控制效果有很大影响。如果我们通过衡量得到了一些错误的信息,再根据这些错误信息实施行动,那结果可能偏离目标更远。信息的质量主要考虑准确性、及时性、可靠性和适用性。

四、分析衡量结果

将衡量的结果与标准进行对比,指出偏差。实际衡量结果与标准不可能完全一致,有偏差是正常的。如果偏差在一定的范围内,可以不用采取措施。如果偏差超过了合理范围,就要分析产生偏差的原因,并采取措施进行纠正。

偏差来自 3 个方面的原因:

(1) 计划或标准。可能在制定计划或标准时过于乐观或保守,导致了较大偏差的出现(过于乐观时产生负偏差,过于悲观时出现正偏差)。

(2) 组织内部因素。比如,由于管理的原因导致了效率低下,本来可以达到的目标没有达到。

(3) 组织外部因素。例如,外部因素的突然的较大变化导致了无法实现原定的目标。

五、采取管理行动

根据对产生偏差的原因的分析,采取管理行动。如果是由于计划或标准的原因导致了偏差,就应该修订计划或标准。如果分析衡量的结果表明,计划是可行的,标准也是切合实际的,问题出在工作本身,那就要改进管理,提高工作质量。如果是由于组织不可控的外部因素的原因导致了偏差,就要根据实际情况修订计划或标准。

思考题

1. 什么是控制? 举一个与自己的生活或学习有关的控制的例子。
2. 计划与控制之间有什么关系?
3. 有哪些控制内容? 这些控制内容在大学里是否也存在?
4. 如果你的目标是按时毕业,设计一个控制确保你的目标实现的控制系统。
5. 控制有哪些模式? 各有什么特点。
6. 控制过程有哪些步骤?